NOUVELLE BIBLIOTHÈQUE LITTÉRAIRE

JULES LEMAITRE

IMPRESSIONS
DE THÉATRE

TROISIÈME SÉRIE

Sophocle. — Shakespeare.
Villon. — Scarron. — Corneille. — Molière.
Beaumarchais. — Favart. — Poinsinet.
Casimir Delavigne. — Ernest Legouvé. — Camille Doucet.
Alexandre Dumas père. — Alexandre Dumas fils.
Meilhac et Halévy. — Pailleron. — Halévy.
Aubanel. — Richepin. — Henry Becque.
Théâtre japonais, etc., etc.

PARIS
SOCIÉTÉ FRANÇAISE D'IMPRIMERIE ET DE LIBRAIRIE
ANCIENNE LIBRAIRIE LECÈNE, OUDIN ET Cie
15, rue de Cluny, 15

Tout droit de reproduction et de traduction réservé.

IMPRESSIONS DE THÉATRE

TROISIÈME SÉRIE

EN VENTE A LA MÊME LIBRAIRIE

DU MÊME AUTEUR

Les Contemporains. Etudes et portraits littéraires.
Sept séries. Chaque série forme un vol. in-18 jésus, br.   3 50
Ouvrage couronné par l'Académie française
Chaque volume se vend séparément.

Impressions de Théâtre. Dix séries. Chaque série forme
un vol. in-18 jésus, broché. 3 50
Chaque volume se vend séparément.

Dix Contes. Un superbe volume grand in-8° jésus, illustré
par Luc-Olivier Merson, Georges Clairin, Lucas, Cornillier,
Loévy, couverture artistique dessinée par Grasset, édition de
grand luxe sur vélin, broché. . . . .   20 »

Myrrha, vierge et martyre, un volume in-16 jésus, sous
couverture illustrée, huitième mille, broché 3 50

En marge des vieux livres, Contes et légendes, *Première
série.* Un vol. in-16 jésus, sous couverture illustrée, broché,
onzième mille. 3 50

En marge des vieux livres, Contes et légendes, *Deuxième
série.* Un vol. in-16 jésus, sous couverture illustrée, broché,
huitième mille. 3 50

Opinions à répandre, 4ᵉ édition, revue et augmentée.
Un volume in-18 jésus, broché. 3 50

Théories et Impressions, un volume in-18 jésus,
broché 3 50

Quatre discours, Racine et Port-Royal, les Prix de vertu,
la Réponse à M. Berthelot, les Femmes du monde.
Un joli volume in-18 jésus, broché. . . . . . .   2 »

Discours de réception à l'Académie française et réponse
de M. Gréard. Une brochure in-18 jésus. 1 50

Discours de réception de M. M. Berthelot à l'Académie
française, avec réponse de M. Jules Lemaitre.
Une brochure in-18 jésus. 1 50

Corneille et la poétique d'Aristote, une brochure in-18
jésus. 1 50

IMPRESSIONS
DE THÉATRE

SOPHOCLE

Comédie-Française : *OEdipe roi*, tragédie de Sophocle, traduction de Jules Lacroix.

23 juillet 1888.

La Comédie-Française a repris *OEdipe roi*. Remercions-la de nous donner de ces fêtes. Le spectacle est magnifique et l'interprétation, dans son ensemble, tout à fait digne de notre première scène. C'est une joie, et c'est aussi un attendrissement, de se sentir encore, à travers vingt-trois siècles écoulés, en communion avec les plus chers et les plus respectés de nos ancêtres intellectuels. Non que cette joie ait été, pour moi, libre de toute inquiétude, et je vous dirai tout à l'heure mes doutes et mes embarras. Mais je veux commencer par vous dire mes plaisirs.

C'est d'abord un plaisir de curiosité et un plaisir de vénération. On a beau faire, on ne peut oublier que ce spectacle qu'on nous met sous les yeux s'est déroulé devant le plus noble et le plus intelligent des peuples anciens, et que ces mêmes mots que nous entendons ont remué les âmes des vainqueurs de Marathon et de Salamine. Et alors, scrupule touchant, nous tenons beaucoup à être remués, nous aussi. Au reste, nous savons que ces représentations, qui étaient des opéras, des tragédies et même des ballets, où tous les arts, musique, poésie, danse, peinture et statuaire conspiraient pour former une image de la vie humaine qui eût un souverain caractère de beauté, ces jeux qui se déployaient sous le ciel bleu, près de la mer bleue, dans un théâtre où dix mille spectateurs trouvaient place sur les gradins taillés en plein roc, devaient être d'une majesté et d'une splendeur incomparables. Puis nous apportons en nous des visions d'art grec, des ressouvenirs de frises du Parthénon; nous rêvons d'une poésie à la fois spontanée et savante, très sincère et très harmonieuse, antique et toujours jeune. Et comme nous espérons retrouver, sur ces planches étroites, sous cette lumière artificielle, à travers cette traduction d'un lettré consciencieux, quelque chose de tout cela, nous l'y retrouvons en effet. Il nous suffit que le décor représente un bout de la Madeleine, que les vêtements fassent de grands plis, que les acteurs aient des gestes très lents et très larges et qu'ils jouent leurs rôles avec conviction, gravité et respect, pour que nous croyions y être, et que nous tressaillions d'aise, et que Périclès lui-même ne soit pas notre cousin...

Un autre plaisir que donne *Œdipe roi*, c'est celui qu'on éprouve devant une pièce très bien faite, devant les roueries ou les prouesses de métier d'un d'Ennery ou d'un Sardou. Et le plaisir se double ici d'un peu d'étonnement : qu'on ait pu faire « de l'ouvrage si propre », voilà plus de deux mille ans, on n'en revient pas. C'est là-dessus, que, à la dernière reprise d'*Œdipe roi*, la critique s'était particulièrement extasiée.

Et, en effet, la série de découvertes partielles par lesquelles Œdipe s'achemine à la connaissance totale de l'horrible vérité, est conduite et graduée avec une habileté et une sûreté merveilleuses. Je ferai seulement remarquer (et cela est tout à notre honneur) qu'on ne s'en est avisé que de notre temps. La tragédie de Sophocle semblait à Corneille d'une simplicité un peu enfantine, et Voltaire n'y voyait qu'une œuvre informe et barbare. Et ils l'ont refaite, — et perfectionnée, hélas!

Ils trouvaient que Sophocle avait été deux fois maladroit : d'abord, en nous laissant prévoir, dès le début, le dénouement du drame; puis, en prolongeant fort au delà du vraisemblable les doutes obstinés du roi Œdipe et sa révolte contre l'évidence. Ils ne s'apercevaient pas que cet entêtement d'Œdipe, ce refus de voir ce qui est clair comme le jour, était, ici, d'une vérité profonde et poignante. Et ils ne soupçonnaient pas non plus qu'en nous mesurant la lumière dans leurs *Œdipes* perfectionnés, de façon que nous ne pussions devancer le fils de Laïus dans son enquête, ils violaient une des règles essentielles de l'art dramatique. Cette règle, c'est qu'au théâtre le poète doit toujours nous mettre dans son secret. Ce n'est pas nous qu'il faut surprendre, mais les acteurs de la pièce. « On doit, dit excellemment Diderot, rapporter l'intérêt aux personnages, non aux spectateurs... Le poète me ménage par le secret un instant de surprise ; il m'eût exposé, par la confidence, à une longue inquiétude. » Cette loi, qui a été lente à s'établir (car elle ne pouvait être que le fruit d'une longue expérience), la tragédie de Sophocle en est l'éclatante et vénérable justification. Et, chose curieuse, si l'*Œdipe roi* est une pièce « bien faite », c'est justement parce que cette loi y est observée, parce que le poète nous a franchement, et dès le début mis au courant des choses. Cela lui permettait, en effet, de ne plus considérer que son héros, de ne tenir compte que de ses dispositions d'esprit particulières, et non point des nôtres. S'il eût fait attention à nous, s'il eût craint de nous en trop dire, il lui eût été impossible d'enchaîner, comme il l'a fait, ses révélations et, par conséquent, de montrer, dans la conduite de son drame, cette habileté dont on le loue aujourd'hui.

Venons au détail et faisons la preuve :

Dès la seconde scène de l'*Œdipe roi*, le devin Tirésias fait entendre clairement que c'est Œdipe qui a tué Laïus : « ... Cet homme que tu cherches, ce meurtrier que tu maudis, il est ici. Il passe pour étranger, mais il apprendra que Thèbes est sa patrie, et il n'aura pas lieu de s'en réjouir. Aveugle et mendiant, appuyé sur un bâton, il s'en ira dans les pays étrangers, car il sera le frère de ses enfants, le fils de sa femme, le meurtrier de son père. »

« Nous n'avons donc plus rien à apprendre, dit Voltaire, et voilà la pièce entièrement finie ! » — Mais non pas pour Œdipe. Une si grande et si terrible vérité ne saurait entrer du premier coup dans son esprit. La déclaration de Tirésias le trouble et l'irrite sans le convaincre. Et alors commence une série d'interrogatoires aveugles qui assurément ne nous apprennent plus rien, à nous, sur l'histoire d'Œdipe, mais qui nous en disent long sur ce qu'un homme peut souffrir. Le roi de Thèbes bondit sous les accusations du devin. Il le croit suborné par Créon, à qui il s'en va chercher une querelle insensée. Puis il questionne Jocaste. La reine, pour le rassurer et lui montrer la vanité des prophéties, lui conte qu'autrefois on lui avait prédit que son fils serait le meurtrier de Laïus, et que, pour conjurer l'oracle, elle a fait exposer ce fils sur le mont Cithéron. Œdipe, de son côté, se rappelle que jadis, à Corinthe, un homme ivre le traita d'enfant trouvé; qu'un oracle lui prédit qu'il tuerait son père et entrerait dans le lit de sa mère; qu'il quitta Corinthe pour échapper à cette abominable destinée et qu'enfin il tua un homme qui pourrait bien être Laïus.

« Et voilà, reprend Voltaire, la pièce finie une seconde fois! Il faut que cet Œdipe soit idiot pour ne pas comprendre. »

Arrive un messager qui annonce à Œdipe que Polybe est mort; il ajoute, croyant le consoler, que Polybe n'était point son père : ce serviteur, gardant des troupeaux sur le Cithéron, a reçu Œdipe enfant des mains d'un berger de Laïus. Ce berger est appelé et déclare que l'enfant lui a été remis par Jocaste.

« Troisième dénouement, dit Voltaire, troisième conclusion, identique aux deux premières. Quelle pièce mal faite ! »

Mais plutôt, quelle étrange idée que celle de Voltaire ! Quand nous lisons la tragédie de Sophocle, est-ce donc pour savoir qui a tué Laïus et quels sont les parents d'Œdipe ? Eh ! il y a beau temps que nous le savons. Ce qui fait la puissance dramatique de l'*Œdipe roi*, c'est précisément que nous sommes instruits de ce qu'Œdipe ignore ou veut ignorer, et que le dernier mot de cette lente révélation est un coup de foudre pour lui seul et non pour nous. Ce qui excite et échauffe de scène en scène notre curiosité et notre compassion, c'est de voir ce malheureux, poussé vers sa ruine par une puissance supérieure, rechercher tour à tour et repousser avec acharnement le mot de sa destinée; c'est de voir se déchirer lentement, par lui et malgré lui, le voile qui est devant ses yeux. Nous ne nous demandons pas : « Quel est donc ce mystère? » Mais : « Comment le percera-t-il? » Et cette seconde question est autrement intéressante que la première. Comment apprendra-t-il qui il est et d'où il vient? par quelle progression d'inquiétudes, de lumières douteuses pour lui seul, et à travers quels étonnements, quelles révoltes et quelles colères, arrivera-t-il à la solution de ce problème qui l'attire et l'épouvante? Voilà ce que je trouve dans l'œuvre de Sophocle. Et c'est là le vrai plaisir, celui qui dure et qui se renouvelle. L'autre (celui de la surprise) est un plaisir d'une heure, un plaisir irrévocable qui ne survit pas à la première lecture ou à la première représentation. Il m'est d'autant plus agréable de voir s'agiter les personnages d'un drame que je sais mieux où le poète les mène. C'est l'intelligence assaisonnée de prescience : un des plaisirs de Dieu, s'il vous plaît!

Et voici la contre-épreuve. Corneille et Voltaire, se croyant en cela très avisés, ne veulent pas que nous allions plus vite qu'Œdipe dans l'éclaircissement de son état civil; ils veulent qu'il y ait, à la fin, coup de théâtre sur la scène et coup de théâtre dans l'auditoire. Et alors, tous deux lâchent Œdipe pendant les trois premiers actes. Et, pour les remplir, Corneille introduit Thésée et Dircé que l'on croit successivement visés par l'oracle, et Voltaire amène « le prince Philoctète », le vieil amant de Jocaste, et nous entretient longuement de leur liaison. Puis, quand ils en viennent au drame, ils l'expédient en trois ou quatre scènes Et, si j'avais une érudition dramatique plus considérable, je pourrais, j'en suis sûr, multiplier les exemples. C'est parce que l'auteur n'avait pas voulu nous confier son secret dès le commencement que le *Père*, du distingué romancier Jules de Glouvet, a si faiblement réussi l'an dernier, et que *Chamillac*, malgré de belles et originales parties, nous a laissé une impression incertaine. Je n'ai pas d'extraordinaires tendresses pour *Lucrèce Borgia* ni même pour la *Tour de Nesle;* mais, si Dumas et Hugo, croyant « corser » par là leur dénouement, avaient essayé de nous cacher que Gennaro est le fils de Lucrèce, et Gauthier le fils de Marguerite, imaginez ce que deviendraient ces deux illustres mélodrames.

Donc, et pour les raisons que j'ai dites, l'enquête poursuivie par Œdipe est des plus émouvantes. Elle me retient par elle-même, et pourvu que je ne songe pas trop à ce qui en est l'objet. J'ai sous les yeux un homme qui, désespérément et comme malgré lui, cherche *ce qui doit faire son malheur*. Voilà tout ce que je sais, tout ce que je veux savoir. Réduite à ces termes généraux, l'histoire d'Œdipe me touche, car elle peut être la mienne. Mais j'ai beau faire (et c'est là ce qui me gêne et me déconcerte), je ne puis oublier tout le temps les détails précis de cette histoire ; et il suffit qu'ils me soient présents à l'esprit pour que je ne sache plus que penser ni que sentir. Je croyais assister à un drame pathétique et vrai, ce drame étant traité par le poète avec le plus grand sérieux,

« comme si c'était arrivé » ; et tout à coup un mot me rappelle que c'est un conte à dormir debout. Bref, *Œdipe roi* m'émeut à condition que je ne cherche n à me représenter les faits, ni à concevoir les sentiments d'Œdipe après que ces faits lui ont été révélés. Or, c'est là une condition bien rigoureuse. Je me trouve en face d'un drame dont les développements donnent l'impression de la vérité, et dont la matière est invraisemblable jusqu'à la plus naïve extravagance. Il y a là une contradiction, je dirai presque une absurdité, dont je souffre. Autrement dit, le drame lui-même m'intéresse, comme m'intéresserait, conduite par un bon dramaturge, n'importe quelle enquête qui se tournerait contre le juge instructeur ; mais ce qui s'est passé *avant* et ce qui se passe *après* : c'est cela qui est dur à admettre et à comprendre.

« Ce qui s'est passé avant ?... me dira M. Francisque Sarcey ; mais cela ne fait rien du tout. Il ne faut jamais chicaner un poète dramatique sur son point de départ. C'est un pacte qu'il vous propose, etc., etc... » Mais enfin, ces « pactes » sont plus ou moins difficiles à accepter ; trop est trop ; et je ne crois pas qu'aucun drame, dans les temps anciens et modernes, ni même qu'aucun vaudeville et qu'aucune farce repose sur un aussi énorme *postulatum* que l'*Œdipe roi*.

J'admets tant que vous voudrez qu'on ait oublié, ou à peu près, de rechercher le meurtrier de Laïus et que Jocaste et Œdipe, mariés depuis douze ans, n'aient jamais parlé du feu roi et ne se soient jamais raconté leur passé. Cela n'est qu'invraisemblable. Mais ce qui est purement impossible, c'est l'aventure même d'Œdipe.

Qu'un fils, sans le savoir, tue son père et épouse sa mère, voilà une combinaison d'événements qui, sur un milliard de chances, n'en a pas une de se produire. Il y faut trop de conditions, et trop extraordinaires. Notez d'ailleurs que l'aventure d'Œdipe lui a été prédite et qu'il était résolu à tout faire pour l'éviter. Or, puisqu'il craignait si fort de tuer son père et d'épouser sa mère, la première précaution qu'il avait à prendre, semble-t-il, c'était de ne jamais tuer personne, sauf des gens de son âge ou à peu près [1], et de ne jamais se marier, sinon avec une très jeune fille, et dont il aurait vu l'acte de naissance. Comme cela, il aurait été tranquille. Mais son premier soin, en sortant de Corinthe, est d'occire un vieillard, — et pour pas grand'chose, — et d'épouser une femme beaucoup plus âgée que lui... Et il ne se méfie pas un seul instant! On n'est pas bête à ce point!

On me dira que je suis bien ingénu de discuter la vraisemblance d'un conte. Eh bien! oui, c'est un conte. D'aucuns même y voient un mythe solaire : mais on peut voir un mythe solaire dans toutes les

---

[1]. Ne dites pas qu'il est persuadé que Polybe est son père. Du jour où un homme de Corinthe l'a traité d'enfant trouvé, il doit avoir des doutes.

légendes et dans tous les récits, quels qu'ils soient ; on en a vu un dans l'histoire de Napoléon ; on en verrait un autre jusque dans les *Trois Mousquetaires* ou *Monte-Cristo,* si on le voulait bien : car les phénomènes solaires ou météorologiques ne présentent que des images de vie, de mort, de résurrection, d'amour, de haine, de lutte, de meurtre, de poursuite, et c'est là, nécessairement, le fond de toutes les histoires que l'homme peut tirer de son cerveau. Cependant il me paraît plus juste de prendre la légende d'Œdipe pour une sorte de conte philosophique populaire. On a voulu rendre sensible cette antique vérité, ce mélancolique axiome de sagesse courante : « Quoi qu'on fasse, on n'échappe pas à sa destinée. » Et alors on s'est demandé quelle devait être, *a priori*, la destinée la plus effroyable, *ce qu'un honnête homme voudrait le moins avoir fait ;* et on a trouvé ceci : tuer son père et être le mari de sa mère. Et là-dessus on a composé l'histoire d'Œdipe, sans aucun souci de la rendre vraisemblable. Mais justement je me plains qu'un poète, abusé par l'antiquité de la légende, et la croyant assez connue pour qu'elle fût admise comme vraie, ait eu l'idée de « réaliser », sous la forme du drame, un conte proprement symbolique. Car alors ou le conte, traduit par des personnages réels, me semblera absurde, ou je ne pourrai plus croire au drame, attendu qu'un conte et un drame, cela fait deux. Et je serai très malheureux. C'est ce qui m'arrive aujourd'hui.

J'ai dit que ce qui se passe *après* me gênait bien aussi. Je veux parler des sentiments qu'éprouve Œdipe quand il sait tout, de ses yeux crevés, et de son interminable lamentation. Je confesse que cela m'a horriblement ennuyé; et, si tout le monde était sincère, tout le monde dirait comme moi. D'où vient cet ennui? C'est qu'il m'est *absolument impossible* de savoir ce que j'éprouverais, si, victime de la plus fantastique des destinées, je venais à découvrir tout à coup que je suis le meurtrier de mon père, le mari de ma mère, le fils de ma femme, le frère de mes enfants, le petit-fils de mon beau-père, et tout ce qui s'ensuit (car ce pourrait être un jeu de chercher ce que devient la parenté complexe du fils de Laïus avec chacun de ses ascendants ou collatéraux, et j'ai envie de le proposer à « l'Œdipe », non tragique celui-là, « du café de l'Univers, au Mans ». Ou plutôt je doute fort que je sente et que j'agisse, en cette occasion bizarre, comme l'Œdipe de Sophocle. Voyons les choses comme elles sont, ou plutôt comme elles seraient, et ne reculons pas devant cette psychologie éminemment hypothétique. Vous découvrez, monsieur, qu'il y a douze ans, étant dans le cas de légitime défense, vous avez, sans le savoir, tué votre père, un père que vous n'aviez jamais vu et qui, lui, a voulu vous supprimer quand vous étiez petit. Qu'éprouveriez-vous? Rien du tout, je vous assure, si ce n'est un grand étonnement. La seconde découverte (celle de votre mariage avec votre mère) vous troublerait évidemment davantage. Mais enfin (et si ces considérations vous paraissent saugrenues, prenez-vous-en à Sophocle, qui me contraint à m'y livrer), votre femme serait là, avec la même figure que vous lui connaissez depuis douze ans, vous ne pourriez pas supprimer le passé, faire que ce qui est n'ait pas été, et il ne dépendrait même pas de vous de changer la nature des sentiments que vous avez pour elle et qu'elle a pour vous, de tenir pour non avenu votre second lien, impie à votre insu. Votre malheur ne serait qu'une conception de votre esprit. Vous auriez l'idée que vous devez souffrir, plutôt que vous ne souffririez réellement. Ou mieux, vous souffririez de ne pas savoir quels *devraient* être au juste vos sentiments. Ce serait un hébétement plus qu'une douleur. Si vous aviez la tête solide, vous vous en iriez et vous laisseriez faire le temps. Si vous aviez la tête faible, vous vous tueriez pour échapper au supplice de cette incertitude morale. Or, et c'est ce que je ne comprends guère, OEdipe s'arrête à une solution moyenne ; il ne se tue pas, mais il se crève les yeux.

J'ai tort de dire que je ne comprends pas. Ce qui fait agir OEdipe, ce n'est pas le désespoir (car il irait alors jusqu'au suicide), c'est le désir d'expier son crime. Il nous le dit lui-même : il s'arrache les yeux pour se punir. — Pour se punir de quoi? Il n'est pas coupable ; il n'a pas su ce qu'il faisait, et *le peché est dans la volonté, non dans l'acte matériel.* — Évidemment ; et voici que nous pressentons enfin la pensée de

Sophocle. Cette vérité qui nous paraît si simple, beaucoup l'ignoraient encore de son temps; et c'est pourquoi il a fait *Œdipe roi.* Mais Sophocle, lui, la connaissait, et c'est pourquoi il a écrit *Antigone* et *Œdipe à Colone.* Dans cette dernière tragédie, Œdipe a fini par s'aviser qu'il n'était point coupable; même, il est en si bons termes avec les dieux que son tombeau doit porter bonheur au peuple qui le possédera. *Œdipe roi, Antigone* et *Œdipe à Colone* forment, comme vous savez, un vaste drame en trois parties qui sont liées entre elles, moins encore par les événements que par la démonstration graduelle d'une idée morale. Et je veux bien avouer maintenant que si, l'autre soir, on avait fait suivre *Œdipe roi* d'*Œdipe à Colone,* la première de ces tragédies me serait apparue sous un tout autre jour.

VILLON

Théatre Montparnasse : Soirée donnée par l'Association générale des étudiants de Paris. — François Villon.

19 mars 1888.

Un jeune comédien, représentant, je crois, maître François Villon, pourpoint ajusté, maillot mi-parti orange et bleu, toque et longs cheveux de filasse, est venu d'abord nous avertir, dans d'agréables vers, que nous allions assister au « réveil de la Bazoche » et que les escholiers allaient s'amuser... pardon ! s'esbaudir et soy rigoller véhémentement.

J'ai la permission du bon roi Louis onze,

a ajouté le digne truand. — Peste ! me disais-je, nous allons en voir de belles ! Et je me figurais (confusément, hélas ! car vous avez pu remarquer qu'il est très difficile de se composer une vision du passé qui ait quelque netteté, et que la peine qu'on se donne pour cela peut devenir une véritable angoisse... Pourquoi? peut-être parce que nous croyons le passé encore plus différent du présent qu'il ne l'est en réalité...) donc j'essayais de me figurer la Sorbonne du moyen âge et ses alentours, le grouillement de la montagne Sainte-Geneviève, le monde bizarre des écoliers d'autrefois, leur vie rude et joyeuse, leur naïveté et leur pédantisme, leurs processions, leurs fêtes et leurs buveries ; comment, sur la place Maubert, Abélard les faisait frissonner d'enthousiasme en leur parlant des « nonimaux » et des « universaux », et comment ils allaient ensuite, dans les tavernes, s'épancher en énormes gaietés collectives : cerveaux enfantins pétris de façon saugrenue par l'enseignement le plus compliqué, le plus vide, le plus purement « formel » qui fut jamais ; corps grossiers et sanguins, à qui il fallait du bruit, du mouvement, des réjouissances en compagnie, et de brutales repues... Et vous m'excuserez si je vois un peu ce monde-là à travers *Notre-Dame de Paris* et quelques opéras-comiques.

Et, comme c'était François Villon qui nous haranguait, je me remémorais aussi la vie du poète du *Grand Testament*, au moins ce que nous en pouvons savoir. Fils de pauvres gens de Paris, étudiant, bohème, bon garçon, très populaire, la providence de ses compagnons :

>   (C'estoit la mère nourricière
>   De ceux qui n'avoient point d'argent,
>   A tromper devant et derrière
>   Estoit un homme diligent)

nous le voyons, aux environs de 1456, à vingt-cinq
ans, condamné au fouet par la juridiction ecclésiastique, on ne saura jamais pourquoi ; amant de cœur de
la grosse Margot et de beaucoup d'autres ; en prison
au Châtelet en 1457, condamné à mort après avoir
subi la question de l'eau, et gracié par l'intervention
de Charles d'Orléans... Hélas! des scholiastes le
soupçonnent d'avoir été mêlé à quelque vol de grand
chemin. Mais nous ne le voulons pas ; nous le croyons
quand il se dit « jugé par fausserie » et nous lui
adressons, avec Théodore de Banville, ces vers qui
l'étonneraient joliment :

> O vagabond dormant sous le ciel bleu,
> Qui vins un jour nous apporter le feu
> Dans ta prunelle encore épouvantée,
> Ce vol hardi, tu ne l'as fait qu'à Dieu ;
> Tu fus larron, mais comme Prométhée.

Quoi qu'il en soit, le casier judiciaire du pauvre
Prométhée s'allonge encore ; en 1461, il est en prison
à Meung, par jugement de l'évêque d'Orléans. Villon
nous dit que ce fut « pour sa folle plaisance ». Interprétez le mot comme vous voudrez. Louis XI, passant
à Meung, lui accorde sa grâce. Le duc de Bourbon le
protège aussi. Rabelais, au quatrième livre de
Pantagruel, nous montre Villon à la cour d'Édouard V,
roi d'Angleterre, puis retiré à Saint-Maixent en
Poitou et y faisant jouer la Passion « en gestes et
langage poictevin... » Où et quand meurt-il ? On
l'ignore. Ce qui est sûr, c'est que nul poète n'a fait

tant de prison dans sa vie et n'a eu de plus belles connaissances : Édouard V, le duc de Bourbon, Louis XI, Charles d'Orléans... Cela est assez original.

Et voici qui achève de faire de François Villon un drôle de corps. Ce truand, ce ruffian, ce malandrin qui coula la plus grande part de ses jours dans les cabarets, dans les geôles et dans les bouges publics, où il « tenoit son estat » avec les Margots, a écrit des vers où se révèlent une âme douce, humble, résignée et pieuse, le cœur le plus tendre, l'imagination la plus mélancolique et la plus belle. C'est à se demander si certaines créatures humaines n'échappent point, par une constitution spéciale, aux lois de la morale ordinaire et n'ont point ce don de garder, dans le vice et dans le mal, une irréductible et mystérieuse innocence... Oh! bien mystérieuse, en effet! Mais on la sent quand même, et cela est très déconcertant. Ce misérable Villon a conservé une âme charmante et bonne. Serait-ce que la bonté est le vrai diamant de l'âme, et qu'elle peut être un jour sa rançon suprême? Serait-ce que la bonté garde son prix, même en dehors et au mépris de toutes les règles les plus nécessaires de tempérance, de justice et d'honneur, — et qu'elle n'en est que plus divine, car elle vaut alors par elle-même, elle est parce qu'elle est, involontaire et sans mérite, inexpliquée, et d'autant plus exquise à rencontrer ?

Oui, le pauvre Villon a été tout ce qu'on voudra,

excepté un méchant. On l'aime quoi qu'on fasse. Il a connu, cet ivrogne et ce souillé, l'amour naïf, pur et timide. Il a connu la tristesse, le dégoût de soi, le repentir profond — et inefficace, la douceur de la prière, le réveil de l'âme dans l'ivresse lourde de la débauche, et cela quatre cents ans avant Alfred de Musset. Il a pensé à la mort, il l'a eue continuellement présente et il en a traduit la vision par des vers d'une couleur saisissante et d'une mélancolie profonde; comme plusieurs des lyriques de notre temps, il a eu pour muses la Mort et l'Amour. Enfin, j'oserais presque dire qu'il a été, par la forme, le plus pur, le plus précis, le plus « classique » de nos poètes avant ceux du xviie siècle, et par le fond, le plus « personnel », — que dis-je? le seul, — avant les romantiques.

Je ne sais presque rien d'égal, dans notre poésie, à certaines pages de François Villon. Cela est d'une telle sincérité d'accent, d'une émotion si vraie et d'une expression si franche, si arrêtée, si belle dans sa familiarité, que lorsqu'on l'a lu une fois, c'est fini, on ne l'oublie plus. En ce moment même, des refrains de ballades et des commencements de huitains me remontent en foule à la mémoire. Je feuillette le *Grand Testament* pour les y trouver, et je ne résiste pas à l'envie de vous en transcrire quelques-uns. Je les traduits dans la langue d'aujourd'hui pour que vous les lisiez plus vite, en vous prévenant que ce qu'ils gagnent en clarté, ils le perdent en harmonie et en couleur.

« Je regrette le temps de ma jeunesse, où je me suis amusé plus qu'un autre, jusqu'à l'entrée de vieillesse. Jeunesse m'a caché son départ. Elle ne s'en est allée à pied ni à cheval, hélas ! Et comment donc ? Elle s'est soudainement envolée et ne m'a rien laissé.

« Elle s'en est allée, et je demeure pauvre de sens et de savoir, triste, abattu, plus noir qu'un meuron, n'ayant argent, rente ni bien…

« J'ai aimé, et volontiers, j'aimerais encore. Mais mon cœur triste et mon ventre affamé me détournent des sentiers amoureux…

« Je sais bien que si j'eusse étudié au temps de ma jeunesse folle, et si je m'étais adonné aux bonnes mœurs, j'aurais maison et couche molle. Mais quoi ! je fuyais l'école comme fait le mauvais enfant. En écrivant ceci, peu s'en faut que mon cœur ne se fende…

« Mes jours s'en sont allés errants, comme on voit, dit Job, les petits fils d'une toile quand le tisserand tient en son poing une paille ardente ; alors, tous les bouts qui dépassent sont brûlés. Mais aussi je ne crains plus que rien m'assaille, car, à la mort, tout s'apaise et s'éteint.

« Où sont les gentils compagnons que je suivais au temps jadis, si bien chantant, si bien parlant, si plaisant en faits et en dits ? Les uns sont morts et roidis, et il ne demeure plus rien d'eux. Puissent-ils avoir repos en paradis ! et que Dieu sauve ceux qui restent !…

« Je ne suis point fils d'ange portant diadème d'étoiles et d'astres. Mon père est mort, Dieu ait son âme ! Quant à son corps, il gît sous la pierre. Je n'ignore point que ma mère mourra, et elle le sait bien, la pauvre femme. Et son fils ne demeurera point...

« Pâris est bien mort, et Hélène aussi ! Et l'on ne meurt point sans souffrir. Celui qui perd vent et haleine, son fiel se crève sur son cœur. Puis, il sue. Dieu sait quelle sueur ! Et personne ne peut le soulager, et personne non plus, fils, frère ou sœur, ne voudrait être à sa place.

« La mort le fait frémir, pâlir, lui amincit et courbe le nez, lui tend les veines, enfle son cou, amollit sa chair, et fait saillir ses nerfs et ses jointures... Corps féminin, si tendre, si poli, si suave, si précieux, te faudra-t-il attendre ces maux ? Oui, à moins d'aller au ciel tout vivant. »

Viennent alors la ballade des dames et celle des seigneurs du temps jadis :

> Mais où sont les neiges d'antan ?...
> Mais où est le preux Charlemagne ?... .

et la ballade « à ce propos, en viel françois » :

> Autant en emporte ly vens.

Puis, dans des vers dont s'est souvenu Jean Richepin (Epilogue de la *Chanson des Gueux*), Villon nous dit la détresse et le désespoir du bohème vieilli, du pitre fourbu dont la grimace n'amuse plus per-

sonne; car « toujours vieil singe est déplaisant »...
Et le bon garçon pense alors aux faciles compagnes
du jeune temps, qui maintenant sont vieilles comme
lui et voudraient mourir :

« De même aussi les pauvres petites femmes, qui
sont vieilles et qui n'ont pas de quoi, quand elles
voient de jeunes pucelettes parées et fraîches, elles
demandent à Dieu : — Pourquoi sommes-nous si tôt
venues au monde? — Mais Notre-Seigneur ne leur dit
mot, car il sait bien qu'à les sermonner il perdrait
son temps. »

Et ici s'élève la lamentation si naïve et si navrante
« de la belle qui fut haulmière » (entendez modiste,
tout bonnement) :

« Ah ! vieillesse félonne et impitoyable, pourquoi
m'as-tu si tôt abattue ? Qui me tient que je ne me
frappe et ne me tue du coup?

« Tu m'as enlevé la puissance que la beauté m'avait
donnée sur clercs, marchands et gens d'Église; car il
n'était alors homme bien né qui ne m'eût livré tout
son avoir, dût-il s'en repentir, pourvu que je lui
eusse abandonné ce dont aujourd'hui les truands
même ne veulent plus.

« Je l'ai refusé à maint honnête homme (ce qui
n'était guère sage à moi), pour l'amour d'un garçon
rusé à qui j'en fis grande largesse... Par mon âme !
je l'aimais bien. Or, je n'avais de lui que mauvais
traitements, et il ne m'aimait que pour mes sous.

« Mais il avait beau me battre et me fouler aux

pieds, je l'aimais quand même. Et, m'eût-il traînée par terre sur les reins, s'il m'eût dit de le baiser et d'oublier tous mes maux, je l'aurais fait. Le glouton, tout pourri de maladie, faisait de moi à sa guise... J'en suis bien plus grasse! Que m'en reste-t-il? Honte et péché.

« Il est mort, voilà trente ans, et je reste vieille et chenue... »

Et la ballade de la belle haulmière aux filles de joie ! Et la ballade des femmes de Paris ! Et la ballade des pendus ! Et la ballade à la Sainte-Vierge !... Notez que cette poésie, si sincère, si drue, et parfois d'une beauté si accomplie, est de veine purement française, que les ressouvenirs de l'antiquité y ont un caractère franchement populaire et viennent seulement s'ajouter à ceux des traditions nationales (comme dans la *Ballade des dames du temps jadis*), et qu'il n'y a là nulle trace d'influence latine ou grecque. Le *Grand Testament*, chaque fois que je le relis, me donne un peu de rancune contre Ronsard et la Pléiade et me fait douter si notre littérature n'aurait pu se développer toute seule et atteindre à la beauté définitive de la forme, sans le secours de l'antiquité classique...

Pour en revenir à la soirée des étudiants, je me disais donc : — Cela va être gai! Car le poète de la *Ballade à la Vierge* est aussi l'auteur de la *Ballade de la grosse Margot* et le héros des *Repues franches*, écrites à sa gloire par un de ses disciples. Villon eut, comme Panurge, soixante-dix manières de se procurer le nécessaire et le superflu, dont la plus innocente « fut par larcin furtivement fait ». Oyez quelques-uns de ses tours. C'est à la fois subtil et ingénu, et d'une bonhomie qui est un repos pour l'esprit, — et ça peut servir à l'occasion.

Voulez-vous savoir la manière d'avoir du pain? — Vous vous donnez pour un maître d'hôtel : vous demandez une grande quantité de pain au boulanger; vous en faites porter la moitié par le mitron jusqu'à une grande porte ; puis vous l'envoyez chercher l'autre moitié et vous filez pendant ce temps-là.

Et la manière d'avoir du vin? — Vous prenez deux brocs; vous emplissez l'un d'eau claire; vous allez au cabaret de la Pomme du Pin, et vous y faites remplir l'autre broc de vin blanc. Puis vous faites semblant de vous raviser, vous demandez du vin rouge, et vous rendez le broc d'eau claire à la place du broc de vin blanc.

Et la manière d'avoir du rôt ? — Pendant que vous marchandez de la viande à l'étal d'un rôtisseur et que vous tenez le rôt à la main, un de vos compères vient vous chercher querelle, vous donne un soufflet et se sauve. Et, furieux, vous vous lancez à sa poursuite, — en emportant la viande.

Et la manière d'avoir des tripes? — C'est la plus joviale et je ne sais trop comment vous la dire. Un de vos compagnons, rabattant ses chausses, montre... son mépris à la tripière. Révolté par cette inconvenance, vous empoignez un paquet de tripes, et vous en fouettez l'insolent avec beaucoup de soin; puis, justice faite, vous remettez les tripes dans le baquet. Mais la tripière, dégoûtée, ne veut pas les reprendre... Vous voyez comme c'est simple.

Mais j'avais peut-être tort de vous dire tout à l'heure que ces tours étaient bons à connaître. Car ils supposent, chez les dupes, une candeur qui n'est plus guère de nos jours. Il est vrai, d'autre part, que ces conceptions impliquent, chez les inventeurs une confiance dans la simplicité d'âme de leurs victimes, qui est une espèce d'hommage rendu à la nature humaine, et que, par là, elles prennent un caractère vraiment idyllique et touchant...

Allions-nous donc voir les « repues franches » modernisées, transposées, accommodées aux conditions d'une civilisation plus savante ? Allait-on nous donner aussi l'équivalent des « sotties » et « moralités » où s'épanchaient autrefois la libre humeur et la verve audacieuse des clercs de la Bazoche ?... J'étais plein d'espoir. Un regard jeté sur la salle aurait dû m'avertir. Les bonnes filles « qui font plaisir aux enfants sans-souci », comme dit La Fontaine, avaient été presque toutes exclues de la fête. Il n'y avait là, en fait de ribaudes, que MM. Gréard, Bréal, Lavisse, Gebhard, Himly, et autres docteurs ès arts. La Sorbonne et l'Institut garnissaient les fauteuils. Aussi la fête a-t-elle été extraordinairement décente. Ces bazochiens nous ont presque trop respectés.

Cela ne veut point dire que la soirée ait été ennuyeuse. Comment l'eût-elle été ? Toute cette jeunesse nous rajeunissait, nous communiquait l'instinctive gaieté de ses vingt ans. Nous étions comme des parents mûrs à un concert de distribution de prix. Car c'était bien cela : des morceaux d'orphéon, des soli de violon et de violoncelles, des poésies récitées, presque des fables. J'ai pourtant noté au passage une chanson excellente et qui est bien une chanson d'étudiants. Cela commence ainsi :

> J'habit' ru' d' l'Écol' de Méd'cine
> A l'hôtel du numéro trois...

J'en ai retenu ces vers :

> Les draps sont grands comm' des serviettes,
> Et c'est l' chien qui lav' les assiettes
> A l'hôtel du numéro trois :

et ce couplet d'une vérité si plaisante :

> . . . .
> . . . .
> . . . .
> A l'hôtel du numéro trois.

Cette chanson m'a donné l'impression très vive de ce qui a remplacé la botte de paille des bazochiens de la rue du Fouarre : la chambre garnie de la rive gauche, l'acajou écaillé du lit disjoint, le tapis pelé, les draps de coton trop étroits et toujours moites, les serviettes pelucheuses, la cuvette fêlée, l'odeur qui monte de la cour, et toute cette misère égayée parfois d'un punch — ou d'un passage de jupe pas chère...

Puis, nous avons eu une comédie en vers, « du camarade Marc Legrand » : *Pierrot et la lune.* Le sujet est bien simple. Pierrot aime la lune ; il n'aime qu'elle ; il l'aime tant qu'il résiste aux agaceries de Colombine, et même aux ruses qu'emploie l'aimable fille pour le rendre jaloux. Colombine épousera donc Arlequin, et Pierrot continuera d'attendre la lune, ce qui est à la fois le plus noble et le plus sûr bonheur. Voilà du moins ce que j'ai compris. Car, dans les fantaisies de ce genre, les rimes sont parfois si sonores qu'elles empêchent d'entendre les vers, et si amusantes qu'elles dispensent d'en chercher le sens précis. M. Marc Legrand est un filleul que M. Théodore de Banville ne désavouerait pas. M. Berr est un Pierrot très fin et Mlle Lynnès une très savoureuse Colombine.

Pierrot est décidément à la mode depuis quelques années. MM. Raoul de Najac et Paul Margueritte ont beaucoup fait pour lui. Et voici que M. Félix Larcher, un critique distingué à qui nous devons un recueil des pantomimes de l'illustre Paul Legrand, est en train de fonder un *Cercle funambulesque,* qui se donne pour tâche :

1º De relever la pantomime classique ;

2º De favoriser l'essor de la pantomime moderne en fournissant aux auteurs et aux compositeurs de musique l'occasion de produire en public leurs œuvres en ce genre ;

3° De remettre à la scène les parades et les farces du théâtre de la foire, ainsi que les œuvres connues sous la dénomination de Comédies improvisées;

4° De représenter des pièces de la comédie italienne, etc...

Pierrot, du reste, avait déjà son dessinateur attitré ou, pour mieux dire, son poète, Adolphe Willette, dont je vous engage fort à visiter l'exposition, 34, rue de Provence. Vous y verrez, entre beaucoup d'autres petits poèmes ironiques et gracieux, au crayon ou à la plume, un *Roman de la Rose*, qui vous dispensera absolument de lire les vingt-cinq mille vers de Guillaume de Lorris et de Jehan de Meung, et qui contient, je crois, autant de pensée et beaucoup plus de sentiment. Pierrot aime une rose. Représentez-vous cette rose grande comme un arbre, à moins que vous ne préfériez vous figurer Pierrot gros comme une mouche. L'amoureux aux habits de neige, pour atteindre la fleur aimée, se met à grimper le long de sa tige épineuse. Hélas! les épines ensanglantent ses mains et déchirent ses vêtements : il lâche la tige, et reste suspendu à l'un des dards méchants par le fond de ses chausses liliales... L'étoffe cède; il tombe rudement sur le sol... Mais, pendant ce temps-là, un beau frelon, cuirassé, doré, galonné, s'est posé sur la rose, et la baise à antenne-que-veux-tu... D'un coup de bâton, Pierrot, jaloux et désespéré, casse la tige de la fleur, qui s'abat mourante. Le bel officier, je veux dire le frelon, dégaîne; mais la lutte est trop inégale, et Pierrot, percé d'un coup d'épée, meurt près de la rose morte... C'est une tragédie, et qui rappelle un peu *Andromaque* ou la *Coupe et les lèvres*, mais qui est d'une signification bien plus vaste... Pourquoi revenons-nous ainsi à Pierrot?... Sont-ce les abus du naturalisme qui ont provoqué ce réveil de la fantaisie? Mais non; nous restons naturalistes; et nous sommes en même temps idéalistes, mystiques, archéologues, etc... Nous sommes tout ce qu'on veut, et même c'est là notre marque. Elle n'est pas bonne, dit-on.

Avec tout cela, j'ai oublié de vous dire que cette Association des étudiants était une chose excellente; que c'est peut-être la première fois, depuis trois siècles, qu'on essaye, en France, de refaire de l'Université, élèves et maîtres, une confrérie et une famille morale; qu'il faut encourager tout ce qui peut nous rendre le goût de la vie collective; que cette nouvelle génération d'étudiants vaut mieux que la nôtre, parce qu'elle est moins triste et plus agissante, etc...

THÉATRE JAPONAIS

Odéon : *La Marchande de sourires*, drame japonais en cinq actes et deux parties en prose, de Mme Judith Gautier, précédé d'un prologue en vers de M. Armand Silvestre. — Le théâtre japonais.

30 avril 1888.

Il ne semble pas que les petits Japonais qu'on rencontre au quartier Latin ou dans les fêtes officielles soient, à première vue, très différents de nous. On dit qu'ils nous aiment et qu'ils cherchent à nous imiter. Les nobles Japonaises s'habillent comme les Parisiennes, et Yeddo a son École polytechnique où l'enseignement est donné par des professeurs européens. D'autre part, nous nous sommes pris d'une belle passion pour les fantaisies de l'art japonais ; et nous allons vers eux, comme ils viennent à nous. Quand on a causé quelque peu avec ces petits hommes jaunes aux pommettes saillantes et aux yeux retroussés, on constate sans doute qu'ils ont dans l'esprit, aussi bien que dans le corps et dans les manières, je ne sais quoi de puéril et d'étriqué, qu'ils ont l'intelligence vive et courte et qu'ils ne sont pas très aptes à concevoir les idées générales ; mais cela est aussi le fait de beaucoup d'Occidentaux. On fait encore cette remarque, que ces petits hommes sont, en général, fort sensuels, que nos mousmés leur plaisent infiniment, et que beaucoup s'en retournent à moitié crevés dans le pays des kakémonos et des maisons en papier ; mais cela n'est pas non plus un trait caractéristique d'une race. Je me figurais donc que, tout compte fait, les Japonais étaient des hommes comme nous autres.

Mais il n'est rien de tel que de prêter un peu d'attention aux choses pour ne plus les comprendre du tout. Le dernier livre de Loti, *Madame Chrysanthème*, un article de M. Lequeux, consul de France à Yokohama, sur le théâtre japonais (*Revue d'art dramatique* du 1er et du 15 avril), enfin le drame de Mme Judith Gautier ont fort embrouillé l'idée que je me faisais du Japon. Ce vieil axiome m'est revenu (comme il me revient chaque fois que je m'avise de regarder d'un peu près mes chers « semblables ») : « Il y a plus de différence d'homme à homme que d'animal à homme. » Et j'ai soupçonné qu'entre notre âme et celle de ces personnages de paravents il y avait peut-être, comme entre nos pays, l'abîme mystérieux d'un Océan.

Le livre de Pierre Loti nous montre un Japon minuscule, joli, chétif, net, rabougri, souriant, enfantin ; de petits hommes et de petites femmes uniquement occupés de petites besognes superflues, dans de petites maisons et au milieu de petits paysages ; de petits êtres incapable de réflexion, sinon sur de petits objets et pour des plaisirs ou des avantages immédiats ; bref, un peuple de poupées. Poupées si vides, si pauvrement conscientes et d'une vie sentimentale si bornée, que Loti lui-même, l'universel amoureux, le souple don Juan du *Tour du Monde*, le délicieux meurtrier d'Aziyadé, de Rarahu et de Fatou-Gaye, n'a pu réussir à aimer Chrysanthème, à être troublé, fût-ce un instant, par ses grâces menues, mignardes et sèches. — Et, comme toute race a ses dieux, ces poupées ont les leurs, qui sont des dieux de petits enfants, des Croquemitaines bizarres dont elles ont vaguement peur. L'infini, le mystère, l'éternel inconnu, ces poupées se le représentent sous la forme d'autres poupées terribles et amusantes, avec de gros ventres, des bras multiples, des rictus de chats sous des moustaches retroussées ; et elles adressent à ces dieux de petites prières inintelligibles en bourrant de petites pipes et en buvant du thé dans de petites tasses... Pierre Loti se demande ce qu'il y a dans la tête de Mme Chrysanthème quand elle se prosterne devant son Bouddha. Il est extrêmement probable qu'il n'y a rien.

En même temps que je songeais à l'inquiétante japonaiserie de Loti, je cherchais à me rappeler le peu que j'ai vu de l'art japonais. C'est bien l'art qui convient à ces poupées. J'y trouve une sorte de réalisme spontané dans le joli : c'est un art qui suppose une grande justesse de coup d'œil, une merveilleuse adresse de main, une imagination fertile, mais limitée à l'arrangement des lignes et des couleurs en vue de l'agréable; d'ailleurs une insouciance complète de la composition, une irréflexion de petits hommes rudimentaires. Il est vrai qu'à cause de cela même, ils ne tombent jamais dans la froideur ni dans le poncif académique. Mais il n'y a pas là de quoi tant les glorifier, si l'on songe que le poncif n'est, en somme, que la dégénérescence de l'art le plus noble et le plus relevé. Si les Japonais ignorent le poncif (et encore ils doivent avoir le leur), c'est donc signe de faiblesse plutôt que de force. Je les crois réalistes, dans la mesure où ils le sont, plus par impuissance que par choix. Ils le sont parce qu'ils ont peu d'imagination en dehors de celle que j'ai dite, et point du tout de raison. Le charme particulier de l'art japonais vient, en grande partie, de ce qu'il y a forcément de grâce dans l'imprévu de son absurdité. Ils jettent au hasard les formes et les couleurs, uniquement et sûrement guidés par une très fine sensualité des yeux. Ce sont de capricieux et abondants artistes en paravents et en potiches ; mais, si un enfant de cinq ans avait leur œil et leur main, il ferait, je crois, exactement ce qu'ils font, et y mettrait juste autant de pensée...

J'en étais là de ma méditation anti-japonaise, quand j'ai lu l'étude de M. Lequeux. Ce qu'il dit de l'organisation matérielle de leur théâtre et de la forme de leurs drames m'a d'abord confirmé dans ce que j'avais cru entrevoir. — Deux passages en planches courent d'un bout à l'autre de la salle, depuis les portes jusqu'à la scène, par-dessus la tête des spectateurs. C'est par ces passages que la plupart des acteurs font leurs entrées et leurs sorties; ils s'y arrêtent, ils y conversent. « Grâce à cette disposition, pendant que l'action principale se déroule devant le public, des scènes accessoires peuvent être simultanément jouées sur les côtés de la salle. Cela permet encore aux conspirateurs, assassins, libérateurs et autres personnages qui ont à se concerter avant d'agir, de préparer posément leur coup de main ou leur exploit avant d'arriver sur le lieu même où il doit être perpétré. » La mise en scène est étonnante d'exactitude. Si l'action se passe dans une maison, celle-ci est représentée tout entière avec ses abords et son voisinage... « Le drame japonais, étant une image aussi fidèle que possible de la vérité, se déroule souvent, et parfois pendant des scènes entières, en simple pantomime, » car « dans la vie réelle on ne parle pas toujours ». — Quant aux conventions, les voici : Une musique joue presque sans discontinuer; aux moments où les acteurs cessent de parler et où le drame n'est plus qu'une pantomime, un personnage invisible, caché dans une logette, explique aux spectateurs ce qui se passe; enfin, des personnages muets, vêtus de noir (qu'on peut comparer aux moucheurs de chandelles de notre ancien théâtre), apportent les « accessoires » aux acteurs à mesure qu'ils en ont besoin, et, quand la nuit vient, éclairent chacun d'eux « avec un lam-

pion à réflecteur fixé au bout d'un manche ».
M. Lequeux fait là une excellente réflexion : « Il faut
convenir que le public japonais, si exigeant sur la
copie du vrai, doit, en ce qui concerne cet éclairage,
rabattre beaucoup de ses prétentions. Mais il semble
qu'il a l'esprit ainsi fait : il ne veut pas qu'on lui
supprime quelque chose de la réalité de la vie, mais
on y peut ajouter : il lui suffit alors de faire abstrac-
tion; il sait retrancher, non compléter. C'est le contre-
pied de notre art dramatique. » — Quant aux drames,
ce ne sont que des canevas sur lesquels les acteurs
improvisent abondamment. Même ils chargent la
pièce d'incidents qui n'ont aucun rapport avec l'action
principale, — et cela, pour se rapprocher davantage
de la réalité, « les drames de la vie réelle ne
suspendant pas le cours ordinaire de l'existence, et
leur développement étant entrecoupé de mille circonstances étrangères plus ou moins banales ». Par suite,
nulle unité d'action. Un drame est une succession de
trois ou quatre situations dramatiques presque sans
relation entre elles... « Ce décousu est encore l'image
fidèle de la vie... Le drame japonais est une fenêtre
ouverte sur un coin de la vie terrestre. » Chaque
drame dure huit ou dix heures...

Voilà qui est bien. C'est donc, au théâtre, le même
réalisme que dans les arts plastiques; réalisme d'un
peuple enfant ou, pour mieux dire, d'un peuple
magot. Il est, du reste, intéressant de constater que,
plus le théâtre veut être grossièrement et littérale-

ment « vrai », plus les conventions dont il ne saurait se passer sont énormes et saugrenues...

Mais ces poupées de Pierre Loti, ces petits bonshommes grimaciers et gentils des éventails et des paravents, comment agissent-ils dans ces drames? C'est ici que j'ai eu une surprise. « La passion dominante dans le théâtre japonais, dit M. Lequeux, c'est la vengeance. » Ces petits bonshommes souriants sont des êtres extraordinairement violents et féroces. Voici le très bref résumé du troisième acte d'un drame analysé par M. Lequeux, et qui s'appelle *Ume-no-haru-tate-shi-no-go-sho-zome*. Simplement.

La vieille Yuri-Nokata veut venger sa fille Nadeshiko que son gendre Asama délaisse pour la courtisane Hototogisu. D'abord, elle achète une drogue à un médecin pour empoisonner Hototogisu; puis, d'un grand coup de sabre, elle fend la tête du médecin pour se débarrasser d'un témoin gênant. Ensuite, comme le poison n'agit pas assez vite, elle fait assassiner la favorite par deux servantes. Mais, Hototogisu étant mal assassinée, elle l'achève elle-même à coups de couteau. Hototogisu respire encore. Alors Yuri-Nokata fait signe aux deux servantes de dresser la mourante et de la tenir debout; puis elle allume sa pipe; elle l'applique, brûlante, sur le visage de sa victime et l'enfonce dans les blessures de son cou en l'accablant d'injures. — Vous croyez que c'est tout? Nullement; elle reprend son sabre et coupe un bras à Hototogisu. — Vous pensez que c'est fini? Pas encore.

La victime n'est pas morte et retrouve assez de force pour ramper jusqu'à un petit pont (un joli petit pont japonais, gracieusement arqué et réfléchi dans une jolie petite rivière). La vieille l'aperçoit, la rejoint, l'empoigne par ses cheveux défaits, la traîne à travers le pont. Fatiguée, elle change de main à plusieurs reprises et, comme alors son sabre l'embarrasse, elle le tient entre les dents... Enfin, elle ordonne qu'on jette le cadavre à la rivière; on y jette aussi le bras coupé. Après quoi, Yuri-Nokata, satisfaite, prend une tasse de thé et fume quelques pipes...

Eh bien! si à ces vengeances épouvantables et à ces meurtres compliqués vous joignez des suicides, des reconnaissances et des apparitions de fantômes, vous aurez tout le théâtre japonais. Si j'en juge d'après l'étude de M. Lequeux et d'après quelques autres renseignements que j'ai pu recueillir, il n'est pas de théâtre plus sanguinaire ni où les passions soient plus violentes et plus cruelles. Ne vous fiez pas à la gentillesse simiesque de ces magots sensuels. C'est justement parce que, sous les menues élégances de leur civilisation stationnaire, ils restent des enfants, de vieux enfants, c'est pour cela qu'ils sont tour à tour des créatures futiles et des créatures féroces. Moi, brave Arya, très préoccupé de progrès, de justice, de charité, formé par la discipline classique et tout imprégné d'idées générales, ces homuncules aux cerveaux étroits m'apparaissent, malgré leur immobile culture superficielle, comme tout proches encore de l'humanité primitive, comme de jolies bêtes qui ne sont pas mes parentes. Je me figure qu'ils en resteront toujours où ils en sont; que, si quelque œuvre mystérieuse et divine s'élabore ici-bas, ce ne sera jamais par eux; que cette race n'aura été sur notre planète qu'une floraison superflue; et qu'enfin, s'il y a un plan et un dessein de l'Univers, le Japon n'aura servi qu'à rajeunir et varier chez nous l'art de l'ameublement, et que là est sa seule raison d'être... Je ne vous livre, bien entendu, qu'une impression; mais que puis-je faire autre chose?

Mme Judith Gautier, une sincère artiste qui porte dignement un grand nom et pour qui « le monde sensible existe » presque autant qu'il exista pour son illustre père, a gardé du théâtre japonais, dans sa *Marchande de sourires*[1], la simplicité, la violence, la férocité des sentiments et des passions, le romanesque naïf des aventures et la poésie pittoresque des détails; elle y a ajouté, étant de bonne race latine, de la clarté, de la noblesse, et aussi le sentiment de la mesure et l'art de la composition. Voici, en deux mots, l'histoire qu'elle nous a contée.

Le riche Yamato annonce à sa jeune femme Omaya qu'il va introduire dans sa maison une femme nouvelle, Cœur de Rubis, de son état « marchande de sourires ». Omaya supplie, proteste, montre son enfant, le petit Ivashita. Yamato répond : « C'est

1. Qui est d'ailleurs une pièce d'origine chinoise.

mon droit. » La marchande de sourires est introduite, et, en la voyant, Omaya meurt de douleur.

Au second acte, Cœur de Rubis met le feu à la maison de son nouveau mari, dont elle emporte la cassette, et noie le malheureux avec la complicité de son amant Simabara. Le petit Ivashita reste donc seul au monde avec sa nourrice Tika. Heureusement, le prince de Maëda vient à passer; il adopte l'enfant, à condition que sa nourrice ne le reverra jamais.

Dix ou douze ans après, Ivashita, devenu grand, aime sa voisine Fleur de Roseau, qui demeure de l'autre côté de la clôture de bambous. (Il l'a aimée rien qu'à voir sa figure réfléchie dans le ruisseau.) Mais son père adoptif lui raconte l'histoire de ses parents (dont le digne prince a d'ailleurs oublié le nom) et lui rappelle qu'il doit les venger. Ivashita part pour Yeddo, espérant y retrouver quelque trace des crimes qui l'ont fait orphelin.

A Yeddo, sur une place publique, grâce au hasard d'une chanson que chante la vieille Tika, Ivashita reconnaît la bonne nourrice et son père Yamato, qui a été repêché et qui, depuis ce temps-là, mendie. Il leur annonce qu'il va épouser Fleur de Roseau, fille d'une noble dame nommée Cœur de Rubis. — Cœur de Rubis? Mais, malheureux, c'est justement celle par qui ta mère est morte et qui a voulu tuer ton père!...

Heureusement, la marchande de sourires, qui veut que sa fille soit heureuse, arrange tout, à la fin, en s'ouvrant la gorge avec un très beau sabre.

Les décors sont exquis. Tout Paris voudra les voir.

Beaucoup ont dit (et ils ne pouvaient qu'être confirmés dans ce sentiment par les beaux vers où M. Armand Silvestre nous a expliqué que l'âme japonaise ressemble beaucoup à la nôtre) : — Mais, en effet, c'est tout bonnement un mélodrame de d'Ennery. Seulement, c'est beaucoup moins adroit. — C'est donc, disait mon voisin, du Denneriki, et même du Dennerikiki... Et les plus lettrés reprenaient : — En d'autres termes, cela ressemble singulièrement au théâtre grec. Car, Sarcey le dit chaque fois que l'occasion s'en présente, un drame de M. d'Ennery et une tragédie de Sophocle ou d'Euripide... oh! mon Dieu, c'est à peu près la même chose. La seule raison de l'infériorité de M. d'Ennery, c'est qu'il est bien plus malin, — et aussi qu'il ne figure pas au programme du baccalauréat. Et, puisque vous dites que la *Marchande de sourires*, c'est du d'Ennery très gauche, il s'ensuit donc que c'est excessivement grec. Voilà qui s'appelle raisonner.

Pour parler sérieusement, il y a évidemment quelque rapport, soit dans le sujet, soit dans la forme, entre la *Marchande de sourires* et une tragédie antique. Un fils qui ignore quels sont ses parents, qui recherche le meurtrier de sa famille, et qui retrouve à l'improviste son père et sa nourrice... cela rappelle d'assez près, il faut l'avouer, certaines fables du théâtre grec. Les trois ou quatre monologues du premier acte de la *Marchande de sourires* ne ressemblent pas mal à certaines expositions d'Euripide. La façon dont Ivashita reconnaît Tika et Yamato fait assurément songer aux reconnaissances d'Oreste et d'Electre ou du jeune Ion et de sa mère, par quelque chose de naïf, de sobre et de direct. Enfin, des deux côtés, les passions sont simples et violentes. Mais qu'est-ce à dire tout cela?

Cela signifie peut-être que tous les théâtres très anciens (et le théâtre japonais, même moderne, peut être dit très ancien puisque ce peuple ne change pas) ont entre eux d'inévitables ressemblances. A l'origine, ce qui intéresse et émeut le plus les hommes, ce sont les combinaisons extraordinaires d'événements, les bizarreries de certaines destinées humaines; ce sont des aventures comme celles d'Œdipe, comme celles d'Oreste, comme celles d'Iphigénie. Oui, le théâtre grec est plein de catastrophes fortuites, de familles dispersées par des naufrages ou autrement, d'enfants qui ignorent leur père, de frères qui ignorent leur sœur et, par suite, de « reconnaissances ». (Aristote consacre même aux reconnaissances le plus long chapitre de sa *Poétique*.) Tout théâtre primitif est naturellement mélodramatique. Notez d'ailleurs que cela ne s'explique pas seulement par une certaine naïveté de goût, mais aussi par ce fait que, dans les civilisations toutes jeunes, où les hommes sont plus aventureux, où les passions sont plus fortes, où les polices sont faiblement organisées, où les communications sont difficiles entre les différents pays, les aventures de cette espèce (crimes à venger, enfants perdus et tout ce qui s'ensuit) sont réellement beaucoup plus fréquentes qu'elles ne peuvent l'être chez nous aujourd'hui. Enfin, je n'ai pas à expliquer, je pense, pourquoi tous les drames très anciens se ressemblent par la simplicité des sentiments exprimés et par une certaine gaucherie dans la conduite de l'intrigue.

Mais maintenant ai-je besoin de vous dire ce qui est dans la tragédie grecque et qui n'est pas dans le théâtre japonais, et en quoi l' « hellénisme » de la *Marchande de sourires* n'est qu'une aimable plaisanterie ? Faut-il vous rappeler que l'*Orestie* et l'*Œdipe roi* ne sont point de purs mélodrames et valent par autre chose encore que par l'horreur et la singularité des aventures ? qu'il n'y a, du reste, rien de proprement « mélodramatique » dans *Prométhée*, dans *Antigone*, dans *Œdipe à Colone*, dans *Hippolyte* ou dans *Iphigénie à Aulis*, et que la religion, la morale, la philosophie du peuple le plus noble et le plus intelligent qui ait été, s'élaborent et vont se purifiant dans ces merveilleux drames ? Je ne parle pas de la beauté de la forme, ni des qualités proprement grecques, mesure, justesse, harmonie, ni des commencements de profonde psychologie qu'on y découvre. Non, non, la *Marchande de sourires*, qui n'est pas du d'Ennery, n'est pas non plus du Sophocle. Laissez-moi tranquille avec vos Japonais.

SHAKESPEARE [1]

Théatre national de l Odéon : *Beaucoup de bruit pour rien*, comédie en cinq actes et huit tableaux, en vers, de M. Louis Legendre, d'après Shakespeare; musique de M. Benjamin Godard.

12 décembre 1887.

L'ingénieux et aventureux Odéon nous a donné jeudi *Beaucoup de bruit pour rien*, comédie de Shakespeare, revue par M. Louis Legendre.

Quand je dis « revue », c'est sans aucune ironie, croyez-le bien. Je suis charmé, étant modeste et sincère, que des esprits délicats « revoient » et corrigent Shakespeare à mon usage. Je sais bien que tout le monde n'est pas de mon avis. Beaucoup de gens, qui se croient très forts, se piquent d'aimer Shakespeare tout entier, de l'aimer tout nu, tout cru et tout velu. Je n'ai point l'estomac si intrépide. J'admets très bien qu'on perfectionne Shakespeare. Qu'est-ce à dire, perfectionner? Le mot n'est point ici d'un ridicule aussi énorme qu'il paraît, à condition de lui

---

1. Cf. *Impressions de théâtre*, 1ʳᵉ série.

donner le sens relatif qu'il convient, au surplus, de
lui donner toujours. Le génie du grand poète n'est
point en cause, et nous n'oublions pas que Shakespeare est sans doute le plus puissant « créateur
d'âmes » qui se soit vu. Mais il est diffus et inégal;
mais il est plein de sottises et d'obscénités; mais, à
côté de délicatesses de sentiment presque divines et
de vues profondes sur la nature humaine, il a subitement des grossièretés qui nous blessent, non seulement dans notre esprit, mais dans notre cœur; enfin,
il construit visiblement la plupart de ses pièces à la
grâce de Dieu, et Sarcey aurait peine à trouver dans
toute son œuvre une comédie « bien faite ». Je dis
les choses comme elles sont. Pourquoi ferais-je semblant d'aimer chez lui ce qui m'y déplaît? J'approuve
donc que l'on « améliore » Shakespeare, c'est-à-dire
que l'on élague le plus possible de ce qui nous choque en lui, et que, tout en conservant avec piété ce
qui s'y trouve d'admirable (à savoir le fond et toutes
les scènes essentielles), on accommode le reste à notre
goût, à nos besoins et à nos habitudes de logique, de
clarté, de mesure et de décence. Car nous sommes
des Français d'aujourd'hui, et non point des Anglo-Saxons d'il y a trois cents ans. Traiter ainsi Shakespeare, ce n'est point le déshonorer ni le mutiler, au
contraire; c'est nous aider à le mieux voir tel qu'il
est; le vrai Shakespeare, en effet, c'est celui que nous
pouvons aimer, l'autre ne compte point; l'autre, c'est
William, si vous voulez, un accident, — rien.

Mais qui fera le départ de ce qui est Shakespeare et de ce qui ne l'est pas? Et où prendra-t-on l'assurance de le faire? — Oui, la besogne est difficile et hasardeuse; pourtant elle a été quelquefois menée à bonne fin. Rappelez-vous l'*Hamlet* et le *Songe d'une nuit d'été* de M. Paul Meurice, le *Macbeth* de Jules Lacroix, le *Conte d'Avril*, de M. Auguste Dorchain. L'ouvrage de M. Louis Legendre vient prendre rang parmi ces excellentes adaptations de Shakespeare, ces traductions vraiment françaises, si aisées, si justes, si fidèles dans leur liberté, des chefs-d'œuvre du génie anglais. — Voyons donc dans quel ordre se déroule la comédie de M. Legendre et les principaux changements qu'il a apportés à son modèle; puis je dirai, si j'en suis capable, l'impression délicieuse que tout ce spectacle m'a laissée.

Nous sommes à Messine, dans un jardin enchanté où flottent des parfums et des musiques, auprès d'un beau palais. Les personnages sont le vieux Leonato, gouverneur de Messine; le roi don Pèdre, et don Juan, son frère bâtard; les élégants seigneurs Claudio et Bénédict; Héro, fille de Leonato, et Béatrix, sa nièce. Nous apprenons d'abord que don Juan est un fort méchant homme, qu'il hait Claudio et qu'il veut lui faire du mal. — Puis nous voyons le doux Claudio, un peu rêveur, un peu mélancolique, s'éprendre subitement de la douce, timide et silencieuse Héro. Et la jeune fille aussi se met à aimer Claudio. Et le bon roi don Pèdre en avertit le vieux Leonato; et les deux jeunes gens sont fiancés (oh! ce n'est pas long dans le charmant pays où nous sommes), et on les mariera dans huit jours.

Mais voici que pétillent autour des fiancés les rires et les moqueries qu'échangent Bénédict et Béatrix, deux esprits ironiques et alertes, deux grands ennemis du mariage et qui croient se détester. On machine une ingénieuse conspiration pour éclairer sur l'état de leur cœur ces deux amoureux sans le savoir. Don Pèdre, Claudio et Leonato se content entre eux que Béatrix aime Bénédict et qu'elle n'en dort plus, et qu'elle a bien tort; et Bénédict, caché dans un bosquet et qui se figure qu'on ignore sa présence, entend la conversation et en est tout troublé. Puis Héro et Claudio, après avoir dit de ces jolies choses que disent les amants, viennent à parler de l'amour de Bénédict pour Béatrix, et plaignent le pauvre garçon; car ils savent bien que Béatrix les écoute, blottie derrière une touffe de lauriers-roses...

Cependant, le méchant don Juan ourdit un complot d'une espèce plus noire. Il paye le ruffian Boracchio pour que celui-ci se montre, la nuit, sur le balcon d'Héro, en compagnie de la servante Marguerite, dont il est l'amant. Puis, en présence de don Pèdre, il avertit Claudio que sa fiancée le trompe, qu'il n'a, pour s'en convaincre, qu'à se trouver à minuit dans le jardin. Claudio s'indigne..., mais il est amoureux et il n'est qu'un homme... Et c'est pourquoi il se rend, avec don Pèdre et don Juan, au lieu indiqué; il voit sur le balcon une femme qui porte les vêtements de sa fiancée, un homme qui l'embrasse, qui l'appelle Héro, et qui s'enfuit... « J'espère que, après cela, vous allez quitter Messine? dit cet affreux don Juan à Claudio. — Non, je reste. N'est-ce pas demain mon mariage? Trouvez-vous à l'église. — Quel est votre dessein? — Vous verrez. »

Pauvre petite Héro! Elle est toute triste, le lendemain matin, en mettant son voile et sa couronne d'oranger; elle a le pressentiment de son malheur... L'église s'ouvre; Héro et Claudio sont devant l'autel... Et, au lieu de répondre au prêtre le « oui » qu'on attend, Claudio crie au vieux Leonato : « Reprends ta fille! » raconte ce qu'il a vu, fait appel au témoignage de don Pèdre, et accable l'innocente d'imprécations farouches, puis douloureuses et presque attendries

> Belle et perfide Héro, sous la honte écrasée,
> Quel ange dans le ciel ne t'aurait jalousée,
> Si ton âme avait eu la moitié seulement
> Des grâces qui paraient ton corps svelte et charmant?
> . . . .

> Oh! quel mal tu m'as fait! Après ta trahison,
> Héro, toute croyance est morte dans mon âme,
> Et je maudis l'amour, et je maudis la femme,
> Et je maudis l'azur dont se vêtent les cieux,
> Depuis que j'en ai vu la douceur en tes yeux!

Il sort comme un fou. Héro s'est évanouie. Alors, le vieux Leonato, penché sur elle :

Ne rouvre pas les yeux! Je craindrais trop d'y lire,
Toi que je bénissais, qu'il me faut te maudire.
Morte, je ne sais rien, tout demeure caché,
Et tu restes pour moi la vierge au front penché,
Celle que, toute blanche en sa robe de moire,
Je vais ensevelir au fond de ma mémoire,
L'Héro du temps passé, non l'Héro d'à présent!
O nature! J'allais, autrefois, t'accusant,
Lorsque tu prodiguais aux pauvres la famille,
De ne m'avoir jamais accordé qu'une fille!
Faut-il que je me plaigne aujourd'hui de mon lot,
Et, n'ayant qu'un enfant, d'en avoir un de trop?
Ange, dont si longtemps j'attendis la venue,
Héro, coupable Héro, pourquoi t'ai-je obtenue?
Ah! si j'avais un jour en route ramassé
Quelque enfant oublié sur le bord d'un fossé,
Pour lui donner mes biens et le nom de ma race;
Si c'était cet enfant qui fût à cette place,
Je me dirais : « C'est un vieil instinct renaissant,
Mais cette abjection ne sort pas de mon sang!
Cela n'est pas de moi! Non, toute cette honte,
Seul le père inconnu la doit prendre à son compte. »
Mais c'est ma fille, ô Dieu! ma fille qu'il me faut
Dans l'horrible bourbier voir tomber de si haut!
Je rougissais de moi, pauvre homme, devant elle,
Tant sa grâce passait toute grâce mortelle!
Rien qu'à la regarder le chagrin s'en allait,
Et comme un ciel d'été mon âme s'étoilait.
Ah! plutôt que ton nom soit marqué d'infamie,
O ma petite Héro, si tu n'es qu'endormie,
Puisqu'il efface tout, accepte le trépas.
Ne te réveille pas! Ne te réveille pas!

Rassurez-vous, bonnes gens. Héro n'est peut-être pas tout à fait morte, et son honneur sera vengé. Voici le capitaine du guet Gandolfo qui harangue ses hommes, et, encore qu'il leur conseille une prudence à laquelle ils sont déjà tout disposés, les hallebardiers de Messine sont pourtant assez vaillants pour arrêter ce sacripant de Boracchio, lequel, étant ivre, a raconté un peu trop haut à un compère son exploit de la nuit précédente...

Cependant, la tragique aventure d'Héro a achevé de rapprocher Bénédict et Béatrix. Celle-ci, qui n'a pas cru un instant à la honte de sa cousine, pousse son ami à la venger, à provoquer Claudio... Claudio, lui, se lamente; il aime toujours Héro, puisqu'elle est morte!

Or, tandis qu'il la pleure, il rencontre le vieux Leonato, qui ne doute plus de l'innocence de sa fille et qui veut se battre avec son calomniateur :

> ... Comte,
> Ton vrai crime, celui dont tu vas rendre compte,
> Ce n'est pas que ce front charmant se soit couché
> Au sillon du tombeau comme un bleuet fauché;
> C'est que, par ton mensonge abominable, un père, —
> Et c'est là mon remords, ce qui me désespère,
> Ce qui met dans ma gorge un sanglot étouffant, —
> Une minute ait pu douter de son enfant!

Le roi don Pèdre veut empêcher le combat; mais alors c'est Bénédict qui défie Claudio et le traite de menteur et de lâche... Encore une fois, rassurez-vous : car, juste à ce moment, les hallebardiers amènent Boracchio, qui finit par tout confesser...

Le soir même, dans l'église où s'est passée la scène cruelle du troisième acte, Claudio, devant le tombeau d'Héro, fait publiquement amende honorable à la vertu de la jeune fille. Mais Leonato lui impose encore une autre épreuve :

> Sache donc, Claudio, que les destins contraires
> Ont mis dans ma maison l'enfant d'un de mes frères.
> Une nièce qui porte en ses yeux le printemps,
> Et, comme Héro, n'a pas atteint ses dix-sept ans.
> Sur elle j'ai compté pour remplacer ma fille,
> Et, puisque tu devais entrer dans ma famille,
> Sois son époux !

Un rideau s'entr'ouvre, laissant voir l'autel resplendissant de lumières et deux femmes masquées, toutes deux vêtues de blanc. Leonato désigne à Claudio l'une des femmes ; Claudio lui offre son anneau ; elle se démasque ; c'est Héro elle-même, Héro que son père a fait passer pour morte jusqu'à ce que son honneur fût vengé. L'autre femme, c'est Béatrix, qui épousera son Bénédict.

J'ai relu la comédie de Shakespeare, et je ne puis m'empêcher de trouver excellentes les modifications que M. Legendre y a apportées.

Les unes regardent la composition de la pièce. M. Legendre a simplifié l'exposition et l'a rendue beaucoup plus claire. Il a supprimé l'artifice inutile de don Pèdre faisant, sous le masque, la cour à Héro pour le compte de Claudio. — Dans le texte de Shakespeare, tout de suite après que don Juan a averti Claudio que sa fiancée le trompait, nous sommes transportés dans la rue au milieu de policemen grotesques, et nous entendons Boracchio raconter le coup qu'il vient de faire : M. Legendre a mis en action la scène du balcon, qui n'était qu'en récit; et ce n'est qu'après la scène de l'église qu'il nous fait assister aux confidences de Boracchio. — Autre chose encore : au lieu que, dans Shakespeare, nous sommes prévenus, aussitôt après l'évanouissement d'Héro, que la jeune fille n'est pas morte, M. Legendre ne nous révèle qu'au dernier acte le pieux stratagème du vieux Leonato. — Enfin, il nous a débarrassés du personnage superflu d'Antonio, frère de Leonato, et a fait de la suivante Marguerite un personnage muet. Bref, il me semble avoir distribué dans un meilleur ordre les scènes de Shakespeare, les avoir mieux liées entre elles, nous avoir présenté une action plus nette, plus cohérente, plus facile à suivre.

En second lieu, il a réduit les rôles de Bénédict et de Béatrix, et quelque peu développé celui de Claudio; en d'autres termes, il a réduit la part de la comédie et développé celle du drame. Mon cher camarade Émile Faguet le lui reproche avec bien de l'esprit :

« Deux petits fanfarons de scepticisme ramenés à s'estimer autant qu'ils s'aiment et rapprochés par une circonstance heureusement frivole, mais qu'ils croient grave, et qui leur révèle qu'ils sont capables de sentiments profonds, telle était pour moi l'exquise comédie, pimpante et fantasque et toute bariolée de calembredaines dans le goût italien, si cher à Shakespeare, que je m'étais habitué à voir dans *Beaucoup de bruit*. Il est bien entendu qu'elle contient un drame noir, mais si puéril et si volontairement invraisemblable, qu'il ne jette dans la comédie qu'une pénombre, juste de quoi frémir un peu et se rassurer vite : beaucoup de peur pour rien. Tirez le drame en pleine lumière, restreignez la comédie à n'être qu'un très léger cadre de la tragédie, il arrivera d'abord qu'à mon avis ce n'est plus cela (mais ça me serait égal), et ensuite que les invraisemblances du drame paraîtront énormes. C'est un peu comme cela que M. Legendre a compris les choses. »

Tout cela est bien joliment dit, et c'est plausible par-dessus le marché. Et pourtant je réclame.

D'abord, la part du drame est peut-être plus grande dans Shakespeare même qu'il n'a plu à Faguet de le voir. Mais en outre je ne puis regretter que M. Legendre ait un peu réduit la partie comique, et notamment les interminables conversations de Béatrix et de Bénédict. Oh! je sais : ces deux personnages sont, dit-on, parmi les plus brillants que Shakespeare ait inventés, et leurs jeux d'esprit sont célèbres. La vérité est qu'ils sont insupportables. Je n'en veux rien citer : ouvrez Shakespeare et prenez au hasard. Leurs plaisanteries sont un bizarre mélange de grossièreté et de pédantisme. Ce sont des sauvages qui font de l'esprit, des brutes extrêmement subtiles, comme on en a vu beaucoup dans cet hybride xvie siècle, où les hommes, sanguins, robustes et pleins d'appétits, étaient tout ivres du renouveau des sciences et des arts, tout fumeux de la doctrine

récemment acquise, mais où sans cesse la brutalité
foncière reparaissait sous la culture trop neuve.
Leurs facéties étaient compliquées et contournées
comme des ouvrages en noix de coco, — ces noix
qu'ils auraient été dignes d'abattre. La simplicité
nue et directe dans la plaisanterie est un produit tardif des civilisations... Je sais donc gré à M. Legendre
de nous avoir épargné les affreux concettis de Béatrix
et de Bénédict. Il a retenu de leurs dialogues ce qu'il
en pouvait décemment garder, et cela me suffit.
Peut-être M. Legendre eût-il pu « transposer » ces
dialogues; et, par exemple, il eût été agréable d'entendre converser Bénédict et Béatrix comme le pourraient faire deux personnages de Musset — ou de
Meilhac. Mais telle que M. Legendre nous la présente,
la comédie des deux amoureux ironiques et récalcitrants, rapprochés par une émotion commune, est
charmante et ne m'a point paru trop écourtée.

Et je ne saurais lui en vouloir non plus de s'être
laissé aller où l'entraînait sa pente, de s'être complu
au drame mélancolique et gracieux (et non point,
injuste Faguet, au noir mélodrame) qui se mêle à la
comédie, de s'être pris de sympathie pour ce pauvre
Claudio et d'avoir, peu s'en faut, transformé son
caractère.

Osons le dire, M. Legendre a très bien fait. J'avoue
que je suis souvent presque aussi déconcerté devant
les inventions de Shakespeare, que pouvaient l'être
nos grands-pères, les honnêtes littérateurs du siècle

dernier. Son Claudio, en particulier, est bien surprenant. La première fois qu'il rencontre le vieux Leonato et son frère, après la scène de l'église, il se tient à peu près convenablement ; mais, dès que les deux vieillards se sont éloignés, il éclate en plaisanteries grossières : « Nous avons été, dit-il, sur le point d'avoir nos deux nez cassés par deux vieux édentés », et il continue sur ce ton. Un peu après, il apprend l'innocence d'Héro, et combien sa conduite envers elle a été odieuse. De plus, il la croit morte, — et morte par lui. Ce ne sont point là, pensez-vous, de grands sujets de gaieté. Vous le connaissez mal. Immédiatement après la scène où il a fait amende honorable à la mémoire de la jeune fille, il rencontre Bénédict, qui songe à se marier, et qui est sombre. « Je crois, dit Claudio, qu'il pense au taureau sauvage. Bah ! ne crains rien, ami ; nous dorerons tes cornes, et toute l'Europe sera enchantée de toi autant qu'autrefois Europe le fut du paillard Jupiter, lorsque par amour il joua le rôle de la noble bête. » A quoi, Bénédict répond avec élégance : « Le taureau Jupiter, monsieur, avait un aimable mugissement ; quelque taureau aussi extraordinaire que celui-là doit avoir sauté la vache de votre père et engendré par ce bel exploit un veau qui vous ressemble, car vous avez exactement son beuglement [1]. » — Après cela, vous me direz que la gaieté de Claudio est purement

---

1. Traduction de M. Émile Montégut (Hachette).

nerveuse, qu'il arrive aux plus grandes douleurs de se soulager par d'atroces plaisanteries, et que je simplifie trop la nature humaine. Et peut-être ajouterez-vous que c'est moi qui n'entends rien à la profonde psychologie de Shakespeare. Ma foi, tant pis! j'en cours le risque.

Oui, j'aime mieux le Claudio de M. Legendre. Un drame, dont l'invraisemblance n'est peut-être pas si « énorme » que le dit M. Faguet (et d'ailleurs cela se passe dans une Messine lointaine du pays bleu) fournit à Claudio l'occasion d'exprimer, en fort beaux vers, des sentiments très vrais et très douloureux, et de nous étaler son pauvre cœur, semblable aux nôtres. Son aventure est tout humaine. Il est absurdement crédule, parce qu'il aime, et que le premier effet de l'amour est de troubler le jugement. Et c'est parce qu'il aime qu'il est ensuite brutal et odieux. Mais quand il voit sa fiancée par terre, évanouie, un attendrissement se mêle à ses imprécations; et, plus tard, il a beau croire toujours à sa trahison, il n'a plus le courage de la mépriser, et, douloureusement, il l'adore. Pourquoi? Parce que la mort, à dix-sept ans, est une chose si atroce et si injuste qu'elle paraît une expiation égale à toutes les souillures; parce que c'est une vision infiniment touchante que celle d'une enfant morte; parce qu'une morte est toujours pure, ne pouvant plus nous tromper; enfin, parce qu'au fond, quand on aime complètement, de toute son âme et de tout son corps, on continue d'aimer en dépit des trahisons et des impuretés, et l'on accorde, sans le dire, à l'objet aimé l'excuse des fatalités secrètes que l'on sent en soi-même. Il y a de tout cela, et d'autres choses encore, dans l'amour du Claudio de M. Legendre et dans la succession de ses sentiments. Ce fou est vraiment notre frère.

SCARRON

Scarron et le Genre burlesque, par Paul Morillot [1]

27 août 1888.

Le livre de M. Paul Morillot, très exact, très judicieux et très fin, se divise en deux parties : la vie de Scarron ; les œuvres de Scarron. Toutes deux sont intéressantes. Peut-être le seraient-elles d'une façon plus continue si l'auteur avait osé être un biographe et un bibliographe moins complet, et s'il n'eût péché quelquefois par un excès de circonspection dans ses jugements et dans ses sentiments, — comme il arrive quand on n'écrit pas seulement pour le public, mais pour des juges dont on sollicite un grade et un diplôme. Heureusement on devine çà et là, chez M. Morillot, des impressions plus vives et plus libres que celles qu'il lui était permis de rendre. Ou, tout au moins, s'il ne les éprouve pas pour son compte, son exposition nous les suggère, surtout dans la première partie de son ouvrage, qui est celle dont je tiens le plus à vous entretenir.

1. 1 vol. in-8º br. prix : 8 francs (Lecène et Oudin).

Oh ! que les romanciers les plus désireux de nous étonner sont de timides inventeurs ! et comme le vrai, quand il s'y met, sait être invraisemblable ! L'aventure de Scarron et de sa femme est, à coup sûr, une des plus facétieuses et des plus lugubres combinaisons d'événements qui se soient vues dans le cours infini des innombrables vies humaines. Peut-être ne vous frappe-t-elle plus guère parce que vous l'avez lue étant tout petits. Mais tâchez d'y réfléchir un peu. Il y a eu, au dix-septième siècle, un abbé qui, pour s'être déguisé en sauvage un jour de carnaval et avoir pris, dans cet état, un bain nocturne et forcé, est finalement devenu cul-de-jatte et qui, tordu et cloué sur sa chaise, vingt-deux années durant, par la paralysie, n'ayant jamais dormi une nuit entière, n'a cessé de hurler de douleur que pour éclater de rire, a inventé la poésie burlesque, a passé pour le plus gai des hommes, et a été plus prodigieusement célèbre à son heure et plus réellement populaire que Corneille ou que Victor Hugo. Mais cela n'est rien. Il y a eu, à la même époque, une petite fille née dans une prison, élevée à la Martinique, qui, revenue en France, a gardé les dindons chez une parente méchante et avare, qui a connu la misère et la faim... et qui est devenue la femme du plus grand roi du monde. Et, certes, ces deux destinées, prises chacune à part, seraient déjà assez étranges. Mais que dirons-nous de leur rencontre ? Il y a quelque chose de plus extraordinaire que la personne de Scarron et que la fortune de Françoise

d'Aubigné : c'est le mariage du cul-de-jatte et de la
« belle Indienne », future maîtresse de la France. Cela
forme, dans la vie de l'un et de l'autre, les plus
violentes antithèses, quelque chose d'aussi hyperboli-
quement contrasté qu'une conception dramatique de
Victor Hugo.

« Dieu seul est grand ! » disait Massillon devant le
cercueil de Louis XIV. Et le mot n'était pas mal dans
la circonstance. Mais Dieu ne rabat pas seulement
l'orgueil des rois par leur mort ; il le rabat encore
mieux par leur vie même, et souvent d'une manière
bien spirituelle. Dieu est souverainement ironique. Je
n'avance rien d'hétérodoxe. Lisez l'Écriture : *Irridebo
et subsannabo* (Je ferai aux hommes des fumisteries et
je les trouverai excellentes), dit le Seigneur. Il n'en a
guère fait de meilleures que le mariage de Louis XIV
avec la veuve Scarron.

C'est chose tout à fait plaisante que de voir le grand
roi, jeune encore (il avait quarante-cinq ans), épouser
les cinquante ans sonnés d'une dévote dont un bouffon
infirme avait cueilli jadis (comme il avait pu) la
jeunesse en fleur, et ce monarque glorieux vivre trente
ans des restes de ce cul-de-jatte. Quel joli parallèle
un bon rhéteur pourrait faire entre les deux maris de
Françoise ! N'est-il pas admirable que la même femme
ait épousé ce misérable — et ce tout-puissant, ce
phénomène de foire — et ce premier grand rôle historique, le plus bouffon des hommes — et le plus
solennel, l'empereur du burlesque — et le roi de

France, le roi Mayeux — et le Roi-Soleil, et qu'elle ait donné ses frais dix-sept ans au monstre et sa maturité sèche au demi-dieu ?...

A vrai dire, ce couple du stropiat farceur et de la belle fille prudente m'inspire des sentiments incertains et contradictoires. J'hésite, à leur sujet, entre une admiration mêlée de pitié et une irritation mêlée de dégoût. Au fond, ils me scandalisent.

Prenons d'abord Scarron. Ah! le pauvre diable! Voici un description de son état composée par M. Morillot de détails empruntés à Scarron lui-même et mis simplement bout à bout : « Assis sur deux os pointus, estropié au point d'avoir « les pattes en chapon rôti « et la jambe toute desséchée », perclus des bras, incapable de chasser une mouche qui se posait sur son nez, privé de sa main, où il sentait des tortures telles qu'on en fait subir aux suppliciés, forcé bien souvent de recourir à celle d'un valet pour écrire, souffrant des fluxions si violentes au cou, à l'épaule, à la hanche ou dans l'oreille, qu'il fallait parfois recourir au bistouri d'un chirurgien, il ne peut bientôt plus tenir sa tête droite, il la penche à gauche et en bas, obligé de faire mettre à genoux, pour les voir, les personnes qui venaient le visiter ; voilà, sans compter la fièvre, la toux et bien d'autres maux, ce que souffrit le malheureux Scarron ; bien souvent, la nuit, quand tout dormait, il entendait sonner toutes les heures au clocher de Saint-Gervais et il criait de douleur, car il n'obtenait un peu de sommeil que par l'hébétement que procure l'opium ; pendant le jour, il ne sortait presque jamais : les cahots de la chaise à porteurs lui causaient d'horribles douleurs dans tout le corps ; il restait cloué dans ce petit fauteuil à bras, que Segrais nous décrit, auquel on ajustait une planche pour écrire et manger, quand il pouvait se servir de ses doigts. »

Et voici son portrait, qui servait de préface à l'un de ses volumes de facéties : « ... J'ai trente ans passés... Si je vais jusqu'à quarante, j'ajouterai bien des maux à ceux que j'ai déjà soufferts depuis huit ou neuf ans. J'ai eu la taille bien faite, quoique petite. Ma maladie l'a raccourcie d'un bon pied. Ma tête est un peu grosse pour ma taille. J'ai le visage assez plein pour avoir le corps très décharné ; des cheveux assez pour ne porter point perruque ; j'en ai beaucoup de blancs, en dépit du proverbe. J'ai la vue assez bonne, quoique les yeux gros ; je les ai bleus ; j'en ai un plus enfoncé que l'autre, du côté que je penche la tête. J'ai le nez d'assez bonne prise. Mes dents, autrefois perles carrées, sont de couleur de buis et seront bientôt de couleur d'ardoise. J'en ai perdu une et demie du côté gauche et deux et demie du côté droit, et deux un peu égrignées. Mes jambes et mes cuisses ont fait premièrement un angle obtus, et puis un angle égal, et enfin un angle aigu. Mes cuisses et mon corps en font un autre, et, ma tête se penchant sur mon estomac, je ne ressemble pas mal à un Z. J'ai les bras raccourcis aussi bien que les jambes, et les doigts aussi bien que les bras. Enfin, je suis un raccourci de la misère humaine... »

Votre cœur se serre de tristesse et de compassion. Mais attendez. Ce malheureux est écrivain de son métier. Qu'écrira-t-il? Le *Typhon*, l'*Énéide travestie*, *Don Japhet d'Arménie*, *Jodelet*..., c'est-à-dire les fantaisies les plus folles et les plus gaies, du moins par l'intention, de toute notre littérature. L'œuvre de ce supplicié est un long — très long — éclat de rire. Quel plus héroïque défi à la souffrance? direz-vous. Et quelle énergie intime, quelle indomptable flamme spirituelle suppose une pareille attitude! M. Paul Morillot nous rappelle le témoignage de Balzac : « J'ai bien vu des douleurs constantes, des douleurs modestes, voire des douleurs sages et des douleurs éloquentes ; mais je n'en ai point vu de si joyeuses que celle-ci ; il ne s'est point encore trouvé d'esprit qui sût danser la sarabande et les matassins dans un corps paralytique. »

Eh! oui, cela est beau. Scarron paraît tout d'abord plus fort qu'Epictète ou que les martyrs chrétiens ; car eux ne riaient pas, et tout ce qu'ils pouvaient faire, c'était de ne pas crier... Mais, au bout d'un instant, c'est de ce rire même que je serais tenté de lui en vouloir, si le moindre commencement de malveillance à l'endroit de ce torturé n'était un sentiment abominable. Surtout je lui en voudrais, si j'osais, d'avoir ri publiquement, de s'être lui-même érigé en bête curieuse et d'avoir fait, pendant vingt-deux ans, à la foule, les honneurs de sa difformité...

Oh! je sais bien ce qu'on peut dire, — et ce que dit, du reste, M. Paul Morillot avec une finesse miséricordieuse : « ...Il faut être un héros pour consentir à souffrir de pareilles douleurs sans le dire à personne. Puisque la nature s'était jouée de son corps, l'avait mutilé, disloqué, travesti comme celui d'un bouffon, autant valait compléter de bonne grâce la métamorphose que le destin avait imposée. » Et plus loin : « ...Comme il avait cette sotte peur du ridicule qui hante les gens d'esprit, il a ri de ses propres maux..., il s'est abreuvé de ses propres sarcasmes pour échapper à ceux d'autrui. Triste nécessité et triste rôle; mais que celui qui a souffert autant lui jette la première pierre ! »

Il n'est pas question de lapider un malheureux qui a fait comme il a pu. Toutes les formes du courage ne sont pas également distinguées, voilà tout; et j'aime mieux la souffrance silencieuse et pudique, ou franchement révoltée, que la souffrance bouffonne. Celle-ci provoque ma pitié, puisqu'elle s'étale, et la repousse, puisqu'elle rit; et c'est pourquoi elle me déconcerte. J'aime qu'on souffre plus simplement, même plus lâchement. Je sens si bien qu'à la place de Scarron je me serais caché aux yeux de tous les hommes et que je n'aurais jamais pardonné aux dieux! Mais cet infirme qui ameute Paris autour de sa difformité, qui, entre deux coups de grosse caisse, tend aux gros sous et aux pensions (car il faut vivre) sa patte ankylosée, et qui rit, et qui fait des grimaces... je le plains avec colère. Si seulement son rire était cruel! S'il était triste! Si c'était le ricanement de Swift, de Voltaire ou de Heine! Au moins c'est une revanche, quand on souffre, de ridiculiser et d'avilir l'univers entier. Mais il n'y a pas un grain d'amertume ni de haine dans les bouffonneries du pauvre Scarron. Elles sont inoffensives et puériles. Son rire absout la Douleur, et cela est un crime, et c'est de cela, décidément, que je lui en veux.

Peut-être trouverez-vous ces réflexions inhumaines. Vous aurez raison... Et puis, il y a l'épitaphe de Scarron. Elle est profondément touchante, et, à cause de cette plainte, je lui pardonne sa gaieté de martyr forain :

> Celui, qui cy maintenant dort,
> Fit plus de pitié que d'envie,
> Et souffrit mille fois la mort
> Avant que de perdre la vie.
>
> Passans, ne faites pas de bruit,
> Et gardez-vous qu'il ne s'éveille :
> Car voici la première nuit
> Que le pauvre Scarron sommeille.

Et elle? Je ne sais pas non plus si je dois admirer sa conduite, ou m'abandonner au petit mouvement de répugnance qu'elle m'inspire lorsque j'y réfléchis. Peut-être faut-il tout bonnement l'excuser. Voici les faits :

Elle avait quatorze ans. Son tuteur, le chevalier de Méré, un viveur sceptique et prétentieux, la mena chez Scarron. Fort intimidée, elle se mit à pleurer, sans doute à cause de sa robe trop courte de fillette. Le bon infirme la rassura. Quelques mois après cette entrevue, Françoise écrivit de province à une de ses amies une lettre charmante qui contenait une phrase aimable à l'adresse de Scarron. Le poète la lut et répondit à la jeune fille. Un commerce de lettres s'établit entre eux. Lorsque Françoise revint à Paris, Scarron lui offrit une somme assez considérable qui lui permit de se marier honorablement ou d'entrer dans un couvent. Elle refusa. Scarron lui offrit alors sa main, — sa main noueuse et décharnée d'impotent. La jeune fille était malheureuse chez son avare parente, Mme de Neuillant. Mais, assurément, elle n'avait qu'à attendre un peu pour trouver un mari sortable... Or, à seize ans, belle comme le jour, elle épousa le cul-de-jatte.

Était-ce par un sentiment d'angélique pitié, par une folie de sacrifice, et pour l'austère et unique douceur d'être la consolatrice et l'ange gardien d'un malheureux? Mais d'abord Scarron n'était point délaissé, il s'en faut. Outre de nombreux amis, il avait auprès de lui sœur Céleste, une de ses « anciennes ». Puis, rien dans la vie de Mme de Maintenon ne nous autorise à lui attribuer un acte si exagéré de charité et de compassion. M. de Noailles, lui-même, n'y songe point. Il y songe si peu que, dans le livre béat qu'il a consacré à Mme de Maintenon et qui est conçu comme une Vie de saint, il n'hésite pas à rapporter ce mot de son héroïne : « J'ai mieux aimé l'épouser qu'un couvent. »

M. Paul Morillot, qui a l'âme bonne, nous dit là-dessus ce qu'il y avait de meilleur à dire, de plus intelligent et de plus doux : « ...Selon toute vraisemblance, ce ne fut pas la mort dans l'âme que Françoise d'Aubigné épousa Scarron : elle l'accepta librement et avec joie. Elle n'avait alors que seize ans, l'âge des rêves dorés et des beaux enthousiasmes; mais, pour une âme d'élite, mûrie par l'infortune, le bonheur souhaité peut ne pas apparaître toujours sous la figure d'un fils de roi ou d'un prince Charmant : il peut se présenter, une fois par exception, sous la forme plus austère du devoir. Ce pauvre cul-de-jatte, si misérable et si martyrisé par le mal, et en même temps si spirituel et si bon, a pu devenir, en dépit de sa triste mine, le héros de roman qui a séduit cette jeune fille à l'esprit ardent et aux sens froids. Et cet entraînement de l'imagination, cette exaltation du devoir, n'est-ce pas une forme de l'amour? »

Je le veux bien. Mais il faut peut-être ajouter d'autres raisons. Scarron, à cette époque, était assez en fonds. Ses livres et ses comédies lui rapportaient beaucoup. Il assurait vingt-trois mille francs à sa femme par contrat de mariage. De plus, il était fort célèbre. Tout Paris venait chez lui. Ce n'était donc pas, pour une jeune fille ambitieuse et fine, un si sot mariage. Enfin, selon toute probabilité, le malheureux n'en avait plus pour longtemps... Maintenant, que

M. Morillot mêle à tout cela l'amour, s'il y tient.

Moi, ce mariage me cause un invincible malaise. Tâchons de voir les choses comme elles sont. Une image infiniment déplaisante me poursuit. Je ne sais comment vous dire cela; mais j'ai peur que Scarron, qui ne pouvait traiter Mlle d'Aubigné comme sa femme, ne l'ait pas traitée non plus comme sa fille. La Baumelle nous a gardé un mot de Scarron, d'une triste polissonnerie : « Quelques jours avant le mariage, il dit à un de ses amis : « Je ne lui ferai point de sotti-
« ses, mais je lui en apprendrai beaucoup! » Il n'avait alors de mouvements libres que ceux des yeux, de la langue et des mains. » Qu'elle ait été ignorante ou non des « réalités » qui scandalisent Armande dans les *Femmes savantes*, le fait de s'être livrée, si fraîche et si jolie, à ce hideux infirme marque, à mon sens, beaucoup trop de courage ou de résignation. Un instinct, un pressentiment de son corps devait l'avertir et (puisque nous ne pouvons croire ici à un dévouement de sainte) devait la faire reculer d'effroi. J'ai beau faire, elle m'apparaît toute souillée par ce mariage. Pendant les soixante ans qu'elle lui survécut, il ne lui arriva pas trois fois de parler de son cul-de-jatte. Certes, il y eut dans ce silence de la circonspection et un orgueil qui eût voulu effacer de si grotesques commencements; mais peut-être y eut-il aussi quelque honte plus secrète de la mémoire...

Une question insoluble, mais qu'on ne peut guère

s'empêcher de se poser, est celle-ci : « Mme Scarron est-elle restée vertueuse ? »

Ici encore je me contente de vous livrer les faits. Scarron n'était que son mari nominal, et elle ne pouvait l'aimer d'amour. De plus, Scarron recevait et continua de recevoir, après son mariage, une société fort joyeuse. On faisait chez lui des soupers où chacun apportait son plat; on y était plus libre qu'ailleurs. Dans la liste des habitués, dressée par M. Morillot, je relève ces noms: « Le duc de Vivonne..., grand viveur, qui allait s'enfermer dans son château de Roissy pour faire la débauche avec l'abbé Le Camus, son ami Macini et quelques autres (on racontait que, certain vendredi saint, au milieu d'alleluias, on avait baptisé des grenouilles, un cochon de lait, tué un homme et mangé sa cuisse) ;... le duc de Grammont, le héros des fameux *Mémoires* ; les trois Villarceaux, dont l'aîné, le marquis, fut célèbre par ses galanteries avec Ninon et Mme Scarron, et le cadet, l'abbé de Villarceaux, se signala par le désordre de sa conduite et par sa gourmandise; cet étrange abbé Fouquet, qui voulait pendant la Fronde enlever, assassiner et saler le coadjuteur; personnage peu édifiant, qui fut l'amant de Mme de Châtillon, craint de tout le monde, même du surintendant, son frère;... le prieur de Matras, gros homme débauché, le plastron des plaisanteries de Scarron... » Nommons encore Faret et Saint-Amant. Rappelons aussi que Mme Scarron fut l'amie intime de Ninon de Lenclos, jusqu'à partager quelquefois son lit (M. de Noailles lui-même admet le fait). M. Morillot ramasse les phrases de Tallemant des Réaux sur Mme Scarron ; je n'en retiens que deux : « Elle est bien venue partout ; *jusqu'ici* on croit qu'elle n'a point fait le saut. » Puis, après la mort de Scarron : « J'oubliais qu'elle fut, ce printemps, avec Ninon et Villarceaux, dans le Vexin, à une lieue de la maison de Mme de Villarceaux, femme de *leur galant.* Il semblait qu'elle allât la narguer. » Enfin Ninon, dans sa vieillesse, écrivait à Saint-Evremond : « Scarron estoit mon amy ; sa fame m'a donné mille plaisirs par sa conversation et, dans le temps, je l'ay trouvée trop gauche pour l'amour. Quant aux détails, je ne scay rien, je n'ay rien veu, mais je lui ai presté souvent ma chambre jaune à elle et à Villarceaux. » (Je vous rappelle, avec M. Morillot, que les propos de Tallemant ne sont point paroles d'Évangile, et que l'authenticité de la lettre de Ninon, affirmée par M. Feuillet de Conches, a été contestée par MM. Geffroy et Brunetière.)

D'un autre côté, il est certain que la plupart des contemporains ont cru à la vertu de Mme Scarron, qu'elle-même était très soigneuse de sa réputation et que, de dire qu'elle n'avait pas grand contentement avec son mari et qu'elle devait donc chercher des consolations ailleurs, ce n'est point un raisonnement sans réplique ; car il se peut aussi que ce qu'elle trouvait chez elle l'eût dégoûtée des hommes...

Concluez là-dessus comme il vous plaira. Je n'ai

pas d'avis. Je ne fais point son procès à Mme de Maintenon. Que dis-je ? Elle me plairait peut-être mieux si elle avait eu quelques faiblesses et quelques distractions, si elle avait fait çà et là des choses *inutiles*. Encore une fois, décidez. Seulement, si vous vous rangez à l'opinion de M. de Noailles et de quelques autres honnêtes gens, il s'ensuivra que Mme de Maintenon est arrivée intacte, à cinquante ans, aux mains de Louis XIV. Cela est possible; mais, comme dit l'autre, c'est raide.

Femme d'un infirme qui ne pouvait être son mari; amie d'une courtisane ; amie de plusieurs grandes dames, mais à la façon d'une demoiselle de compagnie ; gouvernante des enfants du roi, mais de ses enfants naturels ; épouse du roi, mais son épouse secrète... c'est le malheur de cette personne distinguée, intelligente et très probablement vertueuse, d'avoir passé toute sa vie dans des postures équivoques, fausses, non définies. Jamais elle n'a eu de situation parfaitement franche. Et c'est pourquoi il faut la plaindre malgré son extraordinaire fortune. Il faut la plaindre de s'être mise si constamment, avec tous ses mérites, dans le cas de ne pouvoir être aimée ni estimée en pleine sécurité.

CORNEILLE[1]

Odéon : Corneille, conférence de M. Francisque Sarcey sur *Polyeucte.*

26 mars 1888.

... Et M. Sarcey, égal à Calchas en autorité et à Phénix en bonhomie, dit ces paroles ailées :

« Mon Dieu ! c'est bien simple. *Polyeucte*, c'est un sujet vingt fois traité au théâtre. C'est, au fond, l'histoire d'un mari qui n'est pas aimé de sa femme et qui se fait aimer d'elle parce qu'il est plus fort qu'elle et qu'il lui apparaît un jour supérieur aux autres hommes.

« Ça commence comme un vaudeville. Félix est fonctionnaire à Rome, gros fonctionnaire. Il reçoit beaucoup. Sa fille Pauline se met à aimer un de ses valseurs, un nommé Sévère, un garçon plein de mérite, mais qui n'a pas le sou. Félix lui dit : « Jeune homme, vous êtes charmant. Touchez-là : vous n'aurez pas ma fille. » Pauline, qui a du bon sens, se résigne. Sévère fait ce que font en pareille circonstance les jeunes gens bien nés : il s'engage dans un régiment d'Afrique.

1. Cf. *Impression de théâtre*, 1re et 2e série.

« Là-dessus Félix est nommé gouverneur d'une province, préfet, si vous voulez. Un certain Polyeucte, grand seigneur, homme influent, demande la main de Pauline. Félix la lui accorde : c'est pour lui un moyen d'attirer à la préfecture la noblesse de la région. Pauline se laisse faire; elle ne cache pas à Polyeucte qu'elle a gardé tendresse de cœur pour Sévère, mais elle le croit mort. Polyeucte se dit : « Bah! c'est une amourette de jeune fille... Et puis, « du moment qu'il est mort!... » Le mariage se fait; c'est un mariage de convenance, un mariage fort raisonnable et qui pourrait en valoir bien d'autres... Mais attendez!

« Polyeucte est un passionné, un homme qui a absolument besoin de croire à quelque chose et de se dévouer. Si Pauline lui rendait un amour égal au sien, ça irait. Mais Pauline l'aime froidement; elle l'aime par devoir; elle l'aime sans l'aimer; et même elle l'agace un peu en lui répétant tout le temps, sous prétexte de franchise et de loyauté, qu'elle ne renie pas son premier amour, mais que son mari peut être sûr d'elle, qu'elle connaît son devoir, etc.

« Qu'arrive-t-il alors? C'est que, sans cesser d'adorer sa femme, cet emballé de Polyeucte cherche ailleurs un aliment au foyer d'amour et d'enthousiasme qu'il porte en lui. Cet aliment, il le rencontre dans le christianisme naissant. Au moins voilà de quoi occuper toutes les inquiètes puissances de son âme! Dès le premier moment, il est chrétien avec fanatisme, et l'on sent qu'il ira jusqu'au bout de sa foi.

« Si Pauline l'aimait, sans doute il se ferait chrétien tout de même; mais alors il lui dirait tout. C'est ainsi qu'un commerçant qui vit en parfaite communion de cœur avec sa femme la tient au courant de ses travaux et de ses projets et lui dit le soir, sur le traversin : « J'ai une affaire en train... Ah! une fameuse affaire!... » Mais Pauline est froide; ah! qu'elle est froide, Pauline! Et c'est pourquoi il se cache d'elle, et elle s'aperçoit bien qu'il a un secret; elle le voit causer avec Néarque dans les coins; il sort mystérieusement, sans vouloir lui dire où il va... bref, elle redoute quelque chose, sans savoir quoi... Ce malaise, cette inquiétude, un dramaturge d'aujourd'hui nous la rendrait sensible par une foule de petits détails : Corneille l'exprime, selon la poétique de son temps, par « le songe de Pauline ».

« Un incident vient encore éloigner la femme du mari. L'amoureux d'autrefois n'est pas mort. Même il revient, couvert de gloire, sous prétexte de présider une cérémonie officielle, en réalité pour revoir Pauline, qu'il croit toujours libre. Félix, tout tremblant dans sa peau de préfet, dit à sa fille : « Mon enfant,
« il faut que tu le voies, et que tu nous tires de là. —
« Mais, mon père, j'ai beau être sûre de moi, la dé-
« marche me paraît un peu risquée. — Ma fille, il faut
« que tu lui parles... Il peut me faire perdre ma place.
« Ah! que j'ai été bête de lui refuser ta main! Mais,

« que veux-tu? je ne pouvais pas prévoir qu'il serait
« un jour ministre de la guerre. Pourquoi n'a-t-il pas
« remporté ses victoires plus tôt? »

« Pauline consent donc à revoir Sévère. L'entrevue est délicieuse. Elle parle de son devoir et il promet d'être digne d'elle ; mais, peu à peu, en se rappelant le passé, ils s'attendrissent :

— Un je ne sais quel charme encor vers vous m'emporte ;

et ils se séparent sur ces mots :

— Adieu, trop vertueux objet, et trop charmant!
— Adieu, trop malheureux et trop parfait amant!

c'est-à-dire, en bon français : « Quel dommage, tout
« de même! quel dommage! »

« Or, à peine Pauline vient-elle d'accomplir ce sacrifice, elle apprend que son fou de mari s'est fait chrétien, c'est-à-dire quelque chose comme anarchiste, nihiliste, carbonaro ou mormon, et qu'il vient de bousculer les statues des dieux de l'empire et de faire, en pleine cérémonie officielle, un esclandre de tous les diables... Ici, nous touchons au moment où le malentendu entre les deux époux semble le plus irréparable.

« Il est, lui, en prison, ou, plus exactement, gardé à vue dans une salle de la préfecture. Il est ivre d'enthousiasme, mais il aime toujours sa femme, il le sent ; et, comme il sait aussi qu'elle ne comprendra point, elle devient pour lui l'ennemi, il s'excite contre elle, il s'exalte dans son renoncement

Source délicieuse, en misère féconde, etc...

« Elle, elle fera son devoir, comme elle l'a fait jusque-là ; elle ira le trouver ; elle essayera de le ramener à la raison. Mais, voilà, le cœur n'y est pas!

« Si le cœur y était..., nous voyons d'ici la scène.. Je l'ai vue, moi, en 1852. C'était un brave homme de professeur qui voulait descendre dans la rue... Sa femme l'aimait, lui! Elle n'alla pas chercher ses arguments bien loin ; elle lui barra la porte, se traîna sur les genoux, le serra à pleins bras, la tête renversée, en criant : « Non! non! non! tu n'iras « pas! Je ne veux pas, je ne veux pas que tu y ailles! » Et il n'y alla pas.

« Au lieu de cela, Pauline veut raisonner Polyeucte. Elle lui dit d'abord : « Tu perds ta position! » Il répond : « J'en aurai une bien plus belle là-haut! » Bon! le premier argument ne vaut rien ; elle en essaye un second : « Tu dois ta vie à l'État. » Il répond : « Je la dois bien plus à Dieu! » Allons! encore un argument qui ne prend pas! Elle s'avise enfin de faire jouer le sentiment. Son mari laisse échapper un « hélas! » — « Courage! se dit-elle, je « vois couler ses larmes. » Mais elle se méprend sur ce qui se passe dans l'âme du martyr. Devant ces beaux yeux suppliants, devant ce petit front de femme, où il sent une pensée étrangère à la sienne, Polyeucte est pris d'une sorte de colère douloureuse, de cette colère que nous avons tous éprouvée quelque jour.

Voyons! elle est pourtant charmante et bonne, elle devrait comprendre. Mais non! je lui semble fou! Ah! petite tête obstinée!... Et il se raidit dans sa foi; il devient âpre et dur dans son détachement, et d'autant plus qu'il a peur d'elle :

> Vivez heureuse au monde et me laissez en paix!

« Oui, répond-elle, exaspérée, je t'y vais laisser! » Et alors...

« C'est ici le point culminant du drame. Polyeucte se dit : « C'est fini; plus rien à faire... Elle ne m'aime « pas, elle ne me suivra point. Mais assurons du moins « son bonheur terrestre. Elle aime Sévère, il est hon-« nête homme; qu'il la prenne! Et en même temps je « me délivrerai. Au reste, je ne suis déjà plus de ce « monde. » Et il lègue sa femme à Sévère : « Vivez « heureux ensemble! » Et il ajoute :

> Qu'on me mène à la mort, je n'ai plus rien à dire.
> Allons, gardes. *C'est fait.*

« Mouvement d'une sublimité surprenante, et d'une vérité singulièrement tragique! Par là, Polyeucte s'affranchit vraiment : c'est le suprême et victorieux effort pour échapper à la femme, à la tentatrice... Peut-être aussi (car il l'aime toujours) éprouve-t-il une âpre joie à fouiller sa propre blessure, à y promener le couteau, et... qui sait? une sorte d'orgueil à se sentir élevé si fort au-dessus de ces deux pauvres cœurs de chair...

« Quoi qu'il en soit, cet étrange testament est le plus sanglant outrage qu'il pût faire à Pauline... Comment va-t-elle le prendre? et que va-t-elle dire?

« O l'admirable revirement! et combien féminin! Pauline, jusqu'alors n'aimait point son mari. A partir de ce moment, elle l'adore! (Mais je m'aperçois que, depuis quelques instants je trahis M. Sarcey, et que j'altère indignement le tour et la couleur de sa parole vivante. Revenons, s'il se peut, à une transcription plus exacte.)

« Pauline reste ahurie. « Ah! bien! songe-t-elle, « on peut dire qu'en voilà un qui n'est pas comme les « autres!... Ah! pour un homme, c'est un homme! »
— Vous vous rappelez, dans l'*Aventurière*, la scène où Fabrice lève les deux poings sur Clorinde (s'il ne les laisse pas retomber, c'est uniquement par respect pour la majesté de la Comédie-Française). Du coup, Clorinde se met à adorer Fabrice; elle ne sait plus où elle en est, et, quand Annibal l'interroge, elle lui répond avec ravissement : « Il m'a presque battue! » Eh bien! Pauline, c'est un peu la même chose. Sévère, qui n'est qu'un honnête homme et un homme d'esprit, se croit obligé de faire des phrases : « Comprenez-« vous que, lorsqu'on a le bonheur de vous posséder, « on vous cède à un autre? etc. » Mais elle ne l'écoute pas; Sévère, à présent, lui semble fade; elle garde longtemps le silence, et, quand elle ouvre la bouche, c'est pour dire :

> Brisons-là ; je crains de trop entendre...
> Mon Polyeucte touche à son heure dernière.....

« Mon Polyeucte », c'est la première fois qu'elle l'appelle ainsi. Elle l'aime parce qu'il l'a battue ; Sévère l'agace ; elle lui dit avec la renversante logique des femmes : « C'est vous qui êtes cause de tout ! » et elle lui donne assez sèchement son congé :

> Si vous n'êtes point tel que je l'ose espérer,
> Pour vous priser encor, je le veux ignorer.

« Dès lors, elle est toute à son mari. La preuve, c'est qu'elle l'appelle « tigre ». Elle se roule à ses pieds :

> Ne désespère pas une âme qui t'adore !

« Voilà un vrai cri de passion : ce n'est pas seulement un joli vers romanesque, comme celui que je citais tout à l'heure, et qui était adressé à Sévère :

> Un je ne sais quel charme encor vers vous m'emporte.

« Polyeucte reste butté à son idée ; il en a assez de lutter et de se défendre ; il répète rageusement : « Je suis chrétien ! je suis chrétien ! kss ! kss ! » Il veut mourir. Ah ! dit Pauline,

> Je te suivrai partout, et mourrai si tu meurs.
> — Ne suivez point mes pas ou quittez vos erreurs.

« On ne laisse pas à Pauline le temps de répondre ; on emmène Polyeucte. Elle assiste à sa mort et s'écrie en revenant :

Je vois, je sais, je crois!

« Qu'est-ce qu'elle voit? Qu'est-ce qu'elle sait? Qu'est-ce qu'elle croit? Elle n'en connaît pas plus long sur le christianisme que tout à l'heure; mais elle a vu celui qu'elle aimait mourir, et elle sait qu'elle ne peut plus avoir un autre dieu que le sien. — Acte de foi chrétienne? Non; acte de foi conjugale. »

Je vous donne seulement l'essentiel des propos abondants et ingénieux de M. Sarcey, — le squelette de sa conférence, — sans chair, sans visage, sans ventre. Le fait est que M. Sarcey a été étourdissant. Rarement me suis-je autant amusé. Nous nous tordions, parce que c'était fort comique, mais nous admirions aussi. Vraiment cette parole débordait de vie, et cette vie, elle la communiquait à flots aux figures pâlies du vieux drame. Il est impossible, je crois, d'expliquer, avec un plus vif sentiment de la réalité, tout le mécanisme moral des personnages d'une fiction, ni de mieux mettre au jour l'âme cachée et toujours jeune d'un chef-d'œuvre ancien. La bonhomie divertissante du « prosateur familier » persécuté par Caliban a été, cette fois, pleine de suc et riche de pensée.

Maintenant, s'il faut tout dire, je plains un peu les malheureux acteurs, et je ne pense pas qu'il soit très facile de jouer une tragédie immédiatement après un pareil commentaire et une si juste, mais si joviale transposition... Si juste? Oui, je le crois, et d'autant plus aisément, que j'ai moi-même, selon mes moyens, tenté quelquefois des explications de ce genre. Mais pourtant, une chose m'inquiète : c'est qu'enfin, ni les contemporains de Corneille, ni les gens du xviii° siècle n'ont vu dans *Polyeucte* ce qu'y voit M. Sarcey et ce que nous y voyons après lui. Il ne s'ensuit point que cela n'y soit pas en effet ; mais il s'ensuit peut-être que cela n'y est pas expressément tout entier et n'éclate pas aux yeux. A ce compte, ce qu'il y a de plus intéressant et de plus beau dans la pièce, c'est donc ce qui s'y trouve en grande partie sous-entendu. Or, cela est bien étrange, étant donné un système dramatique où, justement, presque toutes les conventions ont été établies pour permettre au poète de ne rien sous-entendre... De là mes doutes.

MOLIÈRE[1]

I

Comédie-Française : *Les Fâcheux.*

5 juillet 1886.

Les *Fâcheux*, on appellerait cela aujourd'hui les *Raseurs*, et je crois qu'on n'aurait pas l'idée d'écrire cela en vers. Je ne sais pas non plus si l'on se contenterait de ce défilé de silhouettes, que ne relie aucune action. Nous avons aussi des pièces contemporaines qui nous mettent à la fois sous les yeux les variétés d'un même travers, d'un même ridicule ou d'un même vice. Au fond, le *Club* de Gondinet, par exemple, et presque tous les premiers actes des comédies de Sardou appartiennent, peu s'en faut, au même genre que les *Fâcheux*. Mais nos contemporains savent accommoder avec plus d'artifice les pièces ou les actes « à tiroirs ». Pour moi les *Fâcheux* sentent un peu trop le développement de l'école, la vieille satire classique. Ce n'est que la mise en scène de la satire d'Horace sur « les importuns ». Molière nous dit dans sa préface : « Jamais entreprise au théâtre ne fut si précipitée que celle-ci; et c'est une chose, je crois, toute nouvelle, qu'une comédie ait été conçue, faite, apprise

1. Cf. *Impressions de théâtre,* 1re série.

et représentée en quinze jours. » Oserai-je dire qu'il y paraît? Et pourquoi Molière s'est-il avisé d'écrire en vers ce divertissement sans prétention? Ce sont, à la vérité, d'assez bons vers de théâtre; mais n'allez pas pourtant y regarder de trop près. Puis, je suis un peu ennuyé qu'on nous donne les *Fâcheux*, c'est-à-dire une des moindres comédies de Molière (et encore on nous les donne sans les ballets qui remplissaient les entr'actes, et cette suppression altère assurément la couleur et le caractère de l'œuvre), cela m'ennuie, dis-je, qu'on nous serve les *Fâcheux*, huit jours après nous avoir servi *Zaïre*, tandis qu'on laisse dans l'oubli tant de petits chefs-d'œuvre du vieux répertoire que je pourrais nommer ici, depuis la *Femme juge et partie* jusqu'à la *Chercheuse d'esprit*.

Enfin, puisque les *Fâcheux* sont encore du Molière, il n'y a que demi-mal, et je ne veux pas me plaindre trop haut, car on retrouve quand même, dans ce divertissement bâclé, la marque d'un des plus grands créateurs de figures vivantes qui aient été. A vrai dire, le choix des figures est ici assez arbitraire; mais cela se comprend. On peut être « fâcheux » par nature ou par accident. Il y a d'abord l'homme qui se colle à vous, toujours, nécessairement, l'homme ennuyeux parce qu'il est ennuyeux. Ce type-là comporte peu de variétés; il est presque partout semblable à lui-même : c'est toujours l'homme à tête vide et à lèvres molles, usées par le flux incessant des confidences banales; c'est toujours la même adhérence

visqueuse de méduse ou de poulpe. La différence
n'est que dans les sujets dont ce monologuiste gélatineux vous entretient. Mais il y a aussi des fâcheux
qui ne le sont que par hasard et parce que vous n'êtes
pas d'humeur à les écouter. La plupart des « fâcheux »
de Molière n'ennuient Eraste que parce qu'ils tombent
mal et qu'il attend Orphise. A ce compte, tout le
monde peut être « fâcheux » à un moment donné,
Eraste comme les autres. Car aussi bien nous pourrions dire, nous, qu'Eraste lui-même nous ennuie
avec son récit interminable et médiocrement plaisant
du premier acte. Ainsi, l'unité de la pièce n'est pas
même dans un défaut commun à tous les personnages,
mais seulement dans ce fait qu'ils arrivent tous mal
à propos. C'est donc un défilé, non de fâcheux, mais
plutôt de grotesques pris à peu près au hasard.

Encore une fois, je ne m'en plains pas. Ce minimum
de composition me suffit; et cette lanterne magique
n'est pas ennuyeuse à regarder. Toutes ces silhouettes
ont bien l'allure du temps : elles peuvent avoir chez
nous leurs analogues, mais non tout à fait leurs pareilles. Tandis qu'elles défilaient et gesticulaient, je
revoyais des coins amusants du XVIIe siècle.

Eraste se plaint d'avoir été « rasé » au théâtre par
un de ces marquis qui s'asseyaient sur la scène, et
que les acteurs frôlaient en jouant. Et je me figure
là-dessus une représentation d'alors, Auguste sur un
fauteuil très élevé, Cinna et Maxime sur des tabourets,
comme à Versailles, tous trois en perruques; des deux

côtés, les jeunes seigneurs sur des bancs ; un éclairage de chandelles qu'on mouchait dans les entr'actes, la salle oblongue, un seul rang de loges, le parterre debout. Une salle de théâtre d'il y a deux cents ans diffère autant, par tout son aspect, d'une salle de nos jours qu'une tragédie de Corneille d'une comédie de Dumas fils. Cette exiguïté de la scène envahie par les jeunes gens à la mode, on a dit qu'elle suffisait à expliquer tout le système dramatique du temps, l'unité de lieu, la sobriété de l'action, les récits, les longues conversations immobiles, et que Corneille et Racine auraient conçu autrement leurs drames sur une scène libre et plus vaste. En est-on bien sûr ? Voltaire, en 1766, débarrasse la scène des bancs latéraux qui l'encombraient... et l'ancien système dramatique, dans ses traits essentiels, survit cinquante ans à ce débarras. Décidément, certains caractères de la tragédie classique (et l'on ne saurait trop répéter combien celle de Corneille ressemble peu à celle de Racine) s'expliquent encore mieux par le goût de l'époque et par le génie particulier de ces deux grands hommes que par des détails extérieurs d'aménagement scénique.

Voici Lisandre, qui vient danser et chanter à Éraste une « courante » de sa composition. Ce Lisandre est proche parent de Mascarille et quelque peu cousin d'Oronte. Puis c'est Alcippe qui, dans l'entêtement d'une idée fixe, explique un coup qu'il vient de perdre au piquet... Et je revois toute l'aristocratie élégante, les viveurs et les dandys du temps de Louis XIV. Ils dansaient beaucoup; comptez les ballets de la cour! Et ils dansaient comme on ne danse plus aujourd'hui, des pas lents et compliqués où ils pouvaient faire des effets de mollets, secouer en cadence leurs perruques, leurs basques et leurs « petites oies ». Le gentilhomme d'alors est un animal de parade, bizarrement et somptueusement costumé, fait pour la représentation et qui s'y plaît. — Quand ils ne paradaient pas, ils jouaient. Les femmes jouaient aussi, furieusement. La passion du jeu a été effroyable chez nous pendant les deux derniers siècles; tout le théâtre en est plein (voyez surtout Regnard et Dancourt). — Quand ils ne jouaient pas, les viveurs du temps de Molière faisaient pis. Ils avaient un terrible fond de grossièreté et de férocité. Il ne faut point se laisser prendre à la belle tenue toute superficielle du grand siècle. Rappelez-vous ce que dit La Bruyère : « L'on parle d'une région... où les jeunes gens sont durs, féroces, sans mœurs ni politesse; ils se trouvent affranchis de la passion des femmes dans un âge où l'on commence ailleurs à la sentir; ils leur préfèrent des repas, des viandes et des amours ridicules; celui-là chez eux est sobre et modéré qui ne s'enivre que de vin; l'usage trop fréquent qu'ils en ont fait le leur a rendu insipide; ils cherchent à réveiller leur goût déjà éteint par des eaux-de-vie et par toutes les liqueurs les plus violentes : il ne manque à leur débauche que de boire de l'eau-forte. » Et relisez un peu Bussy-Rabutin.

Vous verrez là des dandys (et parmi eux le fils du grave Colbert), qui, ayant rencontré dans la rue, au sortir d'une orgie, un garçon boulanger, trouvent plaisant et spirituel de lui infliger le désagrément qui a plus contribué à la célébrité d'Abeilard que ses dissertations sur les « nominaux » et les « universaux». Ou bien vous verrez d'Olonne et ses amis menant souper leurs femmes dans une de ces maisons où Régnier, d'après Boileau, « conduisait ses Muses », et ces « honnêtes dames » prenant d'ailleurs fort bien la chose et se divertissant à passer en revue le personnel. — Vraiment, les viveurs d'aujourd'hui sont singulièrement plus pâles que ceux de l'ancien régime. Ils manquent d'ampleur et d'audace. Ils ne dansent plus, ils jouent prudemment, ils ne s'enivrent presque plus. Ils sont médiocres dans le mal, et ils ne sont pas gais. Il faut dire aussi, à leur décharge, qu'ils sont, en général, moins riches que ceux d'autrefois, qu'ils portent des habits unis et sombres qui prédisposent à la tristesse, qu'ils n'ont plus guère de privilèges, qu'ils sont soumis aux mêmes lois que les garçons boulangers. La Révolution, fatale au pittoresque de la vie humaine, a passé par là.

Mais revenons aux *Fâcheux*. Orante et Climène, deux jeunes femmes, quelque peu précieuses, viennent poser à Eraste cette question de cour d'amour : « Lequel doit plaire davantage, de l'amant confiant ou de l'amant jaloux? » Sur quoi Orante fait un portrait satirique de l'amant emporté, et Climène de l'amant transi. « Eh bien ! dit Eraste, voici mon arrêt : le jaloux aime plus, et l'autre aime bien mieux. » La scène est jolie ; elle rappelle certains passages de la *Critique de l'École des femmes* et la scène des portraits du *Misanthrope*. Elle fait songer aux dissertations amoureuses et morales de la *Clélie* ou du *Grand Cyrus*, aux portraits de La Bruyère et des grands sermonnaires. Elle est bien du siècle qui a su causer (si c'était là causer) avec le plus d'ordre, d'application et de méthode, et qui a le plus soigneusement étudié, dans les salons, au théâtre, dans les livres, dans la chaire, partout, le mécanisme général de l'âme humaine et des passions. Il est vrai aussi qu'il n'en a guère connu que le train le plus ordinaire, qu'il a presque ignoré les curiosités psychologiques, et qu'enfin il ne s'est jamais fort intéressé au spectacle des choses concrètes. C'est le siècle de la raison discursive ; cela paraît jusque dans ses farces et dans les moindres bagatelles de sa littérature. — Mais voici tout à coup la longue fanfare du récit de Dorante, — tayaut ! tayaut ! — le déjeuner, le départ, le cerf qui débûche, un cerf de dix cors, la meute allongée sur la piste, — à Finaud ! à Finaud ! — et cet imbécile de « campagnard » qui laisse échapper le dix cors pour courre un jeune cerf et qui l'abat d'un coup de pistolet d'arçon. « A-t-on jamais parlé de pistolets, bon Dieu ! pour courre un cerf ! » Et tous les mots sonores et colorés du vocabulaire de la vénerie semblent galoper avec les chevaux, aboyer et haleter avec les chiens; et l'on voit fuir par les taillis, à travers les coups de fouet des branches, de larges croupes pommelées, des habits dorés et rouges, des plumes sur des chapeaux bas, et l'éclair des cors de chasse qui ceignent les poitrines en travers. Et, malgré nous, les arbres entre lesquels chevauche la bande nous apparaissent un peu effacés et bleuâtres, mieux faits et plus réguliers que ceux d'à présent : des arbres comme on en peignait au grand siècle. Ce récit de si belle allure, c'est un tableau de Van der Meulen. Pourquoi refusais-je tout à l'heure à ce siècle le don du pittoresque? Cette description d'une chasse à courre a tout l'air de me donner un démenti. Aussi ne trouverez-vous pas, dans Molière ni dans ses contemporains, beaucoup de morceaux de cette couleur.

Caritidès, un savant homme, vient remettre à Eraste un placet pour le roi. Caritidès a été frappé des innombrables fautes d'orthographe qui déshonorent les enseignes des « maisons, boutiques, cabarets, jeux de boules et autres lieux de la bonne ville de Paris », et il supplie le roi de le nommer « contrôleur, intendant, correcteur et reviseur desdites inscriptions ». Ce Caritidès est cousin de Vadius, cousin surtout de Pancrace, de Marphurius et des professeurs de M. Jourdain. Et ce ne sont point là des caricatures sans originaux. Le pédantisme a été prodigieux au XVIIe siècle. Les plus grands esprits en sont eux-mêmes empreints. Ils invoquent continuellement les anciens, parlent du haut des règles, ont des scrupules à la fois humbles et suffisants. On sent qu'au-dessous d'eux devaient fourmiller, dans ce siècle d'autorité, d'horribles cuistres, des Caritidès en tous genres. Caritidès n'est pas absolument mort, si vous voulez; mais il a bien changé. Il est casé, renté, il fait des éditions savantes. Sa cuistrerie s'est fort atténuée; elle ne saute plus aux yeux; et, d'autre part, il n'a plus de costume qui le signale; il n'a plus cette silhouette de héron mélancolique, cette ineffable tournure de « pédant » de Callot.

Une bonne tête pour finir : Ormin, l'homme à inventions. Il a une idée, qui est fort simple, et qu'il vient soumettre à Eraste : « Vous voyez quel gain le roi tire tous les ans de ses ports de mer. Or, mon idée, ce serait de mettre toutes les côtes de la France en ports de mer. » Il lui dit cela à l'oreille, en lui soufflant à la figure son haleine d'ivrogne. « C'est bon, dit Eraste, j'en parlerai au roi. » Alors Ormin : « Mon bon monsieur, si vous vouliez me prêter deux pistoles, vous les reprendriez sur mes droits d'inventeur. » Avec Ormin, nous touchons à la bohème du xviie siècle. Où vit-il et comment vit-il, cet Ormin? Dans quels bouges? dans quels cabarets borgnes? dans quelle ruelle tortueuse du vieux Paris? Très digne dans ses loques, il doit entretenir de ses inventions les « crieurs de noir à cirer », les escrocs, les spadassins, les soudards licenciés des petites pièces de Raymond Poisson : **La Montagne**, Jolicœur, La Ramée et Sans-Souci, — et peut-être les bons bretteurs lettrés du *Capitaine Fracasse* : Piedgris, Tordgueule, La Râpée et Bringuenarilles. A certains jours même, Ormin doit rencontrer, autour des pots, Théophile, Saint-Amand, Faret, Colletet le fils, et Tristan, et Brécourt, et Chapuzeau. Le monde des lettres, au temps de Louis XIV, est plein de surprenants bohèmes, d'aventuriers qui ont roulé partout et fait tous les métiers. Qu'est-ce que notre bohème auprès de celle qu'on entrevoit dans les bas-fonds du Paris d'alors? Le Chat-Noir lui-même n'est qu'un salon bourgeois.

Ainsi j'ai regardé les *Fâcheux* en songeant tout autour, comme on feuillette un cahier d'estampes. Mlles Broisat et Marsy ont dit, avec l'afféterie qu'il fallait, les couplets des deux précieuses. MM. de Féraudy, Leloir et Clerh ont été presque excellents dans les rôles du valet, de Caritidès et d'Ormin. Mais le récit de chasse de M. Coquelin a été un enchantement. Il est arrivé botté, court, pattu, trapu, ayant si bien l'air d'un chasseur, d'un chasseur de ce temps-là, qu'on l'eût dit échappé d'un tableau de Van der Meulen ; et c'est certainement le souvenir de sa silhouette qui, tout à l'heure, transfigurait encore pour moi le récit de Dorante. Et, comme il a lancé ce morceau de cent vingt vers, de quelle voix, avec quel naturel, quelle conviction, quelle vie, quel don d'animer les moindres détails, quelle entente de la couleur! Il est lyrique, et il est vrai ; il fait flotter au front de la Vérité de tumultueux panaches. C'est le Rubens des comédiens.

II

Comédie-Française : *Le Misanthrope*. — Une lettre
de M. Alexandre Dumas.

9 juillet 1888.

... La pièce, dans son ensemble, est jouée avec trop de dignité et de majesté. Les acteurs semblent tout pénétrés de respect pour les alexandrins qu'ils récitent. Et tandis que M. Leitner les enfle comme il ferait des vers de tragédie, les autres les détaillent et les distillent précieusement comme des vers d'épître morale. Et parmi cette emphase, et parmi ces finesses, la vie disparaît. J'ai eu beaucoup de peine l'autre soir à retrouver, dans le *Misanthrope*, l'impression de la réalité. Célimène avait tout à fait l'air d'une petite marionnette. Elle est médisante; mais que sa médisance est inoffensive! Toutes les fois qu'on nomme une de ses amies, pan! elle vous place un petit portrait à la Théophraste, en huit ou dix vers, qu'elle débite comme une leçon. Une petite satire de ridicules extérieurs; pas la moindre perfidie là dedans, ni le plus petit venin; rien de glissé, ni d'insinué. Ah! non, ce n'est pas ainsi qu'on médit dans le monde!

Elle est coquette; mais que sa coquetterie est élémentaire! Elle consiste à dire successivement à chacun de ceux qui s'empressent autour d'elle : « C'est vous qui me plaisez. Les autres sont ridicules! » Et c'est tout. Mais d'ailleurs pas une démarche, pas un geste de séduction, pas de trouble joué, pas de confidence commencée et retenue, pas de rendez-vous donné et manqué, pas de gant qu'on laisse tomber ni de coin de peau qu'on laisse voir par mégarde, aucun manège, rien pour allumer les hommes. Ah! non, ce n'est pas ainsi que nos contemporaines sont coquettes quand elles s'en mêlent! Et le châtiment, mon Dieu! comme il est simple aussi! Ces lettres qu'on vient lui mettre sous le nez, ces lettres de petite fille qui se moque de ses petits camarades! J'ai failli me scandaliser, il y a deux ans, de la grossièreté du procédé de ces gentilshommes. C'est que je cherchais alors, dans le *Misanthrope*, une représentation de la vie. Mais, à la façon dont la pièce a été jouée l'autre jour, j'ai bien vu que c'était une comédie scolaire, comme celles qu'on jouait dans les collèges des jésuites, qu'elle devrait être intitulée : la *Petite Coquette ou la Petite Médisante punie*, et que, n'était la forte substance du style, elle pourrait être du père du Cerceau.

— Et Alceste? — C'est vrai, il y a Alceste, un rude personnage, celui-là, si vrai, si humain, si vivant! Mais, quoique ces inconséquences soient bien dans la nature, surtout quand on aime, j'étais un peu gêné tout de même de le voir étaler, à propos de pareils enfantillages, des colères, des indignations et des douleurs si démesurées.

Heureusement, un moliériste des plus autorisés m'a dit dans les couloirs : — Vous n'y comprenez rien. Alceste a plus de raisons de se révolter et de souffrir que vous ne croyez. Soyez persuadé que, dans la pensée de Molière, Célimène a été réellement la maîtresse d'Oronte, d'Acaste et de Clitandre. Ce n'est point la petite coquette inoffensive que vous dites : c'est une femme très galante et qui pousse jusqu'aux dernières démonstrations. C'est proprement une coquine. Seulement, du temps de Molière, on ne pouvait pas encore mettre ces femmes-là, telles quelles, sur le théâtre. Voyez Dorimène dans le *Mariage forcé*. Il y avait des choses qu'on n'exprimait pas directement. Mais les lettres de Célimène à Oronte et aux marquis signifient, n'en doutez pas, qu'elle a appartenu à chacun d'eux. C'est une convention. Il faut savoir ce que parler veut dire. Et, cette convention admise, vous voyez le drame!

Mais alors (ô surprise!) le *Misanthrope* serait donc comme qui dirait une première version du *Demi-Monde* où Nanjac, sachant que la baronne d'Ange a été la maîtresse de deux ou trois de ses amis, lui offrirait néanmoins le mariage, espérant « purger son âme des vices du temps »? Ainsi, quand Alceste dit à Célimène :

> Madame, voulez-vous que je vous parle net?
> De vos façons d'agir je suis mal satisfait;

ces vers innocents voudraient dire : « Madame, cela m'ennuie que vous soyez la maîtresse de tant de gens? » Dans quel abîme, ô moliériste subtil, m'entraînez-vous?

Non, il n'y a pas à dire, si Célimène n'est, comme je le crois et comme il ressort du texte même de la pièce, qu'une jeune veuve assez naïvement coquette et médisante, ses soupirants se conduisent comme de parfaits goujats ; et, quelle qu'ait été, au xviie siècle, la grossièreté foncière des mœurs sous le poli des manières, on garde d'invincibles doutes sur la vérité de ce dénouement. Ou bien, si Célimène leur a accordé à tous les dernières faveurs (ce qui justifie en quelque façon leur conduite), le sous-entendu est par trop fort.

Voilà, du moins, un curieux exemple d'une des plus constantes habitudes du théâtre classique et qui est, selon les cas, une faiblesse ou une force : je veux dire la simplification de la biographie et de l'état social des personnages, ou même la presque absence de détails précis sur leur condition et sur leur passé. Je me souviens, à ce propos, d'une lettre que M. Dumas fils me fit, autrefois, l'honneur de m'écrire après un article sur *Denise*, et que je lui demande la permission de vous citer. Je vous la donne presque tout entière pour vous faire plaisir, mais en vous avertissant que la dernière partie seule a trait à mon sujet, — et que c'est, d'ailleurs, une causerie rapide et libre, non une dissertation méditée.

« ..... Le public a des habitudes quelque peu méprisantes au fond pour les auteurs dramatiques. Il ne nous demande que de l'émouvoir et surtout de l'amuser. C'est sa façon de nous mettre, nous et tous ceux qui appartiennent à l'art, au-dessous de lui. Ne croyez pas une minute que j'aie l'intention ni de modifier le public ni de corriger l'homme. Avec tout ce que je sais de mon métier, je l'intéresse autant que possible; avec ce que je crois savoir de la vie, je le trouble de mon mieux. Mais ce n'est pas raisonné, c'est instinctif. Notre cadre est si étroit! Cette foule que nous convions sait si peu de choses; elle est si routinière dans ses mœurs et dans ses idées! il faut tant de précautions pour la préparer à entendre quelque chose qu'elle n'a pas entendu cinq cents fois et, le moment venu, il faut frapper si fort et si juste pour le lui faire entrer dans la tête! Quand je mets Thouvenin en scène, j'appuie sur le détail de sa virginité prolongée. Je pourrais tout aussi bien me taire... *Molière ne me dit pas si ses raisonneurs se sont mariés vierges. Écoutez-les: ils ne peuvent pas, d'après ce qu'ils disent, s'être mariés autrement.* Il y a là comme un sous-entendu que je supprime. Pourquoi? Parce qu'après avoir bien vu en moi et dans les autres, bien regardé tout au moins, je suis arrivé à cette conviction que celui-là est dans le vrai, dans le bonheur autant que possible, qui n'a aimé qu'une seule femme et ne s'est donné qu'à elle. Lorsque, dans les *Souvenirs d'enfance et de jeunesse* de Renan, je lis cette phrase :

« Je n'ai aimé que quatre femmes dans ma vie : ma
« mère, ma sœur, ma femme et ma fille, » j'envie le
bonheur de l'homme qui peut écrire, en plein XIXe
siècle, une phrase comme celle-là, et de cette phrase
je fais Thouvenin. Le cas est rare dans notre société ; mais le théâtre ne vit que de ce qui est rare.
Alceste, Hamlet, Polyeucte ne courent pas les
rues... »

Sauf l'amusant passage que j'ai souligné, tout
cela, comme je vous en ai prévenus, n'a point rapport à ce qui nous occupe ; mais voici que nous y
venons :

« Alceste, continue M. Dumas, a-t-il eu des maîtresses avant d'aimer Célimène ? Molière ne me le dit
pas : il devrait me le dire. Hamlet en a-t-il eu avant
d'envoyer Ophélie au couvent et à la mort ? Polyeucte
en a-t-il eu avant d'épouser Pauline et de la renvoyer
à Sévère et au martyre ? Shakespeare et Corneille ne
me le disent pas. Pourquoi ? *J'aimerais à le savoir.* La
vérité, c'est que ces maîtres mettaient en scène des
sentiments comme l'amour, la jalousie, la colère, la
vengeance ; mais *la forme humaine qu'ils donnaient à
ces sentiments ne tenait au reste de l'humanité que par
ce côté-là.* Comment ont-ils vécu jusqu'au moment où
ils m'apparaissent ? Je n'en sais rien, à moins que
l'histoire ne me le dise. Les Valère, les Clitandre,
les Horace sont-ils ou ne sont-ils pas vierges quand
ils épousent leurs Henriette, leurs Marianne, leurs

Agnès ? Molière était bien heureux de n'avoir pas besoin de nous le dire. Ces personnages représentaient la jeunesse et l'amour, et puis voilà tout. L'acte physique de l'amour (je traduis M. Dumas) a pris une telle place dans la vie du jeune homme qu'il faut que nous expliquions. Quand je fais un de Ryons qui ne veut pas se marier, et qui, entre temps, ne veut pas être l'amant de M*me* de Simerose, on me dit : « Alors « il est impuissant? » Il y a pourtant des gens qui ne se marient pas et qui ne sont pas les amants de toutes les femmes. Quand je fais Gérard, dans l'*Etrangère*, ne voulant pas faire sa maîtresse de celle dont il aurait voulu faire sa femme, le public dit : « C'est un serin. Qu'il la prenne donc d'abord !... »

A vrai dire on pourrait longuement discuter, — ou bavarder, — sur tout cela. J'ai beau faire, je ne vois pas très clairement en quoi la virginité de Thouvenin avant le mariage est indispensable pour l'intelligence de son rôle. Et même, chez un homme qui a pu se dominer à ce point et qui a eu ce respect exact et scrupuleux de la loi morale, la compression qu'il a exercée sur soi pourrait tout aussi bien, — et plus naturellement peut-être, — se tourner en sévérité pour les autres. Je comprendrais fort bien le chaste Thouvenin disant de Denise : « Je la plains, mais tant pis pour elle ! Elle n'avait qu'à se garder. L'impossibilité où elle est aujourd'hui d'épouser celui qu'elle aime est le juste châtiment de son manquement à la pudeur. Elle est vouée désormais à la souffrance et à la solitude. Et c'est tant mieux pour elle. Toute sa noblesse ne peut plus être que dans l'expiation acceptée et bénie. Nous l'admirons, sacrifiée; heureuse, nous l'aimerions moins. Et qu'elle ne réclame pas! Moi, l'irréprochable Thouvenin, beaucoup plus tenté qu'elle à cause de mon sexe, j'ai bien fait ce qu'elle n'a pu faire! » Ainsi, de la virginité de Thouvenin, on pouvait déduire de tout autres conséquences que M. Dumas. — Quant aux braves « raisonneurs » de Molière, les Chrysalde, les Ariste et les Cléanthe, qui sont tous de bons bourgeois de Paris, fort sensés, médiocrement idéalistes et point du tout mystiques, je ne sais pas s'ils « se sont mariés vierges », comme il paraît évident à M Dumas; mais vraiment ils n'en ont pas l'air, et la bonhomie et la modération de leur sagesse n'impliquent guère, à mon sens, cette particularité biographique. Il me semble, du reste, qu'on n'éprouve nullement le besoin de se poser une pareille question à leur sujet. — La question paraît un peu moins étrange quand il s'agit d'Alceste et de Polyeucte. Mais, alors, elle se résout assez facilement. Pour que ces deux personnages soient ce qu'ils sont, il n'est pas absolument nécessaire qu'ils n'aient jamais eu de maîtresse, mais il est presque certain qu'ils n'ont pas été de très grands débauchés. Le cas d'Hamlet est plus douteux. Sa candeur foncière, la profondeur de son amour pour Ophélie, ses colères et ses dégoûts, supposent, si vous le voulez, une jeunesse continente; mais, d'autre part, son impuissance à agir, son détraquement cérébral, ses façons de névropathe pourraient être l'effet d'une noce à tout casser, antérieure à la rencontre d'Ophélie. Choisissez : Hamlet est assez vaste et assez obscur pour qu'on y voie tout ce qu'on veut.

Je ne retiens que deux points. C'est d'abord que la question qui préoccupe M. Dumas n'inquiétait nullement Shakespeare, Molière, Racine, même le bon marguillier Corneille, et que M. Dumas est donc bien meilleur chrétien qu'eux tous. Ensuite, — bien que M. Dumas, après s'être demandé si tel ou tel personnage est ou n'est pas dans le cas de Thouvenin, ajoute tour à tour : « On n'avait pas à me le dire » et : « Je voudrais pourtant bien le savoir », — une chose ressort de sa lettre : c'est que, dans les drames d'amour que nous présente l'ancien théâtre, la biographie des personnages lui paraît, en général, fort incomplète. Nous sommes tentés d'être de son avis. Oui, nous sommes plus curieux que ne l'étaient nos pères. Cette insuffisance de renseignements, dont M. Dumas ne signale ici que quelques cas très spéciaux, nous avons le chagrin de la rencontrer presque partout. Dans le *Misanthrope* même, quel est l'âge d'Alceste? quel est l'âge d'Éliante? Vingt ans ou soixante? Est-ce une veuve? Est-ce une jeune fille? Quel est l'âge de Philinte? Est-il veuf ou célibataire? Célimène a été mariée : Comment l'a-t-elle été? Et quel était son mari? Ne croyez pas que ces détails soient entièrement indifférents. Harpagon est une énigme.

Il y a en lui de l'Euclion et du riche bourgeois du xviie siècle. Au fait, est-il bourgeois ou gentilhomme ? Et qu'est-ce qu'un homme qui fait l'usure comme un juif et qui en même temps enterre une cassette comme un personnage de la comédie antique ? Et Tartufe ? Est-il beau ? Est-il laid ? Est-ce un ignoble cuistre, ou un aventurier d'agréables manières ? Est-ce un truand, ou un petit gentilhomme de province, comme Orgon le dit, et comme Dorine elle-même semble le croire dans un couplet du deuxième acte ? Et le passé de Tartufe ? Nous aimerions à le connaître avec quelque précision, car tout le personnage nous en deviendrait plus intelligible. Mais il faut nous contenter de ces vers de l'exempt :

> Venant vous accuser, il s'est trahi lui-même,
> Et, par un juste trait de l'équité suprême,
> S'est découvert au prince un fourbe renommé,
> Dont sous un autre nom il était informé;
> Et c'est un long détail d'actions toutes noires
> Dont on pourrait former des volumes d'histoires.

Pour en revenir à Célimène, et à supposer que cette jeune veuve soit, en effet, une façon de femme galante, si Molière ne nous le dit pas nettement, c'est peut-être moins, il faut le reconnaître, par un manque ordinaire de précision dans la notation des états sociaux que pour ne point heurter certaines habitudes du public de son temps. Car (et ceci est tout à fait remarquable), dans cette comédie du xviie siècle, où il est tant question de « cocuage » et de « cocus » et où la plaisanterie est si souvent grossière, vous ne trouverez pas une « fille » proprement dite, pas une femme galante dont la profession soit franchement définie. On met à la scène des « veuves faciles », de « jeunes évaporées », de « fausses comtesses », des variétés de la Dorimène du *Mariage forcé* et de la comtesse du *Bourgeois gentilhomme;* mais ce ne sont là que de timides approximations... Sauf erreur, c'est aux légers vaudevilles de Dancourt que nous devons les premières Niniches et les premières Lolottes. Il les désigne encore par des périphrases telles que « coquettes de profession » ou « femmes à bonne fortune »; mais, dès qu'elles ouvrent la bouche, il n'est plus possible de se tromper sur leur métier ni sur leur condition sociale.

(Comparez, s'il vous plaît, cette pudeur de notre vieux théâtre à la pudeur, toute contraire dans ses effets, de la comédie antique. Chez Plaute et Térence, le préjugé public empêchant presque de mettre sur la scène des femmes de condition libre, les amoureuses sont bonnement des prostituées, que leurs amants enlèvent ou achètent aux marchands de femmes : mais il se trouve que ces prostituées sont régulièrement de délicieuses jeunes filles, adorables de grâce, de tendresse et de pureté...)

Par contre, si les « filles » ne sont entrées que sur le tard dans notre comédie classique, les entremetteuses et les jolis jeunes gens qui vivent de l'amour y ont pris leurs ébats dès l'origine et sans offenser personne. Que dis-je ? On consacrait aux faits et gestes de M. Alphonse des comédies en cinq actes : *L'Homme à bonnes fortunes, le Chevalier à la mode*. Rappelez-vous aussi les chevaliers de Regnard et celui de Lesage dans *Turcaret*. Cela amusait et ne scandalisait pas. Plus libres sur d'autres points, nous sommes, nous, plus retenus sur celui-là. Du moins, nous l'avons longtemps été. Ainsi, tandis qu'il était autrefois plus difficile et plus hasardeux d'exposer aux yeux du public des Marguerite Gautier ou des Métella que des Macette ou des Desgrieux, c'est précisément l'inverse aujourd'hui. Pourquoi ? Il y aurait là matière à philosopher.

FAVART

La *Comédie en France au* xviiie *siècle*, par M. C. Lenient, professeur à la Faculté des Lettres de Paris (2 vol. chez Hachette). — *Les Trois Sultanes*, de Favart.

13 août 1888.

Ne cherchez point, dans les deux gros volumes que M. Lenient consacre à la « comédie au xviiie siècle », une histoire fortement liée et déduite, où les causes des transformations du théâtre soient expliquées et définies. Sur le drame bourgeois, sur les origines de la comédie contemporaine, sur les questions d'art dramatique qu'on peut agiter à ce propos, vous n'y trouverez rien que vous ne sachiez déjà.

N'y cherchez pas non plus d'impressions un peu vives, ni cette curiosité du passé, qui le ressuscite en l'aimant. Cet excellent ouvrage se contente d'être un exposé fidèle, clair, bien ordonné, des principales productions dramatiques du dernier siècle. L'auteur y a mêlé des réflexions judicieuses, où l'agrément ne manque pas, mais qui communiquent surtout au lecteur un sentiment de sécurité intellectuelle. On ne risque pas de s'égarer avec un tel guide. Assurément, il ne dédaigne pas de sourire quelquefois à des bagatelles. Mais on sent toujours, sous ses indulgences, la solidité de la raison, le fond sérieux de bonne doctrine. Par exemple, ayant expliqué pourquoi Voltaire n'a pas excellé dans la comédie, il se fait à lui-même cette objection : « Mais, dira-t-on, Voltaire a réussi dans la tragédie ? » Et alors, en note (et je me suis longtemps demandé pourquoi cette note) : « Lessing n'hésite pas à le mettre au-dessus de Corneille comme poète tragique : *ce que nous sommes loin d'approuver.* » Vous non plus, n'est-ce pas ? La voilà, la terre ferme ! On la quitte rarement dans le cours de ces deux volumes. On est instruit sans être troublé. Rien de plus sain.

J'ai lu avec un intérêt particulier les chapitres, trop courts, sur l'opéra-comique, celui de Lesage et de Piron, de Sedaine et de Favart. Cela m'a fait feuilleter quelques vieux volumes dépareillés du *Répertoire général du théâtre français* (édition stéréotype d'après le procédé d'Herhan, s'il vous plaît !) que j'ai là, à la campagne, dans un bas de bibliothèque défendu par les toiles d'araignées. Et pourquoi ne vous parlerais-je pas de cet aimable Favart et de sa charmante femme ? Eux-mêmes ont l'air de gentils personnages d'opéra-comique, tendres, naïfs, gais et fins, pas trop réels...

Rappelez-vous leur vie. Il était fils d'un pâtissier. Son père avait inventé les échaudés, qui sont très bons dans du lait. Il fit, lui, des échaudés dramatiques. Sa femme était fille d'un musicien de la chapelle du bon roi Stanislas. Elle faisait tourner toutes les têtes à la foire Saint-Laurent, avec la *danse des sabots*. Elle jouait les petites pièces de son mari. Il en faisait beaucoup : on en compte plus de 150. Ils étaient heureux, chantant comme les oiseaux, s'aimant comme eux, et gardant à travers cette vie factice du théâtre, cette parade et ce jeu perpétuels, le trésor secret d'une affection profonde et unique.

Passe le maréchal de Saxe. Il emmène Favart dans son camp pour y jouer la comédie. La veille de la bataille de Raucoux, Favart annonce, dans un couplet final, que c'est le maréchal qui se charge de la représentation du lendemain. — Dirait-on pas un second acte à la Gaîté, avec sonnerie et défilé d'habits bleus de gardes-françaises au baisser du rideau ?

Mais voici le troisième acte, presque tragique. Le maréchal de Saxe devient amoureux de Mme Favart. La petite femme lui résiste. Le héros se fâche et, au risque de démentir et d'affliger M. Ernest Legouvé, se conduit comme une brute. Menacé d'une lettre de cachet, Favart s'enfuit, est recueilli à Strasbourg par un bon prêtre, et vit *dans une cave où il peint des éventails*. (Comme les moindres détails sont jolis ! et comme tout cela est bien « en scène » !) — Mme Favart s'évade de son côté ; mais son père, le digne musicien, respectueux des puissances et choqué de tant de vertu, vous l'enferme dans un couvent... Enfin, elle cède, car la force, ici-bas, a toujours le dernier mot ; et puis, que voulez-vous ?... C'était tout de même le maréchal de Saxe. Le grand homme, très généreux, offre de l'argent au mari. Un jour, il lui envoie un billet de 1,200 livres ; Favart écrit à sa mère : « Ma respectable mère, vous penserez comme moi qu'un bienfait qui déshonore est un outrage de plus. Que ce billet soit renvoyé. » (Musique en sourdine pendant la lecture de ce billet. Oui, c'est bien ainsi que, dans tous les opéras-comiques, la vertu persécutée répond aux grands seigneurs élégants et pervers. Nous sommes émus et nous applaudissons.)

Les deux époux se rejoignent après la mort du maréchal. La pauvre petite femme dut bien pleurer sur l'épaule de son mari. Elle chante encore quelques années au Théâtre-Italien, puis elle meurt.

M. Lenient rappelle ici une exquise anecdote. Le prêtre venu pour l'assister à ses derniers moments lui demanda de renoncer au théâtre. Mais cette gracieuse créature était pleine de franchise. « Elle dit qu'elle ne voulait pas se parjurer, que c'était son état, que, si elle guérissait, elle serait forcée de le reprendre, et qu'elle ne pouvait par conséquent y renoncer de bonne foi... » Mais, lorsqu'elle se sentit expirer, elle dit : « Oh ! pour le coup, j'y renonce ! » Parole d'une sagesse éminente, d'une ironie tout à fait distinguée et mélancolique. Il savait bien, ce petit oiseau mourant, que nous ne renonçons qu'aux choses qui renoncent à nous... (Avez-vous remarqué, à ce propos, que presque tous les meilleurs « mots » du xviii° siècle ont été faits par des femmes au moment de mourir ?)

Favart, resté seul, n'est plus qu'un corps sans âme. Il meurt bientôt de chagrin, d'ennui et de langueur.

Favart était un vrai poète. La preuve ? Relisez, si vous en avez l'occasion, la *Chercheuse d'esprit*, *Annette et Lubin*, les *Trois Sultanes*. Je suis persuadé que, depuis quelque soixante ans, nous nous faisons une idée beaucoup trop étroite de la poésie. Nous ne pouvons presque plus la concevoir en dehors du pittoresque de l'expression, ou des descriptions de la nature végétative, ou des sentiments violents ou mystérieux. Nous pensons que la poésie doit être tout « images », et nous sommes tentés de croire que celle de chez nous s'est réfugiée chez les romantiques et les parnassiens et chez les poètes de la Renaissance, mais qu'au xvii° et au xviii° siècle il n'y en a pour ainsi dire pas. Je soupçonne que c'est là une erreur considérable ; mais je n'ai pas le courage de chercher à le démontrer. Ce serait trop difficile, car il faudrait d'abord définir la poésie ; et cela c'est le diable.

Oui, je dis bien : le diable, puisqu'il y a dans la poésie un charme inexplicable et un ensorcellement ; puisqu'elle consiste, au bout du compte, à redoubler le plaisir que nous fait la réalité matérielle ou morale, en la traduisant d'une certaine façon, et puisqu'elle est enfin un mélange harmonieux de vérité et de rêve, d'où naît une volupté. Or, cette volupté particulière, les *Trois Sultanes*, de Favart, — où pourtant les images sont rares et sobres, où la langue, si limpide, est constamment abstraite, où il n'y a point d'arbres, de montagnes, de mer, ni de ciel, — les *Trois Sultanes* me la font goûter aussi vivement, je crois, que les œuvres les plus colorées des poètes contemporains. Je commence à comprendre un mot de J.-J. Weiss, qui m'avait jadis un peu scandalisé : « Parny, ce poète si purement poète; Parny, ce délice. » Pourquoi la traduction des sentiments les plus délicats, les plus polis et les plus tendres de l'humanité civilisée, pourquoi la suprême élégance de la vie ne serait-elle pas poésie en effet? Et, s'il ne s'agit que de plaisir, pourquoi serais-je moins charmé par la souplesse d'une expression dont l'exactitude aisée me suggère ce qu'elle ne dit pas et m'invite à la compléter, que par la richesse du vocabulaire et l'entassement des métaphores? Qu'on me laisse donc pour un jour, — un jour d'été, — être aussi sensible à la grâce qu'à l'abondance, à la couleur, à la « nervosité » ou à la force.

Car ce n'est pas ma faute si, relisant les *Trois Sultanes*, j'ai cru faire une découverte, si j'ai été amusé, caressé, et, comme dit Boileau, « chatouillé ». Voulez-vous que je vous conte la pièce? Il en restera, dans mon récit, ce qu'il pourra. Si vous la connaissez, cela vous rafraîchira la mémoire. Mais, au reste, je sais par expérience qu'il ne faut jamais craindre de raconter même les choses les plus connues.

Nous sommes chez Soliman, « empereur des Turcs ». Il converse avec Osmin, « kislar-aga ou chef des eunuques ». Il s'écrie : « Que je suis malheureux ! » A quoi Osmin réplique avec beaucoup de sens :

> Allez, seigneur : il est encore
> Un état pire : c'est le mien.

Et pourquoi Soliman est-il malheureux? C'est qu'Elmire va le quitter. Elmire est une jeune Espagnole qui est entrée au sérail il y a un mois. Comme elle s'évanouissait de terreur et qu'il est galant homme, il lui a dit : « Remettez-vous ; restez un mois ici, et, alors, si vous ne m'aimez pas, je vous rendrai à vos parents. » Or, Soliman craint de n'être pas aimé. Osmin le rassure. Et, en effet, Elmire, au moment de prendre congé, soupire et s'attendrit :

> . . . . . Oui, c'est trop me contraindre.
> Qui peut dissimuler n'aime que faiblement.
> Tout le temps que l'on perd à feindre
> Est un larcin qu'on fait à son amant.

Elle va trop vite, la sensible Elmire :

> Ah ! je n'espérais pas être si tôt heureux !

songe en lui-même Soliman. Et c'est pourquoi il est vivement frappé, tout de suite après, des grâces timides et de la jolie voix de la Circassienne Délia. Elmire est inquiète et dépitée. Est-ce donc Délia qui fixera le cœur du Sultan ?

Point : car voici la petite Française Roxelane,

> Son nez en l'air semble narguer l'amour.

Elle passe son temps à railler Osmin et à le mystifier. Le grand eunuque s'en est plaint à Soliman :

> Seigneur on ne peut plus tenir
> A l'indocilité de la petite esclave...

« Fais-la venir », a dit Soliman. Elle arrive, gaie, moqueuse, la parole libre et hardie. Le Sultan la rappelle à l'ordre « Ah ! se récrie-t-elle, est-ce ainsi qu'on parle aux femmes ? » Puis, elle dit tout ce qu'elle a contre Osmin :

> Ah ! comme il était en colère
> Pour m'avoir vue hier seule dans vos bosquets !
> Est-ce encor par votre ordre ? Eh ! quel mal peut-on faire ?
> Nous est-il défendu de respirer le frais ?
> Avez-vous peur qu'il ne pleuve des hommes ?

Et elle lui donne des conseils : « Remplacez ce bonhomme par un jeune officier bien fait, qui sera tout à nos ordres et qui nous arrangera des fêtes et des divertissements. Mettez des fleurs aux fenêtres au lieu de barreaux :

> Que du sérail les portes soient ouvertes,
> Et que le bonheur seul empêche d'en sortir.
> Traitez vos esclaves en dames,
> Soyez galant avec toutes les femmes,
> Tendre avec une seule ; et, si vous méritez
> Qu'on ait pour vous quelques bontés,
> On vous en préviendra. J'ai dit, je me retire. »

Là-dessus, elle sort d'un air de petite reine, laissant le Sultan tout interloqué. « Voulez-vous, Seigneur, que je vous chante encore une petite chanson ? lui demande Délia. — Non, laisse-moi. »

Je voudrais tout citer : car tout, aujourd'hui, me ravit. Je me répète longuement à moi-même des vers aussi simples que ceux-ci :

> En reprenant la vie, elle leva sur nous
> De grands yeux bleus, intéressants, si doux !
> Embellis encor par ses larmes.

Je me reporte à un siècle en arrière, quand la langue n'avait pas encore été surmenée. Il est évident que la plupart des mots avaient pour nos arrière-grands-pères une bien autre valeur que pour nous. « Intéressant » est une épithète fort modeste, mais ils y sentaient une foule de choses. « Une femme ! une fille ! que ces noms sont intéressants ! » disait Chérubin. De même ici :

> De grands yeux bleus, intéressants, si doux !

Qu'ajouteraient à cela nos tortillements et nos convulsions de style ? Ah ! ne croyez pas que nous ayons inventé le pittoresque ! Seulement, nos aïeux, esprits plus alertes, n'avaient besoin d'être avertis que par des mots fort simples pour se figurer les objets. Je recueille cette phrase, dans les indications de la mise en scène pour le deuxième acte des *Trois Sultanes :*
« ... Un esclave place sur cette table une soucoupe d'or garnie de pierreries et *une cuiller faite avec le bec d'un oiseau des Indes, lequel bec est plus rouge que le corail et de très grand prix.* » N'est-ce pas le « comble » de la couleur locale, et, pour des hommes d'imagina-

tion et qui n'ont pas besoin qu'on insiste, qu'y a-t-il de plus dans Pierre Loti ?

Soliman rêve, Soliman n'est pas tranquille, Soliman veut revoir la petite esclave et la fait mander par Osmin. Le bonhomme, aussi carrément oriental qu'un icoglan de Victor Hugo, dit à Roxelane : « Trésor de lumière, je viens de la part du Sultan baiser la poussière de vos pieds, etc... — Va dire à ton Sultan que mes pieds n'ont point de poussière », répond Roxelane. Elle vient pourtant, donne à Soliman une nouvelle leçon de politesse française, l'invite à souper, demande du vin, et, comme les esclaves paraissent scandalisés :

> Hein ? Quoi ? Plait-il ? On n'en a point ici ?
> Que l'on aille chez le muphti,
> On en trouvera, j'en suis sûre.

Entre temps, elle surprend Elmire conspirant avec l'eunuque et se moque d'eux. Elle a une petite discussion avec l'Espagnole et la Circassienne sur les droits de la femme et sur l'attitude qui lui convient. « Nous devons être esclaves », dit Délia. « Compagnes », dit Elmire. « Maîtresses », dit Roxelane.

ELMIRE.
Quels sont nos titres ?
ROXELANE.
Leurs faiblesses.

Le souper est très gai. Soliman, excité, finit par jeter son mouchoir à Roxelane. La petite Française le

prend, et, très digne, le présente à Délia. Patatras!
Coup de théâtre. Soliman, suffoqué de colère, ordonne
que la petite impertinente « soit mise au rang des plus
viles esclaves ».

Troisième acte. Le Sultan est de moins en moins
tranquille. La sensible Elmire « bêche » sa rivale, et
Soliman approuve. Mais, comme la Sultane qui veut
revoir Bajazet « afin de le confondre », il veut revoir
Roxelane. La petite coquine s'approche, sa tête dans
ses deux mains. Soliman, croyant lui être extrêmement désagréable, dit devant elle des tendresses à
Elmire et, pendant ce temps-là, « il examine Roxelane. Celle-ci, pour examiner aussi le Sultan, détourne
un peu la main dont elle se couvrait le visage; leurs
regards se rencontrent; Roxelane rit, et Soliman
marque la plus grande surprise. » Le Sultan s'emporte et menace. Roxelane réplique fièrement. Et,
vraiment, tandis qu'elle parle, je crois entendre ces
petites femmes du xviii° siècle, qui, devant le tribunal
révolutionnaire, redevenaient de si grandes dames, et
qui savaient si bien mourir... Et vous prévoyez le
dénouement : Soliman ne sait plus où il en est. Il déclare son amour ; puis, il est furieux quand il apprend
que Roxelane a eu déjà des amants dans sa patrie :

Et vous avez aimé?
ROXELANE.
Pourquoi non, je vous prie?
Croyez-vous que, vive, jolie,
Et dans l'âge de plaire, on a jusqu'à présent
Gardé son cœur, ce fardeau si pesant?

> Pour qui ? Pour le Grand-Turc ? Mais quelle extravagance
> Je devais prendre patience !
> Je devais vous attendre ! Ah! vous êtes plaisant !

« Sortez ! » s'écrie-t-il furieux. Puis, un moment après : « Restez ! »... Ici j'abrège. Soliman épouse Roxelane et abolit la polygamie, — du moins simultanée : car la successive est de tout pays, même de France. « Me voilà cassé, » dit le grand eunuque.

> Ah! qui jamais aurait pu dire
> Que ce petit nez retroussé
> Changerait les lois d'un empire !

Si M. Porel, qui est capable de tout, reprenait les *Trois Sultanes* et la *Chercheuse d'esprit* ; s'il reprenait la *Vérité dans le vin*, de Collé ; *Arlequin poli par l'amour*, de Marivaux ; le *Moulin de Javel* ou la *Foire de Besons*, de Dancourt ; la *Femme juge et partie*, de Montfleury, et la *Théodore*, de Corneille, vrai ! je le tiendrais quitte pour cette année. Nous sommes de grands niais d'écrire encore. Toutes les choses jolies ou belles ont été écrites voilà longtemps. Je suis surtout de cet avis par ce beau soleil, enfin revenu, qui conseille la paresse et l'immobilité.

POINSINET ET PATRAT

COMÉDIE-FRANÇAISE : *Le Cercle ou la Soirée à la mode*, comédie en un acte, par Poinsinet ; — l'*Anglais ou le Fou raisonnable*, comédie en un acte, par Patrat.

14 février 1887.

Il faut remercier la Comédie-Française. Elle paraît prendre au sérieux son rôle de théâtre-musée. Elle nous a donné cette semaine deux petites pièces de genre du siècle dernier : le *Cercle*, de Poinsinet, et l'*Anglais*, de Patrat. L'une est du xviii° siècle frivole, l'autre du xviii° siècle sentimental. C'est un bibelot Louis XV et un bibelot Louis XVI, ou, si vous voulez, c'est un Lancret et c'est un Greuze. Ce ne sont point des chefs-d'œuvre, mais ce sont des œuvres aimables, et qui ont cet avantage d'être entièrement, et par tous leurs détails, des choses d'autrefois. Et nous ne savons si nous les aimons parce qu'elles sont, après tout, charmantes, ou si nous les aimons parce qu'elles sont lointaines. Un peu de mélancolie et de tendresse se mêle au plaisir qu'elles nous font. Nous nous disons : Ces propos, ce tour de langage, ces costumes, ces sentiments, cette façon d'être spirituel et cette façon d'être tendre, tout cela c'était ce qui plaisait aux aïeux de nos grands-parents. Ils étaient gais, sensibles et fins ; ils goûtaient délicatement la vie, — et ils sont morts. Comme cela est vieux ! comme cela est loin de nous ! Mais, dans cent ans, on dira de nous la même chose. Nous apparaîtrons nous aussi, à nos arrière-neveux, comme de vieilles petites ombres effacées par la distance, avec des tons de pastel pâlis par la fuite des jours. Notre politesse, notre esprit, nos mœurs et notre art sembleront vieillots et « rococo » aux générations neuves qui s'agiteront sous le soleil. Et, si les gens d'alors, tout en souriant un peu, s'intéressent à nous, à la vie que nous aurons menée, à nos divertissements d'un jour, nos cendres en seront, peut-être, vaguement émues, et nous les remercierons du fond de notre éternel sommeil. Faisons donc pour nos chers aïeux ce que nous voudrions qu'on fît pour nous dans cent ans. Regardons pieusement les vieux tableaux, et feuilletons les vieilles estampes avec un sentiment d'amitié. Et, si l'on nous remet sous les yeux, à la Comédie, un salon du siècle dernier, faisons effort pour nous intéresser aux propos qui s'y tiennent, et, s'ils nous paraissent un peu longs, pâles et languissants, gardons-nous de le dire, pour ne point faire de peine aux pauvres morts. L'effet que produit sur nous le *Cercle,* de Poinsinet, le *Club* ou le

Monde où l'on s'ennuie le produira sans doute sur les fils de nos petits-enfants. J'entends qu'ils s'ennuieront un peu, et que, tout en s'ennuyant tout bas, ils diront tout haut : « C'est exquis! » et qu'ils s'attendriront sur le passé, — tout comme je fais en ce moment.

Chose assez singulière, le *Cercle ou la Soirée à la mode* qui, tout compte fait, nous donne une idée assez exacte du ton des salons vers le milieu du dernier siècle, est l'œuvre d'une espèce de grotesque et d'ahuri, dont on n'aurait pas attendu pareille finesse. Les anecdoctes abondent sur ce Poinsinet. Il était très content de lui. Il écrivait à l'abbé de Breteuil : « Monsieur, les engagements que j'ai pris avec mon siècle ne me permettant pas de songer à des affaires d'intérêt, je vous supplie, etc. » Il faisait le bonheur d'une petite société composée de Palissot, Fréron et de deux comédiens, Préville et Bellecour. Entre autres choses, on lui persuada un jour qu'il y avait une place d'écran du roi, et, pour l'y exercer, on le fit tenir debout devant un feu énorme qui lui grillait les mollets. Une autre fois, on lui annonça qu'il était nommé gouverneur des enfants du roi de Prusse, mais à condition d'abjurer. Il se décora sur-le-champ du cordon de l'Aigle-Noir et abjura la religion catholique avec les blasphèmes les plus terribles, entre les mains de deux prétendus pasteurs protestants. On peut voir chez les contmeporains le détail d'autres mystifications.

C'est encore Poinsinet qui, en revenant de Ferney, prétendait que Voltaire « lui avait appris le secret des bons vers ». — « Vous le lui avez bien gardé », répondit-on.

D'après la Harpe, quoique Poinsinet fût assez sot et assez vain pour être fort crédule, son imbécillité était jouée en partie, et il s'amusait lui-même des mystifications dont il était l'objet. A vrai dire, je m'en doutais. Qui sait? Ce Poinsinet était peut-être une espèce de Sapeck, en avance sur son temps, qui, parce qu'il était capable de plus de sang-froid et d'outrance dans la « fumisterie » que ses contemporains, n'a pas été deviné par eux. Mais alors ce sont les mystificateurs qui ont été les mystifiés. Et le plus beau, c'est qu'ils sont morts sans s'en douter. Poinsinet seul le savait; et il n'a rien dit. Il a voulu laisser la réputation d'un Calino et d'un Guibollard afin de tromper encore et de mystifier jusqu'à la postérité la plus reculée. Cet art de duper les autres en passant pour dupe, et cette faculté de jouir seul, tout seul, de ses propres « fumisteries », supposent une grande force d'âme et une conception de la vie puissamment tintamarresque. Malheureusement pour lui, j'ai deviné son secret. Mais que son ombre se console : nous ne cessons d'être les dupes d'un homme si fort que pour devenir ses admirateurs.

Le *Cercle* est une suite d'agréables conversations dans le salon d'une femme à la mode, Araminte, dont Lisette nous fait ce portrait : « ... Tour à tour coquette et sensible, incertaine et bizarre, toujours le cœur vide, l'esprit jamais oisif, nous avons successivement aimé la musique et les petits chiens, les magots et les mathématiques. Notre conduite est « *le resultat des sentiments de la société qui nous environne* » (voilà, sauf erreur, ô Lisette, une phrase un peu bien lourde); et jeune encore, aimable et riche, nous travaillons moins à jouir de la vie qu'à nous étourdir sur notre propre existence. »

Les autres personnages sont : « Cidalise, la prude »; la « minaudière Ismène »; un « baron philosophe, qui dit tout ce qu'il pense et se permet de tout penser », qui aime la campagne et qui doit lire Rousseau; un poète ridicule qui vient lire une tragédie et n'en peut placer que le premier vers; un petit abbé qui chante la romance en s'accompagnant sur la guitare; un médecin pour dames, pirouettant et papillotant, galant avec ses belles clientes, qui ne leur administre que des remèdes élégants et légers, appropriés à leur délicatesse, qui les purge avec du « miel aérien » et leur fait prendre des calmants dans de la crème à la pistache; enfin, le marquis-colonel, l'homme à la mode, celui qui brode et qui fait de la tapisserie, et que Lisette arrange comme il suit : « Tout charmant, tout extraordinaire que le marquis voudrait bien nous paraître, Lucile sait apprécier son mérite et s'aperçoit aussi bien que moi, tous les jours, que l'histoire de ses valets, le prix de ses chevaux, le dessin de sa voiture, quelques saillies, de la mauvaise foi, de l'impertinence et des dettes, voilà de cet homme merveilleux quels sont, en quatre mots, la conversation, les vertus et les vices. »

Le petit acte de Poinsinet eut du succès en son temps (surtout parce que c'était une pièce « à clef »), mais le mérite en fut assez vivement contesté. L'abbé de Voisenon disait que Poinsinet « avait écouté aux portes ». — « Son *Cercle*, dit la Harpe, que le jeu des acteurs pouvait seul faire valoir, est un centon dialogué, où rien n'est à lui, si ce n'est les inepties qu'il y a semées... Le trait le plus heureux : « Cette mort « dérange beaucoup le petit souper qu'il devait nous « donner, » était depuis longtemps connu dans la société. Celle qu'il a peinte n'était assurément pas la bonne société. Quoique celle-ci fût elle-même assez riche en ridicules fort bons à jouer sur le théâtre, il fallait plus qu'*écouter aux portes* pour la connaître et ce n'est sûrement pas là qu'il avait pris le modèle de son poète calqué sur ceux de l'ancienne comédie, que de nos jours on n'aurait plus guère retrouvé que chez Fréron, dont la maison était le rendez-vous de tous les écrivailleurs qu'il défrayait pour lui fournir des feuilles... Le colonel qui brode est la seule chose qu'on ne trouve pas ailleurs. C'était, pour le moment, une manie de quelques individus, qui disparut bientôt et ne fut jamais commune. »

Je conclurais volontiers, de cette critique maussade, que le petit tableau de Poinsinet est assez exact, si l'on tient compte, bien entendu, de la pointe indispensable d'exagération scénique... « C'est un centon où rien n'est à lui... Le trait le plus heureux était depuis longtemps connu. » Il s'ensuivrait que la pièce est composée de traits saisis dans les conversations du temps, ou de détails heureux empruntés à des comédies antérieures ; mais ce n'est point une raison, j'imagine, pour que la peinture de Poinsinet soit infidèle. — « Il fallait plus qu'écouter aux portes. » — Mais, en écoutant aux portes, on entend déjà bien des choses. Le portrait du poète ridicule, qui n'arrive pas à lire sa tragédie, semble exaspérer la Harpe. Se croirait-il visé, par hasard? Cette scène remuait-elle en lui l'amer souvenir de quelque lecture manquée? Car nous savons que cet ancêtre des critiques était d'une rare fatuité, et qu'il a été l'un des hommes les plus raillés de son siècle.

Au reste, avez-vous remarqué? Il est extrêmement rare que les contemporains reconnaissent, au théâtre, l'exactitude d'une peinture des mœurs, surtout s'il s'agit de la société élégante : les gens qui sont ou qui croient être de cette société, ou qui se piquent de la connaître, affectent presque toujours, par vanité, suffisance ou esprit de contradiction, de nier, sur ce point, la compétence des hommes de lettres. Quelqu'un ayant eu l'impertinence de demander un jour au plus illustre de nos auteurs dramatiques : « Mais, enfin, où donc avez-vous connu les femmes du monde? — Chez moi, » répondit-il. Il aurait pu répondre aussi, avec moins d'esprit : — On ne fait pas attention à deux choses. Une peinture des mœurs à un moment donné n'est jamais que la peinture des mœurs d'un petit nombre. Pourquoi? C'est qu'une société (ou une classe de la société) se caractérise et se peint surtout par ses exceptions, j'entends par les exceptions qui lui sont propres. Ajoutez que la forme dramatique exagère toujours ce à quoi elle s'applique, par cela seul qu'elle le résume et le ramasse.

Pour revenir à Poinsinet, il me paraît bien qu'on trouve dans son *Cercle* la même sorte et le même degré de vérité que dans telle comédie de MM. Meilhac, Pailleron et Gondinet, — ou dans les dialogues de la *Vie parisienne*.

Ce qui m'engage encore à croire à la véracité de cet excellent Poinsinet, c'est que Grimm, rendant compte, dans sa correspondance, des *Mœurs du temps*, de Saurin, déclare le tableau fort peu ressemblant et en parle à peu près comme la Harpe parlait du *Cercle*. Or, j'ai fait cette découverte que la petite comédie de Saurin se trouve confirmée et commentée, presque à chaque page, par l'*Essai sur les mœurs*, de Duclos. Et je ne parle pas des Mémoires et des lettres du xviii° siècle, et de tous les autres documents que nous avons sur la société de cette époque. Alors?...

Au fait, si l'on m'avait consulté, ce n'est point le *Cercle* qu'on nous aurait donné, mais les *Mœurs du temps*. La comédie de Saurin, qui appartient d'ailleurs au même genre et à la même époque (1761), est fort supérieure, de toutes façons, à la rhapsodie de Poinsinet. Malheureusement, je n'ai pas le loisir de vous exposer les raisons qui vous feraient partager mon sentiment.

Vingt ans plus tard. L'*Anglais ou le Fou raisonnable* est un petit acte naïf, humoristique et touchant, qui sent en plein son Louis XVI. Jack Spleen est une des variétés les plus vivantes du type de l'Anglais, tel qu'on le concevait en France au xviii° siècle, tel qu'on le trouve dessiné déjà dans les *Lettres sur les Anglais,* de Voltaire, dans le *Français à Londres,* de Boissy, et dans l'*Anglomane ou l'Orpheline léguée,* de Saurin. Pendant tout un siècle, les Français ont eu cette marotte d'attribuer aux Anglais le monopole de la « raison » : ils en avaient plein la bouche. Jack Spleen lui-même est un fou « raisonnable ». Flegmatique, excentrique et spleenétique, comme tout bon Anglais doit l'être, il est, de plus, « bienfaisant » et « philosophe » comme un personnage de Diderot.

Avec sa houppelande, ses bottes à la Souvarow, sa longue tête à favoris étroits et à toupet, sa parole brusque d'« homme libre », son air imperturbable et funèbre, sa façon de préparer son suicide, de semer les bonnes actions, de se désespérer ou de s'attendrir en dedans, sans que sa figure de bois tressaille ou s'éclaire une minute, il reste dans les yeux et dans la mémoire comme une silhouette très caractéristique, très plaisante, vraie d'une vérité sommaire, simplifiée, populaire. C'est du moins ainsi que nous l'a fait voir M. Coquelin cadet, avec ce profond sentiment de la vie pittoresque qui est le principal don de cet excellent comédien.

La vision de ce délicieux grotesque d'il y a cent

ans suffirait à sauver le bon vieux petit acte de Patrat. Mais il est, en outre, tout à fait charmant d'ingénuité. Vous rappelez-vous le sujet? Jack Spleen arrive dans une auberge, où il veut se tuer, parce qu'il s'ennuie. Là il apprend que l'aubergiste est mal dans ses affaires et va être saisi, et que la fille de l'aubergiste aime un garçon qu'elle ne peut épouser, parce qu'ils sont pauvres tous deux. Jack empêche la saisie, dote la fille et la marie avec son amoureux. Toutes ces bonnes actions lui font reprendre goût à la vie; et, à chaque nouvelle révélation qui lui permet d'exercer sa bienfaisance, il répète : « C'est égal, j'ai bien fait de ne pas me tuer hier soir. » Cette fable si simple se complique de quiproquos qui sont bien inutiles et qui sont bien naïfs, — mais naïfs à un tel point qu'ils vous désarment... C'est vieux, c'est gentil, c'est bon, bébête, inoffensif et doux. On voudrait avoir ça accroché au mur de sa chambre dans un vieux cadre.

BEAUMARCHAIS

Odéon : Conférence de M. Gustave Larroumet sur *le Mariage de Figaro*.

16 avril 1888.

Entre tous les professeurs de la Faculté des Lettres et des lycées de Paris (et je ne connais pas de corporation où il y ait plus de science, d'esprit et de vertu), M. Gustave Larroumet a sa physionomie à part. Sa première marque, c'est la connaissance et le goût des choses du théâtre. Il a trouvé moyen d'écrire sur Marivaux un in-octavo de six cents pages, sans que Marivaux en fût écrasé. Car son érudition est aussi aisée qu'elle est exacte et scrupuleuse. C'est un moliériste sans fanatisme, ce qui est tout à fait original. Il a soutenu d'aimables paradoxes, et très appuyés de documents, sur la chasteté de Molière et sur la vertu d'Armande Béjart, mais où l'on sentait un fin sourire de Gascon. Et il ne se contente pas d'être l'homme le plus renseigné sur notre théâtre classique : il sait, presque aussi bien que M. Sarcey, le théâtre d'aujourd'hui, et non seulement la scène, mais le foyer et les coulisses. Il a écrit, dans la *Revue bleue*, une « psychologie du comédien » qui est un modèle d'équité et de finesse. Il faisait naguère à la Sorbonne un cours très sérieux et très agréable à la fois, où les jeunes comédiennes venaient discrètement, en toilettes modestes, achever leur éducation littéraire ; ce qui avait pour effet de redoubler le zèle et l'assiduité des étudiants et des boursiers. On ne sait s'il appartient plus à l'Université qu'à la Comédie-Française, et à la Sorbonne plus qu'à l'Odéon. Il a la gravité et la grâce. Il est tout à fait « honnête homme ». Avec cela, une parole facile et brillante, un geste heureux, une voix d'un joli timbre, relevée d'un très léger accent méridional. J'ai donc pris grand plaisir, l'autre jour, à sa conférence sur le *Mariage de Figaro*.

Elle n'est pas très facile à résumer, cette conférence, à cause de sa richesse même. J'en rappellerai quelques points essentiels et j'y ajouterai mes réflexions.

M. Larroumet n'a pas craint de dire (et je ne suis pas éloigné d'être de son avis) que la comédie de Beaumarchais a été une date aussi importante dans l'histoire du théâtre que le *Cid* et *Hernani*.

Il faut avouer, d'abord, que tout semble s'être accordé en effet pour faire de la *Folle Journée* un événement littéraire et un événement politique : l'hostilité des pouvoirs publics, l'obstination allègre et confiante de l'auteur, une lutte de trois années, la pièce soumise aux laminoirs successifs d'une demi-douzaine de censeurs, autorisée, puis interdite au moment de la représentation, jouée en petit comité grâce au comte d'Artois, colportée et lue dans les salons, une fièvre incroyable d'attente et de curiosité soigneusement entretenue par le plus habile et le plus effronté Barnum qui fut jamais (c'est de l'auteur lui-même que je veux parler)... Il disait : « Le roi ne veut pas qu'on me joue, donc on me jouera. » Et il ajoutait : « On me jouera, fût-ce dans le chœur de Notre-Dame ! » Et ceux qui avaient le plus d'intérêt à empêcher la représentation étaient ceux qui y poussaient le plus... Les nobles et les privilégiés voulaient absolument être « battus ». Et quand ce fut fait, ils furent enchantés. Epoque charmante, et où il faisait bon vivre ! Les plus farouches zélateurs de la Révolution ne devraient pas oublier, vraiment, la bonne grâce et la gentillesse des victimes, et ce que ce vieux monde apporta de bonne volonté, de générosité spirituelle et naïve, à se laisser réformer, autrement dit démolir... Mais cette histoire du *Mariage de Figaro*, aussi intéressante pour le moins que la comédie elle-même, a été vingt fois racontée, — et dernièrement encore, avec une verve toute méridionale, dans un livre où il y a de l'érudit et du mousquetaire : *Beaumarchais et son œuvre*, de M. Lintilhac.

Par exception tout ce bruit était pleinement justifié La *Folle Journée* était bien un chef-d'œuvre.

M. Larroumet nous en a montré les nouveautés capitales.

La première, « c'est que la pièce est immorale, encore qu'elle soit d'une moralité supérieure, étant une fort belle œuvre d'art et une admirable peinture de la vie ». Ainsi s'est à peu près exprimé M. Larroumet; et sur ce point (sur ce point seulement) je n'ai pas reconnu sa précision habituelle. Il nous a dit, pour s'expliquer : « Voyez, en effet. Tous les personnages sont immoraux. Figaro, c'est Beaumarchais. C'est bien, si vous voulez, une manière de révolutionnaire, mais qui ne songe qu'à son intérêt, — et à l'argent. La comtesse est une épouse singulièrement tendre à la tentation. Oh! que Suzanne est délurée! Oh! que Chérubin et Fanchette sont de terribles ingénus! Marceline est une antique farceuse. Les autres ressemblent bien à des coquins. Le plus honnête homme de la pièce, c'est, à tout prendre, le comte Almaviva. Et le dénouement? C'est bien, si vous y tenez, le triomphe de la morale, mais ce n'est guère celui de l'innocence et de la vertu. Tout cela n'a point échappé aux contemporains. Une épigramme du temps passait en revue les vices de tous les personnages de la pièce, et concluait que l'auteur les réunissait tous en lui... »

Ce m'est une douleur de contredire M. Larroumet; mais cette immoralité est-elle bien une des nouveautés du *Mariage de Figaro?* Vous trouverez dans maintes comédies de l'ancien répertoire, des ramas de coquins beaucoup plus accomplis, ce me semble. Je vous remets sous les yeux la liste complète des personnages de *Turcaret* :

Turcaret, d'abord, enrichi par l'usure, la concussion et le vol; qui, abandonné de sa femme, refuse de lui payer la pension qu'il lui a promise, fait des folies pour une... « baronne coquette » (ceci est un euphémisme), lui jurant de l'épouser et se croyant très fort;

La baronne, une coquine qui non seulement plume de ses mains Turcaret, mais se fait la complice d'escroqueries toutes pures;

Un joli chevalier, qui vit aux dépens de la baronne, la vole pour le plaisir et, par exemple, se fait donner par elle, sous prétexte de dettes de jeu, un diamant qu'il garde, puis de l'argent pour retirer le diamant, etc...;

Un marquis toujours ivre et qui exploite les vieilles femmes;

Un valet, Frontin, dont les rapports commerciaux avec Lisette sont exprimés par cette périphrase : « *Elle est sous ma tutelle;* j'ai l'administration de ses gages et de ses petits profits, et j'ai soin de lui fournir tous ses petits besoins », et qui vole jusqu'à 40,000 francs;

Lisette, complice de Frontin;

Finet, faussaire, autre complice de Frontin;

Mme Turcaret, une vieille folle qui, venue à Paris, se donne pour comtesse, s'accroche aux jeunes gens, et a la manie de leur donner son portrait (elle l'a donné au chevalier et au marquis);

Mme Jacob, sœur de Turcaret, « marchande à la toilette » (on sait ce que cela veut dire, particulièrement dans l'ancien répertoire);

Flamant, trop bête pour être coquin; M. Rafle, commis de Turcaret : un crocodile;

Marine, enfin, première soubrette de la baronne, le plus honnête personnage de la pièce : son honnêteté consiste « à ne pas vouloir qu'on dise dans le monde qu'elle est infructueusement complice de la ruine d'un financier ».

En somme, des personnages tels qu'on n'ose pas donner à la plupart leurs vrais noms : il y faudrait un vocabulaire par trop sous-marin.

Et je ne vous parle pas des trois quarts des comédies de Regnard, ni des vaudevilles de Dancourt.

Si donc j'ai bien compris la pensée de M. Larroumet et ce qu'il a voulu dire plutôt que ce qu'il a dit, ce n'est point parce que les personnages de la *Folle Journée* ont fort peu de vertu que la pièce est « immorale ». Elle l'est par quelque chose de plus intime et qui est répandu dans l'œuvre entière, par un certain accent et une certaine allure qu'on y trouve partout. On ne sait quel sentiment d'irrévérence profonde, de révolte insolente et comme enivrée y circule d'un bout à l'autre; on y sent une sorte de rage joyeuse de démolition, dont Bridoison lui-même semble atteint à un moment. Et il est vrai de dire que, par là, la comédie de Beaumarchais rend en effet un son « nouveau ».

Autre nouveauté, Figaro, un valet, y vient au premier plan, remplit toute la pièce. — Comme Scapin, direz-vous, et comme Mascarille. — Mais non ; ce n'est point la même chose. Sans parler de la différence des propos, Mascarille et Scapin travaillent pour leur maître : Figaro travaille pour lui; c'est bien le mariage d'un valet qui est le sujet de cette énorme comédie en cinq actes. Voilà ce qui ne s'était pas encore vu. Et quel valet! Comme on sent bien qu'il est, dans la pensée de l'auteur, le personnage le plus intéressant! Et comme il l'aime, l'égoïste! Molière prêtait son âme à Alceste ou à Clitandre, non à Scapin ni à Mascarille. Mais Beaumarchais donne la sienne à Figaro et se glorifie en lui. Figaro a tout l'esprit et toute la philosophie de la pièce; il nous explique ce que c'est qu'un ministre, un diplomate, un courtisan, et nous démêle tout le fin de leur art; il est, lui, bien plus qu'un grand seigneur, un diplomate ou un ministre. Valet? non pas! mais courrier d'ambassade, secrétaire, jadis homme de lettres, économiste, journaliste, auteur dramatique; de profession indécise en somme; il est celui qui attend, celui qui monte, celui qui sera tout demain, l'homme des temps nouveaux. Valet si l'on veut, mais valet aussi symbolique (et plus vivant) que son fils Ruy-Blas.

Troisième nouveauté. Nulle pièce où il y ait tant à boire et à manger. C'est une œuvre extraordinairement touffue. Elle étonne par la complexité merveilleuse de sa constitution, par tout ce qu'elle résume du théâtre antérieur et par tout ce qu'elle annonce et prépare du théâtre qui suivra. « Jusque-là, dit M. Larroumet, on avait distingué trois espèces de comédies : la comédie de caractère, la comédie de mœurs et la comédie d'intrigue et, sauf quelques mélanges accidentels, les trois genres étaient restés à peu près séparés. Or, le *Mariage de Figaro* est une comédie d'intrigue, de mœurs et de caractères. » D'intrigue : la démonstration est superflue ; l'intrigue est ici des plus compliquées et elle égale déjà les futurs tours de force de Scribe et de M. Sardou. De mœurs : n'est-ce point un tableau de la société française, noblesse, magistrature, tiers-état, aux approches de la Révolution? De caractères : car, après tout, Figaro en est un, et aussi peut-être le comte Almaviva et à coup sûr Chérubin est un « type ». M. Larroumet aurait pu ajouter que le troisième acte tient de la « comédie larmoyante » ou du « drame bourgeois ». Dans la pensée de Beaumarchais, la reconnaissance de Marceline et de Figaro était une scène touchante et qui devait nous faire pleurer. Et ce n'est pas tout : la partie de la scène que l'auteur a supprimée contenait une « thèse », analogue à celles que M. Dumas aime à développer. Marceline y fait son procès à la société : « J'étais née pour être sage... Mais dans l'âge des illusions, de l'inexpérience et des besoins, où les séducteurs nous assiègent, pendant que la misère nous poignarde, que peut opposer une enfant à tant d'ennemis rassemblés ? Tel nous juge ici sévèrement, qui peut-être en sa vie a perdu dix infortunées. » Et plus loin : « Hommes plus qu'ingrats, qui flétrissez par le mépris les jouets de vos passions, vos victimes, c'est vous qu'il faut punir des erreurs de notre jeunesse ; vous et vos magistrats si vains du droit de nous juger, et qui nous laissent enlever, par leur coupable négligence, tout honnête moyen de subsister. Est-il un seul état pour les malheureuses filles ? *Elles avaient un droit naturel à toute la parure des femmes; on y laisse former mille ouvriers de l'autre sexe.* » Et enfin : « ... Leurrées de respects apparents, dans une servitude réelle ; *traitées en mineures pour nos biens, punies en majeures pour nos fautes*, ah ! sous tous ces aspects, votre conduite avec nous fait horreur ou pitié. » Si vous ajoutez à cela que le *Mariage de Figaro* est une comédie politique, vous reconnaîtrez que cette vaste machine, où se rencontrent des éléments de la comédie espagnole (par la complication de l'intrigue), des éléments de la comédie de Molière, de celle de le Sage et de Dancourt, de celle de Marivaux et de Favart, de celle même de la Chaussée et de Diderot, et qui en outre fait présager celle de Scribe et de Sardou, et même un peu celle de Dumas fils, est un monument unique dans l'histoire de notre théâtre.

Est-ce tout ? Pas encore. « Le style de Molière, dit M. Larroumet, à ne considérer que la syntaxe et le vocabulaire, est bien le même que celui de Bossuet ou de la Bruyère. Beaumarchais a inventé, en grande partie, un style nouveau, le style du théâtre, quelque chose de moins correct, de moins exact, de plus rapide, de plus ramassé, où tout porte, où tout est disposé en vue de l'effet. » Et cela est vrai, bien que plus facile à sentir qu'à démontrer, et à condition d'ajouter que cette innovation (comme toutes les autres) avait été du moins préparée par les prédécesseurs de Beaumarchais.

Quoi encore? « Il y a de la poésie dans le *Mariage de Figaro*. Auparavant, on mettait dans la comédie de l'esprit, de la finesse, de l'éloquence, mais de poésie, point. » Fort bien ; cela aussi est une de ces vérités relatives, qu'on a plutôt fait d'admettre que de discuter, car cela ne mènerait à rien. Pour moi, il me semble qu'il y avait déjà une sorte de poésie dans certaines farces de Molière, et une autre sorte encore chez Marivaux et chez Favart. Mais, avec cela, il est évident que Chérubin est incomparable. Sans doute le xviiie siècle, si expert en volupté, nous avait montré de terribles ingénues ; rappelez-vous les Chonchettes de Dancourt. Chérubin, ce n'est, si vous voulez, que Chonchette en culottes ; mais cela est charmant, et il y fallait songer. Rien qu'en changeant de sexe l'ingénuité gracieuse et vicieuse à laquelle on était accoutumé, Beaumarchais a fait œuvre d'inventeur ; et il a fait œuvre de poète par la façon dont il a habillé, déshabillé, travesti, blotti dans les fauteuils, fait sauter par les fenêtres, caché dans les cabinets de toilette et les pavillons son joli coquin de page, par la façon dont il l'a fait chanter et soupirer, dont il a rendu le réveil de ses sens et de son cœur, la première ivresse de sa puberté, ses timidités et ses audaces, son instinct qui va aux femmes, à toutes, avant d'aimer une femme, — et aussi les sentiments délicieusement équivoques qu'inspire aux grandes filles et aux jeunes épouses ce dangereux et troublant joujou... Cela est d'une sensualité fine et légère, et, par endroits, je ne sais comment, d'une perversité toute printanière et toute fraîche. La scène du premier acte, où Chérubin, avant d'aller rejoindre sa compagnie, demande sa bénédiction à sa marraine et ne peut parler tant il a le cœur gros, est d'une chevalerie si coquette et si exquise (Jehan de Saintré revu par Watteau), que cela en devient touchant et donne envie de pleurer. La scène où Chérubin chante sa romance, où sa marraine et Suzanne lui essayent une robe de femme, et où la camériste compare son bras nu à celui de l'adolescent, cette adorable scène réveillerait un mort, et ce mort n'aurait pas du tout envie de remourir. Et celle où le page, déguisé en paysanne d'opéra-comique (car le scélérat, aussitôt chassé, reparaît, comme une fleur vivace, une fleur emprisonnée, mais qui veut fleurir, qui sent en elle l'irrésistible force du printemps et qui, quand on lui bouche un trou, pousse son bouquet à côté), la scène, dis-je, où Chérubin reçoit le baiser de sa marraine et murmure, les mains sur son cœur : « Ah! ce baiser-là m'a été bien loin! »..., en savez-vous de plus

8.

simple, de plus jolie et de plus tendre, même dans le théâtre d'Alfred de Musset?

Quoi enfin? M. Larroumet nous a fait remarquer que la « mise en scène » et la « figuration » jouent un rôle considérable dans le *Mariage de Figaro*. Il y a des cortèges, des défilés, des cérémonies, un peu de musique, une séance du tribunal seigneurial, une députation de jeunes filles qui viennent apporter des fleurs à la comtesse... Nul, avant Beaumarchais, n'avait aussi bien senti l'importance du « spectacle ». Il ne négligeait rien. Il comprenait qu'il faut parler à tous les sens à la fois. Il y avait, dans ce poète, un entrepreneur de plaisirs.

Et par là-dessus (que de mérites!) la *Folle Journée* est une satire politique; et, si l'on y veut comparer quelque chose dans le théâtre de nos jours, on ne trouvera guère à nommer, j'en ai peur, que les *Effrontés*, le *Fils de Giboyer* et *Rabagas*. Mais l'importance historique du chef-d'œuvre de Beaumarchais n'est pas à démontrer. Je ne retiens qu'un développement fort éloquent de M. Larroumet. C'est à propos du cortège du premier acte : « Ce qui défile si gaiement devant nous, c'est l'ancien monde. Où vont-ils, ces personnages si insouciants, si spirituels et si bien habillés pour le plaisir des yeux? Beaucoup vont à la guillotine. Cette scène d'opéra-comique, c'est un appel des condamnés. Dans neuf ans (nous sommes en 1784), combien survivront? Coupée, la tête légère de l'aimable comte; coupées, la tête rêveuse de la com-

tesse et la tête charmante de Chérubin; coupée sans formalités, la vilaine tête de ce bon formaliste de Bridoison!... Il n'y aura plus qu'Antonio et Figaro qui seront encore sur leurs jambes. Antonio commencera par mettre le feu au château du comte; il achètera, pas cher, un bon lopin de ses domaines devenus « biens nationaux »; il sera un gros bourgeois; il fera la Révolution de 1830, et on fera contre lui celle de 1848. Quant à Figaro, détrompé et tout épeuré, il aura la chance de mourir de sa belle mort (qui ne sera pas gaie), dans sa petite maison de la place de la Bastille... » Et Basile? M. Larroumet a oublié de nous dire qu'il survivrait, à n'en pas douter; qu'il serait montagnard, mais qu'il saurait être thermidoriste à temps, et qu'il aurait peut-être l'esprit de durer jusqu'à nos jours pour se faire le chambellan du brav' général... Qu'est-ce à dire, tout cela? C'est que ce sont justement les personnages les moins recommandables qui enterreront les autres. Le *Mariage de Figaro* donne envie de s'attendrir sur le comte, sur la comtesse, sur Chérubin, sur ceux qui vont mourir. Le vieux monde y paraît tout à fait aimable; et il semble bien en vérité que Figaro lui-même y tienne au moins toute la place qu'il y doit tenir..
M. Larroumet s'est cru obligé de nous rappeler les bienfaits de la Révolution. Je ne les nie pas; mais je ne les sens plus... Je me demande, en vérité, si je n'aimerais pas mieux n'être qu'un homme de lettres pensionné par Almaviva, que de voir Antonio député

et ministre. Mais c'est évidemment moi qui ai tort.

Quelques réserves, maintenant, car cette apothéose de Beaumarchais commence à m'ennuyer. Certes, il eut du génie, ou tout comme. Mais il y eut, dans ce génie, beaucoup de savoir-faire, beaucoup d'industrie et même d'industrialisme, et surtout beaucoup d'à-propos. Les « audaces » même du *Mariage de Figaro*, M. Larroumet les a beaucoup exagérées. Je les ai prises l'une après l'autre, je me suis souvenu, et j'ai vu qu'elles étaient un peu partout : dans Pascal, la Bruyère, Montesquieu (*Lettres persanes*), Marivaux (*Double inconstance*), Voltaire, Diderot, Rousseau, etc. Beaumarchais a eu l'esprit de les ramasser, de leur donner une forme particulièrement incisive et agressive, — et surtout de faire dire que c'étaient des « audaces », — et enfin de les avoir au bon moment.

Voilà pour son esprit d'à-propos. Quant à son savoir-faire... Je dirais presque qu'il m'agace un peu et que Beaumarchais me semble être tombé, du premier coup, dans l'abus des « nouveautés » dont il était l'inventeur. — Ce dialogue étincelant, ces répliques « du tac au tac » (déjà telles que les feront s'entrechoquer Dumas et Sardou), ah! que j'y découvre de procédé! et que de « bourre » j'en voudrais retirer! Je prends au hasard : « SUZANNE : Que les gens d'esprit sont bêtes! — FIGARO : On le dit. — SUZANNE : Mais c'est qu'on ne veut pas le croire. — FIGARO : On a tort. » Est-ce que cela ne donne pas, par la forme et l'allure *seules*, l'impression de quelque chose de très spirituel qui, quand on l'examine, ne le paraît pas autrement ? « Tant va la cruche à l'eau... », dit Bazile. — Ah ! dit Figaro, voilà notre imbécile, avec ses vieux proverbes ! Eh bien ! pédant ! que dit la sagesse des nations : Tant va la cruche à l'eau qu'à la fin ?... » N'est-elle pas un peu bien lourde et profondément inutile, cette interruption de Figaro ? Mais c'est pour amener la réplique à effet : « Elle s'emplit. » Et voilà ce que j'appelais tout à l'heure de la « bourre ». Et les tirades prétentieuses qui éclatent tout d'un coup comme des cavatines !... Oh ! le « style de théâtre ! »

De même, dans la conduite de l'intrigue, que d'artifices et de conventions qui ne valent pas toujours ce qu'elles coûtent ! Le second acte est fort amusant ; mais relisez-le, et vous verrez ce que le comte y met de bonne volonté ! (Je vous recommande en particulier sa sortie bénévole à la fin de la scène XIV.) Et notez que tout cet imbroglio est absolument inutile à l'action principale. Les quiproquos du dernier acte sont fort divertissants : mais il a fallu, pour les rendre possibles, que Suzanne, contre tout bon sens, négligeât d'avertir Figaro que la comtesse irait au rendez-vous à sa place et sous ses habits. — Qu'est-ce que cela fait? — Rien; cela me rappelle même un jeu d'esprit fort divertissant, et dont voici un innocent spécimen : « Je suppose que vous soyez mort et qu'un Turc de vos amis, très bon garçon et qui se nomme Ali, se charge de vos funérailles... que diriez-vous ? »

Ne cherchez pas. Vous diriez : « Cette bonne pâte, Ali, m'enterre. » (Pour les personnes de sagacité médiocre : « Cette bonne pâte alimentaire. ») — Beaumarchais me dit : « Accordez-moi ceci, et je vais vous amuser. » Il m'amuse : Je n'ai donc rien à dire. J'avoue même que ce n'est pas un mince mérite que d'avoir fait du vaudeville à la Hennequin cent ans avant les *Dominos roses*. Seulement il me déplaît un peu qu'il y ait dans une comédie de la portée du *Mariage de Figaro*, un vaudeville à la Hennequin. Voilà tout.

J'ai si bien mêlé mes réflexions à celles de M. Larroumet, que je serais moi-même incapable de m'y reconnaître. Qu'il soit donc entendu que celles qui sont fausses sont de moi.

CASIMIR DELAVIGNE

Comédie-Française : *Une famille au temps de Luther*, drame en un acte, en vers, par Casimir Delavigne.

25 juin 1888.

Je vous jure que je n'avais rien contre Casimir Delavigne. Même, je désirais de tout mon cœur être ému ou diverti par une *Famille au temps de Luther*. Je me souvenais que j'avais dû à l'auteur des *Messéniennes* ma première impression littéraire. Et, tenez, voici qui pourrait servir de canevas pour un nouveau chapitre du *Livre de mon ami*.

Au plus lointain de ma mémoire, je revois un petit bonhomme de six ans, sachant lire couramment depuis quelques mois, qui se promène, un livre à la main, dans l'allée d'un jardinet de province, entre deux plates-bandes bordées de pieds d'alouette. Ce livre, c'est la *Corbeille de l'enfance*; et, ce que lit le petit bonhomme en faisant des gestes, c'est la *Mort de Jeanne d'Arc*·

> A qui réserve-t-on ces apprêts meurtriers?
> Pour qui ces torches qu'on excite?
> L'airain sacré tremble et s'agite...

Il ne comprend peut-être pas très bien; mais ces expressions : « apprêts meurtriers », « airain sacré », lui semblent d'une beauté et d'une noblesse extraordinaires. Et, quand il arrive à ce vers :

> Elle baissa la tête et se prit à pleurer,

une profonde émotion le gagne; il pleure aussi; ses larmes tombent sur la *Corbeille de l'enfance* et y délayent les taches d'encre; et c'est en sanglotant qu'il continue :

> Ah! pleure, fille infortunée!...
> Tu ne reverras plus tes riantes campagnes,
> Le temple, le hameau, les champs de Vaucouleurs,
> Et ta chaumière et tes compagnes,
> Et ton père expirant sous le poids des douleurs.

Ce dernier vers surtout lui paraît si magnifique et si distingué qu'il ne se lasse pas de le répéter. Et, — comme il ouvre sur le monde physique des yeux tout frais et que les mots, récemment appris, un peu mystérieux encore dans leur nouveauté, ont pour lui toute leur puissance d'expression, — ce pauvre hémistiche : « tes riantes campagnes » évoque à ses yeux tout un paysage magique, lui rappelle les bords du Loiret, les jolies maisons blotties dans les feuillages avec des massifs de géraniums contournés par des allées bien ratissées (car, en fait de nature, c'est

jusque-là ce qu'il a vu de mieux) ; et ces autres mots:
« ta chaumière et tes compagnes », lui font voir une
maisonnette du chemin de fer où il voudrait bien
habiter, et ses grandes amies, les jeunes filles du
catéchisme de persévérance, en mousseline blanche,
couronnées de roses blanches artificielles, aux processions de la Fête-Dieu...

Or, tandis qu'il déclame et qu'une dernière larme
lui coule sur le nez, sa mère l'appelle. « Que fais-tu
là? — J'apprends par cœur la *Mort de Jeanne d'Arc.*
— Et la sais-tu ? — Je crois que oui. — Voyons. »
Il la récite sans faute, avec des intonations attendries
de grande personne :

Au pied de l'échafaud sans changer de visage...

Puis, tout d'affilée :

« On rapporte qu'un soldat anglais, ému de compassion, fit une croix avec deux bâtons et la présenta
à Jeanne, »

Elle s'avançait à pas lents...

— « Qu'est-ce que tu nous chantes, avec ta croix
de bois ? — Mais c'est là, au bas de la page. — C'est
une note. Tu vois bien que ce ne sont pas des
vers. On n'apprend pas les notes ! » Le petit Chose
réfléchit, se rend compte : « Ah ! oui, je comprends. »
Et quinze jours après, à la distribution des prix, le
petit Chose, en pantalon brodé, vêtu de sa plus belle
blouse, récite avec une conviction éperdue la *Mort de*

Jeanne d'Arc, devant le maire, le curé et des dames et des messieurs :

> D'où vient ce bruit lugubre? Où courent ces guerriers?

Il est bien un peu surpris et scandalisé qu'on rie en l'écoutant ; cela lui paraît, à lui, si touchant et si beau! Mais on le félicite, on l'embrasse ; il entend murmurer : « A son âge ! Croyez-vous?... » Il crève d'émotion et d'orgueil...

Et plus tard, sans doute, à onze ans, Boileau, — oui, Boileau! — lui donnera un éblouissement. Un peu plus tard encore, sa pâleur le trahira, lisant en cachette « le théâtre complet » de Racine, et il sera privé de sortie et dûment sermonné, attendu que « de telles lectures, quand on les fait trop tôt, ne peuvent que corrompre le cœur ». Le mois d'après, les *Incas* de Marmontel lui sembleront le dernier effort de l'imagination ; et, l'année suivante, le *Jean Sbogar* de Charles Nodier le remplira d'un trouble délicieux, jusqu'à ce que les vers de Hugo et de Lamartine le ravissent à la manière d'une révélation religieuse et d'une épiphanie.... Mais aucune de ces émotions n'effacera ni même n'égalera celle dont la *Mort de Jeanne d'Arc* a secoué jadis toute sa petite âme ingénue; et c'est bien au poète préféré de Louis-Philippe qu'il devra sa première et sa plus frissonnante découverte du beau.

Depuis, j'ai parcouru les œuvres de Casimir Delavigne avec la sympathie qu'on a pour les esprits sages, adroits, tempérés, — surtout quand on s'est résigné à n'être soi-même, tout au plus, qu'un de ceux-là. J'ai trouvé que l'*École des Vieillards* ne manquait ni de vérité, ni de force, et que la confession de Louis XI à François de Paule était une scène singulièrement dramatique; et j'ai goûté, dans les *Poésies posthumes*, le rythme berceur et le charme gris des *Limbes*... Je n'avais pas lu une *Famille au temps de Luther*, mais j'en avais d'avance assez bonne opinion, et je comptais que la représentation serait, pour le moins, intéressante.

Je me trompais et j'en suis bien fâché. Si j'en avais le loisir, je chercherais quelque détour pour vous faire entendre, sans vous le dire, que nous nous sommes fort ennuyés... C'est au point que cette impression d'ennui est à peu près tout ce que j'ai retenu de la pièce. Je serais fort empêché de vous la raconter dans le détail. J'entrevois seulement, à l'heure qu'il est, M. Mounet-Sully, M. Silvain et Mme Lloyd gesticulant dans les ténèbres; car la plus grande partie du drame (qui est long!) se joue la rampe baissée, au bruit continu de la pluie et du tonnerre, qui en sont les deux meilleurs rôles. Grâce à quoi — et peut-être aussi parce qu'il y a des soirs où les excellents artistes de la Comédie-Française ne se donnent plus du tout la peine d'articuler, — nous n'avons guère entendu que la moitié des vers. Je suis si naïf que je m'en plains.

Voici le peu que j'y ai démêlé.

Nous sommes « au temps de Luther », naturellement, chez la vieille Thécla, qui vit avec son fils Luigi, sa petite-fille Elsi, et le vieux serviteur Marco. Thécla s'est faite luthérienne; Luigi hésite encore; la gentille Elsi n'a pas d'opinion; le vieux Marco ne se prononce pas. Il m'a semblé que Thécla représentait le fanatisme tempéré par le sentiment maternel; Luigi, la foi éclairée et calme; Elsi, la jeunesse et le printemps, qui ne s'embarrassent point de tant de choses; Marco, le bon sens populaire. Survient l'autre fils de Thécla, Paolo. Il arrive de Rome; on ne l'a pas vu depuis des années. Il représente, lui, le fanatisme catholique, absolument pur et parfaitement féroce. Quand il apprend que sa mère a abjuré, il éclate en discours violents. Luigi, qui essaye de l'apaiser, ne fait que l'exaspérer davantage; il finit par mettre cet énergumène à la porte...

Mais la mère reparaît, retient Paolo par de tendres paroles, le force à s'asseoir à la table de famille... Malheureusement Paolo, resté seul avec Elsi, apprend de la jeune fille que Luigi doit abjurer cette nuit-là même, que Luther en personne l'attend dans une maison voisine. Alors une idée lui vient : s'il tuait Luigi avant son abjuration, ce malheureux serait sauvé et irait tout droit au ciel...

Paolo veille, pendant que l'orage gronde au dehors... La vieille Thécla descend de sa chambre et, sans le voir, ouvre sa bible et tombe sur ce verset, qu'elle lit à haute voix : « Prends celui que tu aimes

ton unique sur la terre, et va me l'offrir en holocauste. »
Paolo croit entendre l'ordre de Dieu lui-même. Il
entre dans la chambre de son frère, le poignarde, et
revient, l'air égaré. Luigi, qu'on apporte expirant, a
pourtant la force d'abjurer avant de mourir. La
mère, folle de douleur, dit à Paolo : « Au moins tu
me restes. Mais maudit soit le meurtrier ! » Et Paolo
se sauve en criant : « Ma mère, vous m'avez maudit ! »

Je cherche pourquoi ce drame sombre, d'ailleurs
bien construit et plein de couplets éloquents, m'a si
peu ému malgré toute la bonne volonté dont j'avais
eu soin de me munir.

Nous avons beau faire — (et c'est là une des infirmités de la critique et une des raisons qui me font douter si elle est jamais autre chose que la description et l'analyse d'impressions toutes personnelles) — nous ne pouvons vraiment comprendre et aimer un drame ou un roman que dans la mesure où nous nous sentons capables d'éprouver ou, tout au moins, d'imaginer et de faire nôtres, par la sympathie, les sentiments des personnages. Il faut que nous sentions en nous le germe, et un peu plus que le germe, de ces sentiments. Pour l'amour et la jalousie, c'est à merveille ; et voilà pourquoi nous comprenons Racine. Pour le patriotisme, l'orgueil, l'ambition, la vengeance, même pour le sentiment religieux, cela va encore tout seul ; et voilà pourquoi nous comprenons Corneille. Ce sont nos passions grandies, et il n'y a là qu'une différence d'intensité ou de degré. Mais le fanatisme de Paolo, dans l'état d'absolue pureté où l'on nous le montre, je vous affirme que je n'en sens pas en moi les plus petits commencements. Paolo m'est plus étranger que je ne puis dire. Il ne m'est pas, si vous voulez, inintelligible : il m'est irréductiblement antipathique, — plus qu'Iago ou Richard III, plus que Néron ou Athalie, plus que Marcelle ou Phocas.

Le cas de Paolo est unique. Vous n'y trouverez rien d'analogue dans notre vieux théâtre. Ne me parlez pas du fanatisme de Polyeucte, de Joad, ou même de Séide... Est-il besoin de rappeler que Polyeucte a bien un cœur d'homme, qu'il aime sa femme, qu'il ne perd que lui-même; que Joad est un politique et un patriote autant qu'un prêtre, et que, dans la scène de la prophétie, il s'élève à la plus haute dignité morale par l'acceptation de la mort, d'une mort sanglante et qui lui viendra de celui-là même auquel il se dévoue:

> Quel est dans le lieu saint ce pontife égorgé?

Et, si Séide a accompli une action fort inhumaine, c'est par un sentiment profondément humain, naïf et touchant : la confiance sans limites dans un homme qu'il aime et qu'il admire. Notez aussi que Joad et Séide ne violent ou ne croient violer aucun sentiment naturel : Joad frappe une usurpatrice, une ennemie publique; et Séide ne sait pas que Zopire est son père. Enfin, la conduite de Séide, de Joad et de Polyeucte est, dans son ordre, d'une logique irréprochable; ils sont bien *sûrs*, en agissant comme ils font, de servir ce qu'ils croient être la vérité. Ce sont gens qui raisonnent fort bien, — à leur façon.

Examinons maintenant l'acte de Paolo. D'abord, c'est un frère qu'il assassine, un frère qui est évidemment un fort honnête homme, à qui il reconnaît des vertus, et qui vient de lui tendre la main. Mais passe! Puisqu'on vous dit que c'est un fanatique! Il est atroce par définition. Soit! Ce qui me gêne, c'est que, étant atroce, il est par surcroît incohérent. Il raisonne fort mal, même à son point de vue de catholique farouche. Il veut tuer Luigi avant son abjuration pour l'envoyer en paradis. Et s'il le frappe dans une des minutes où Luigi a le ferme propos d'abjurer, à quoi aura servi le meurtre? Je sais bien qu'il espère l'occire dans un moment où ce malheureux ne sera pas tout à fait décidé. Il l'assassine donc au petit bonheur, avec une chance sur dix de l'assassiner pour son bien. Mais cela est plus abominable que tout.

Je ne vois que deux explications à la conduite de Paolo (en supposant qu'il soit nécessaire d'en trouver) : ou bien il croit (ce qui est stupide et, au surplus, hétérodoxe) que, tant que Luigi n'aura pas abjuré publiquement et en cérémonie, quelle que soit d'ailleurs sa pensée intime, il restera bon pour le ciel; ou bien il se figure que la mort sanglante de ce frère égaré aura la vertu de le laver de toutes ses fautes, de racheter même l'impiété de ses pensées dans l'instant où il tombera sous le poignard. Et alors (ô délicieuse ironie de la Providence!) le Paolo de Casimir Delavigne, nous l'avons reconnu : c'est le Torquemada de Victor Hugo.

Oui, c'est bien lui. Torquemada croit que le supplice a une efficacité propre, qu'il sauve la victime, même impénitente, et que « le bûcher éteint l'enfer ». Mais, tout de même, Hugo gagne à la comparaison. Je ne sais pas si son Torquemada est grand : à coup sûr, il est énorme. Il est plus désintéressé que Paolo; il ne limite pas l'effort de son zèle au cercle étroit de la famille. Ce n'est pas un parent, c'est l'humanité tout entière qu'il voudrait occire pour son bien. C'est Caligula apôtre. Puis, Torquemada est clair. Il nous explique abondamment sa pensée; et cette pensée est simple et directe. Torquemada est, de plus, un prodigieux poète lyrique. Enfin, Torquemada est pittoresque. C'est une silhouette formidable, un beau monstre.

Et j'en reviens par là où je voulais. Le personnage de Paolo paraît être le produit d'une conception tout abstraite du fanatisme. C'est le fanatique « en soi », pur de tout mélange. Imaginez le crime le plus contraire aux sentiments naturels. Supposez que ce crime soit commis en vertu de l'affirmation la plus indémontrable et la plus obstinée sur ce qui échappe, par nature, aux prises de l'intelligence humaine, et que cette meurtrière affirmation de l'« inconnaissable » porte d'ailleurs sur des nuances de mots (ce qui en redouble l'effroyable folie); et vous aurez tout le rôle de Paolo. Il y avait deux façons très diverses de nous le rendre intéressant malgré tout. On pouvait nous faire sentir que Paolo est cependant un homme, nous dire son passé, nous montrer comment il en est venu à ce point de démence. Mais cela était difficile, et Casimir Delavigne s'en est dispensé : on ne sait d'où tombe son Paolo, ni ce qu'il a fait jusque-là. Ce n'est que le Croquemitaine sans vie du fanatisme, conçu selon l'esprit du xviiie siècle pour l'enseignement du peuple. — Ou bien, on pouvait nous faire voir franchement Paolo comme un « objet curieux », comme un spécimen rare d'humanité monstrueuse, et, pour cela, exagérer encore ce qu'il a d'étrange, de lointain, de différent de nous, et l'exprimer par des paroles éclatantes qui nous en donnent la vision... C'est ce que Victor Hugo et mieux encore Leconte de Lisle ont souvent fait pour les hommes des anciens âges, dans la *Légende* et dans les *Poèmes barbares*. Mais c'est ce qu'il ne fallait point demander à l'auteur des *Enfants d'Édouard*.

Et, quand même il fût parvenu à faire vivre Paolo soit comme homme, soit comme bête curieuse, je ne puis vous dire à quel point je préfère autre chose. De plus en plus, dans les poèmes ou les œuvres dramatiques, les passions et les crimes démesurés me gênent et me déroutent. Car, comment contrôler la vérité d'une peinture, quand l'objet nous en est si profondément étranger? Là-dessus quelqu'un me dit :

« Singulière destinée de la critique ! Elle n'arrive à un peu de finesse et d'intelligence que dans les sociétés très civilisées où les fougues primitives de l'animal humain se sont notablement apaisées ; elle suppose, chez ceux qui l'exercent, beaucoup de sang-froid et de détachement, et la terreur ou le dédain des mouvements aveugles et désordonnés de la passion : et c'est justement la peinture de ces mouvements qui remplit les trois quarts des œuvres que la critique a mission de juger et de définir ! En d'autres termes, plus s'étend le domaine des sentiments qu'on est capable de comprendre, et plus se réduit le nombre de ceux qu'on est capable d'éprouver. Et c'est pourquoi j'admire sans doute les belles œuvres du passé, mais je n'en goûte vraiment que quelques-unes, et, pour être franc, je n'aime avec tout mon cœur que les beaux livres contemporains, ceux dont la matière est en nous ou proche de nous. Bref, je n'aime que moi, soit en moi soit dans les autres. Cela veut dire que je suis comme tout le monde. L'emploi de la littérature, c'est en grande partie de traduire les agitations folles que la sagesse et la science enseignent à détester. Le critique absolument parfait, qui viendra dans quelques siècles, comprendra tout et n'aimera rien, — que la beauté extérieure de ces transcriptions et son propre détachement. C'est triste ! »

ERNEST LEGOUVÉ

Comédie-Française : Reprise d'*Adrienne Lecouvreur*, comédie-drame en cinq actes, de Scribe et de M. Ernest Legouvé.

23 avril 1888.

J'ai revu *Adrienne Lecouvreur* avec beaucoup de plaisir. Il me semble que c'est une pièce originale, ou, si vous aimez mieux, très particulière. Non seulement c'est un drame romanesque des plus adroitement agencés et des plus émouvants; mais j'y retrouve en plein tous les goûts dominants et l'esprit même de M. Ernest Legouvé.

M. Legouvé est une âme charmante, comme vous savez, mais pas aussi simple que vous pourriez le croire. C'est un composé qui déconcerterait tout à fait le sévère auteur des *Maximes sur la comédie*. M. Legouvé aime à la passion le théâtre, ses pompes et ses œuvres. Il adore les comédiennes et les comédiens. Il les a tous connus. Il lui est devenu extrêmement difficile d'écrire un article ou une conférence sans nous parler de Rachel, de Mme Ristori, de Samson ou de Régnier. Et d'autre part, M. Legouvé est un moraliste éminemment honnête et familial. Nul n'a écrit sur nos femmes et sur nos filles des choses plus délicates ni plus sensées, et nul ne leur a donné de meilleurs conseils. Bref, il a parlé, avec une grâce et une tendresse pareilles, du foyer domestique et du foyer de la Comédie. Comment s'accordent en lui deux passions si contraires à première vue? Voici : ce fervent amateur des planches et ce fin moraliste des familles est aussi un « pédagogue » passionné (je vous avertis que le mot se prend, depuis une quinzaine d'années, dans un sens excessivement favorable). C'est par l'*Art de la lecture* qu'il réconcilie le théâtre et la vertu. Améliorer l'âme en améliorant la diction, voilà sa méthode. Récitez congrûment une scène de Corneille ou de Racine, et vous vaudrez mieux.

Plus simplement (car je m'amuse), M. Legouvé met d'accord son goût pour la vertu et son goût pour l'art dramatique en considérant le théâtre comme une école. Et c'est ainsi qu'avaient déjà fait les Grecs, nos maîtres, Corneille, Molière et beaucoup d'autres excellents esprits. Il y en a même eu qui n'étaient pas excellents et qui étaient tout de même de cet avis : par exemple Diderot. La marque de M. Legouvé, c'est que l'union du moraliste bourgeois et du passionné de théâtre est chez lui aussi profonde et intime que possible. Il ne saurait écrire vingt lignes sans dialoguer. La réalité ne lui arrive que dramatisée, arrangée en vue de la scène : il ne la voit, si je puis dire, que « scribifiée ».

Et, certainement, l'influence du théâtre se retrouve dans sa philosophie personnelle et privée, dans la conception qu'il se forme du monde. Il est étrangement optimiste, et son optimisme, très sincère, très noble, très courageux peut-être, a quelque chose de scénique. L'univers lui semble une œuvre morale à la façon d'un drame bien fait et où tous les détails, même ceux que nous ne comprenons pas tout de suite, sont combinés en vue d'un dénouement. Quoi d'étonnant? Dieu, ayant toutes les perfections, doit avoir ce fameux « sens du théâtre », qui est un si grand mystère. Dieu, c'est le Scribe de l'infini... Relisez, je vous prie, dans un des livres de morale de M. Legouvé, l'histoire de ce digne aveugle « par accident », qui d'abord s'est révolté contre la destinée, mais à qui un bon monsieur a enseigné la résignation, qui finit par trouver des charmes dans son infirmité, et que M. Gounod fait pleurer d'attendrissement en lui jouant un peu de sa musique..., et vous verrez ce que j'entends au juste par l'optimisme de M. Legouvé. Qu'il soit entendu que je me contente de noter ici (en l'exagérant un peu) un trait caractéristique d'un charmant esprit, mais que je ne critique ni ne raille... Que dis-je? J'envie M. Legouvé de vivre ainsi dans un univers « machiné » par lui, à son insu, en vertu d'un don qui lui est propre. Ce don, à ce degré, est même très original. Par là, M. Legouvé aura probablement vécu très heureux. Et certes il le méritait...

Or, pour en revenir à *Adrienne Lecouvreur*, il n'est

pas difficile de montrer que **M.** Legouvé y est presque tout entier, avec ses goûts et même avec ses manies. Il n'y manque guère, je crois, que l'amateur d'escrime.

Il y a d'abord dans ce drame une petite *Anthologie des poètes français*. On y trouve des vers de *Bajazet*, la fable des *Deux Pigeons*, une tirade de *Phèdre*, un morceau de *Psyché*, un passage d'*Andromaque*. Joignez à cela que les personnages mêlent souvent des vers classiques à leurs discours, font des citations. Ainsi l'abbé :

> Sors vainqueur d'un combat dont Chimène est le prix.

Adrienne :

> Paraissez, Navarrois, Maures et Castillans!

Michonnet :

> Qu'à ces nobles seigneurs le foyer soit fermé
> Et que tout rentre ici dans l'ordre accoutumé.

Et le prince de Bouillon :

> Soyons amis, Cinna, c'est moi qui t'en convie.

Par suite, l'*Art de la lecture* est en germe dans cette pièce instructive. On discute, au premier acte, si la tragédie doit être chantée ou dite naturellement. Tandis que la Duclos déclame, Adrienne est revenue au naturel dans la diction. (Il est vrai que c'est également par le « retour au naturel » que la Champmeslé avait été célèbre et que devaient l'être à leur tour la Clairon, Lekain et Talma. Et, bien qu'on soit revenu tant de fois au « naturel », chaque tragédie que j'entends me fait douter encore que nous le tenions.) Puis nous voyons Adrienne « piocher » son rôle. « Comment faut-il dire ce vers ?... Non, ce n'est pas cela, recommençons. » Et Michonnet la dirige et la conseille; Michonnet, c'est-à-dire M. Legouvé en personne. A chaque moment il me semblait que Michonnet allait se tourner vers nous et nous raconter une histoire : « Un jour je rencontrai Cousin sur le pont des Arts. Je lui demandai : « Savez-vous « lire ?... »

Ce n'est pas tout, *Adrienne Lecouvreur* est la glorification de ce que M. Legouvé aime le plus au monde (après la famille) : le théâtre et les comédiens. Que leurs petits travers sont doucement et paternellement raillés dans l'acte du « foyer de la Comédie-Française »! Et comme tous ces grands seigneurs et tous ces abbés s'empressent autour de ces rois et de ces reines de la rampe! Le sujet de la pièce, c'est l'histoire d'une comédienne rivale d'une grande dame et empoisonnée par elle. La comédienne l'emporte sur la princesse de toutes les façons, même par l'esprit et par la distinction des manières. Adrienne écrit des billets adorables et qui font dire à la duchesse d'Aumont : « Voilà une lettre du meilleur goût... et personne de nous, je pense, n'en écrirait de mieux tournées. » Elle a tout, cette Adrienne; elle est spirituelle, tendre, passionnée; elle est généreuse, elle est héroïque d'un bout à l'autre, et tout ce qu'on pourrait lui reprocher, c'est peut-être de mettre dans son héroïsme je ne sais quoi d'un peu théâtral.

Mais justement, c'est par là que la pièce est tout à fait supérieure. Ce quelque chose de théâtral, qui me déplaît et parfois m'exaspère dans d'autres drames, est ici la vérité même. Oui, c'est bien ainsi qu'une comédienne doit aimer, souffrir, se dévouer et mourir. Jamais on n'a, je crois, plus heureusement exprimé cette pénétration de la vie réelle d'un artiste dramatique par sa vie artificielle, de ses sentiments par ses souvenirs de théâtre, de son cœur par son métier. Écoutez la pauvre fille : « Je devine en vous un grand homme, un héros! dit-elle à Maurice de Saxe. Oh! je m'y connais! Je vis au milieu des héros de tous les pays, moi! Eh bien! vous avez dans l'accent, dans le coup d'œil, je ne sais quoi qui sent son Rodrigue et son Nicomède! » Et, quand elle veut sauver son amant, tout en le croyant infidèle et perfide : « N'avez-vous pas entendu tout à l'heure qu'il s'agissait pour lui, en ce moment, de combattre, de vaincre, de gagner un duché .. peut-être une couronne...? Et songez donc, ami, songez s'il me la devait!... S'il la tenait de ma main! Roi par la tendresse de celle qu'il a abandonnée et trahie!... Roi par le dévouement de la pauvre comédienne!... Ah! il aura beau faire, il ne pourra m'oublier! A défaut de son amour, sa gloire et sa puissance lui parleront de moi! Comprenez-vous enfin ma vengeance?

> *Comblé de mes bienfaits,* je l'en veux accabler! »

Que dites-vous de cela? Au milieu de la situation la plus violente, un vers de tragédie lui revient, et elle garde assez de présence d'esprit pour en corriger le premier hémistiche et l'adapter à la situation. Mais je vous confesse que cela même me paraît très vrai : dans cette double vie de la comédienne, la mémoire continue de « faire son jeu à part » (comme dit Montaigne du jugement) : voilà tout. — Et, après cette exaltation d'héroïsme orgueilleux et cornélien, voici, quand elle va mourir, la fureur racinienne :
« Maurice! non... Il est près d'elle... Il m'oublie!... Va-t'en! va-t'en!

> Va lui jurer la foi que tu m'avais jurée, etc. »

C'est bien avec son cœur qu'elle sent et qu'elle souffre; mais, invinciblement, c'est avec la bouche de Chimène ou d'Hermione qu'elle parle; cette sorte de dualité est très clairement marquée dans tout le cours de la pièce. (Et cela m'a semblé d'autant plus vrai qu'on peut voir là un cas particulier, aigu, si j'ose dire, d'un phénomène très général et très commun. Ne nous est-il pas arrivé d'exprimer des sentiments très violens et très sincères par des paroles apprises? Si, assez souvent, nos sentiments nous appartiennent, il arrive beaucoup plus rarement que notre langage soit bien à nous.)

Maintenant, il faut faire une distinction. L'influence

de son métier de tragédienne se traduit chez Adrienne Lecouvreur de deux façons.

Les héroïnes tragiques dont elle joue les rôles lui communiquent leur grandeur d'âme. Elle s'écrie au quatrième acte : « O mon vieux Corneille ! viens à mon aide ! viens soutenir mon courage ; viens remplir mon cœur de ces élans généreux, de ces sublimes sentiments que tu as tant de fois placés dans ma bouche... » (Placer des élans dans une bouche ?... Enfin !...) « Prouve-leur à tous que nous, les interprètes de ton génie, nous pouvons gagner au contact de tes nobles pensées... autre chose que de les bien traduire ! » (Elle n'a pas le style très sûr, la bonne Adrienne. Laissez-moi croire que le morceau est de M. Scribe.) Or, cette sanctification de la tragédienne par la tragédie n'est sans doute pas impossible, et nous sommes ainsi faits que nous finissons souvent par avoir les sentiments que nous avons coutume d'exprimer. Pourtant, ne vous y fiez pas, et, parce qu'une jeune personne aura gentiment joué Chimène ou Pauline, n'allez pas pour cela lui prêter toutes les vertus. On a vu des tragédiennes distinguées qui n'étaient que des gourgandines et des actrices d'opérettes qui étaient des mères de famille à peu près irréprochables. Adrienne elle-même fut en réalité une fille fort galante et peu difficile dans ses choix...

Mais l'habitude de jouer la tragédie n'agit pas seulement sur les sentiments personnels d'Adrienne Lecouvreur. Quels que soient d'ailleurs ces sentiments, son métier en modifie l'expression, et c'est cela qui est vrai, et c'est de nous avoir rendu cette modification sensible et claire que je louais tout à l'heure M. Ernest Legouvé. Son Adrienne est, certes, la plus involontaire et la plus vraie des amoureuses. Si elle aime et si elle se sacrifie, c'est bien dans toute la sincérité et dans toute la douleur de son âme. Il n'y a pour elle au monde que son Maurice. Elle n'a pas besoin d'un public; que dis-je? quand elle se croit trahie, il y a tel sentiment qu'elle voudrait tenir profondément caché, par orgueil et par pudeur... et cependant elle parle *comme si elle avait un public*, avec le même grossissement, le même défaut de simplicité, la même recherche de l'effet. C'est le pli de la profession. Celui qui chaque soir vit sur les planches y vit toujours. Il porte partout « sa salle » avec lui. Le cas d'Adrienne Lecouvreur, transportez-le du drame dans la comédie ou dans le roman pittoresque, et vous aurez l'illustre Delobelle qui, dans sa pauvre chambre de cabotin sans emploi, se pose de trois-quarts pour manger un œuf à la coque, et qui, à l'enterrement de sa fille, tout brisé de douleur, écrase virilement une larme au coin de son œil avec le geste d'un vieux colonel du Gymnase.

Enfin (et c'est ce qui achève le mérite de la pièce) les moyens dramatiques sont singulièrement appropriés au sujet. Les ressorts de l'action sont empruntés aux choses du théâtre, et quelques-uns au « magasin des accessoires ». C'est par la lettre surprise dans le corsage d'Atalide qu'Adrienne, jouant le rôle de Roxane, apprend que Maurice de Saxe ne peut venir à leur rendez-vous. Si la princesse de Bouillon découvre qu'Adrienne est bien la femme avec qui elle s'est rencontrée dans l'obscurité au troisième acte, c'est parce que la princesse reconnaît sa voix pour l'avoir entendue à la Comédie-Française. C'est par une tirade de son répertoire qu'Adrienne se venge d'une perfide rivale et qu'elle prépare, sans le savoir, sa propre mort. Adrienne est finalement empoisonnée pour avoir trop bien récité, et avec trop d'à-propos, quatorze vers de *Phèdre*...

La voix d'argent de Mlle Bartet est la plus belle musique qu'on puisse entendre. Et que son jeu est sobre et expressif! Et que sa diction est intelligente et souple! Comme elle sait, par de légères inflexions de voix, traduire les nuances les plus délicates d'un sentiment! Et, quand il le faut, quelle puissance d'émotion! Nulle n'arrive à plus d'effet par une plus grande simplicité de moyens. Joignez à cela une grâce un peu triste et une charmante gravité qui lui sont propres. Mlle Bartet me semble, à l'heure qu'il est, la plus parfaite comédienne que nous ayons. Elle a joué Adrienne à sa façon, je veux dire qu'elle a fait de cette cornélienne une racinienne (je ne saurais rendre mon impression plus clairement). D'ailleurs, merveilleusement habillée; un vrai « Saxe », sans doute pour mieux plaire à son amant.

AUBANEL

Théatre-Libre : *Le Pain du péché*, drame provençal de Théodore Aubanel, mis en vers français par Paul Arène.

7 mai 1888.

Donc, le Théâtre-Libre a donné, la semaine dernière, avec un grand succès, le *Pain du péché*, de Théodore Aubanel. Je vous avais promis de vous en dire mon impression ; mais, vous l'avouerai-je ? je n'ai pu parvenir, en huit jours, à la tirer au clair. Ce n'est pourtant pas faute d'avoir été averti et renseigné. Il y avait autour du drame, pendant les entr'actes, un bruit de félibres très excités, et comme un crépitement d'ardentes cigales. Les uns disaient : « Té! c'est de l'Eschyle! » et les autres : « C'est du Shakespeare, vé ! » et tous : « C'est la *Phèdre* provençale, pas moins ! » Et, en effet, je sentais bien moi-même, dans l'œuvre d'Aubanel, de la grandeur, de la simplicité, de la poésie, et une flamme partout répandue. Mais, en même temps, j'y découvrais une irréflexion, une étourderie d'improvisateur, un tragique tout en superficie, un échauffement sans profondeur, une outrance et comme une gesticulation de Canebière. J'y trouvais, moi, pauvre homme du Centre, plus d' « assent » que d'accent, je veux dire plus de Midi que d'humanité; trop de « poivrons » et de « fromageons », trop de « Mius », de « Nouvelets » et de « Gabrielons »... Et je ne sais pas bien encore, à l'heure qu'il est, si la tragédie d'Aubanel est shakespearienne ou tartarinesque.

Ne me reprochez pas mes hésitations : elles me rendent assez malheureux. Je suis à peu près sûr que ce qui est dans Shakespeare est shakespearien, et que ce qui est dans Eschyle ou dans Sophocle est grec. Là, je suis tranquille, j'admire avec sécurité. Mais, quand il s'agit de certaines œuvres modernes, je suis fort embarrassé; j'ai toujours peur qu'on ne me donne pour superbement primitif ce qui n'est qu'enfantin; j'ai peur de prendre les insuffisances et les gaucheries pour des miracles du génie humain; bref, je suis un peu réfractaire à la perception du sublime, quand il n'est pas contrôlé par les siècles, et consacré par une tradition. Oh! les excellentes choses que la tradition, l'habitude, l'autorité, la doctrine! Comment voulez-vous que je vous dise si le *Pain du péché* est un chef-d'œuvre? Très sincèrement je l'ignore. Dans l'appréciation d'ouvrages de ce genre (comme dans la plupart des actes et des états de conscience dont se compose ma vie terrestre) « je sens deux hommes en moi ». Heureux encore quand je n'en sens que deux! Pardonnez-moi; mon incertitude, c'est ma probité...

La légende sur laquelle s'appuie le drame d'Aubanel ou, plutôt, dont ce drame n'est que le développement, est racontée au second acte par tante Mian, la vieille servante. Je ne puis mieux faire que de vous mettre sous les yeux les vers de M. Paul Arène :

> Riez ! Bon, bon, riez ! C'est une chose étrange,
> Mais très certaine ; si, par hasard, quelqu'un mange
> Sans le savoir, pécaïre ! ou bien par trahison,
> De ce pain où l'enfer a mêlé son poison,
> Il mourra dans l'année. Or, la méchante femme
> Du vieux seigneur des Baux avait livré son âme
> Et son corps aux baisers d'un jeune et beau galant :
> Chaque jour, elle allait, tremblante et se voilant,
> Le rejoindre, et tous deux, en faisant fine chère,
> Sans peur se régalaient du pain de l'adultère.
> Un soir pourtant, surpris par le mari jaloux,
> Dans la salle qui leur servait de rendez-vous,
> Ils purent fuir, laissant le repas sur la table ;
> Alors l'époux, trouvant la vengeance équitable,
> Fit asseoir ses enfants devant les mets servis,
> Puis il leur dit : « Mangez tous six ! Mangez, mes fils !
> C'est moi qui vous convie » Et, si l'histoire est vraie,
> Trois moururent, le pain ayant un goût d'ivraie ;
> Et les autres, depuis, ne reconnaissaient plus
> Leur mere.. On avait fait des chansons là-dessus.

(Elle fredonne)

> Du pain, du pain du péché.
> Le diable moud la farine,
> Puis un bouc sur son échine
>   Le porte au marché.
> O beauté, pain de la jeunesse
> Pain si savoureux et si blanc,
> Pain qu'on ne mange qu'en tremblant,
> Pain de l'amour, pain des caresses !

La légende est belle ; et, si, comme on me l'a

affirmé, c'est Aubanel lui-même qui l'a inventée de toutes pièces, il l'en faut louer grandement. Car elle offre tous les caractères des légendes populaires. Elle est énergiquement expressive, elle est toute pleine de sens, avec une part d'absurde et d'inexpliqué, comme il arrive à ces vieux symboles quand, à force de se transmettre de génération en génération, ils ne sont plus qu'à moitié compris et se chargent de détails étrangers ou même contradictoires à leur signification primitive. Ainsi la légende imaginée par Aubanel est la vive et saisissante représentation de cette vérité, que les enfants de la femme adultère sont souvent les victimes du crime maternel, qu'ils en souffrent soit dans leur corps, soit dans leur âme, et que parfois ils en meurent. Mais nous y voyons, d'autre part, que le pain du péché ne tue pas seulement les enfants de l'épouse coupable, que tous ceux qui y goûtent, quels qu'ils soient, en sont empoisonnés. On considère donc que ce pain de malheur est réellement un poison et qu'il agit par lui-même. Cela n'a plus aucun sens ; mais cela donne à l'antique légende quelque chose de vague, de mystérieux, et de plus terrible encore... Pour trouver de ces choses belles et obscures, pour inventer un symbole qui semble vieux de plusieurs centaines d'années et qui a l'air d'avoir subi les déformations et les additions de plusieurs siècles, certes il ne faut pas être un médiocre poète, et je n'ai pas dit que Théodore Aubanel en fût un.

Mais la légende est une chose, et le théâtre en est

une autre. J'espère que cette affirmation ne vous paraîtra pas trop audacieuse. Pour mettre en drame l'histoire du *Pain du péché*, il s'agissait de rendre vivants et vrais des personnages purement symboliques. Ce n'était pas malaisé en ce qui concerne la femme et l'amant. Mais le mari? Dès qu'on le regardait comme une créature de chair et d'os, son rôle devenait d'une si épouvantable atrocité qu'il fallait absolument l'expliquer et le préparer. Ce mari devait, dès le début, surgir au premier plan; nous avions besoin de le connaître, de pénétrer dans son âme, de souffrir avec lui, de nous intéresser à lui, de l'aimer... Or, voyons ce qu'a fait Aubanel.

Fanette, mariée au fermier Malandran, s'ennuie parce qu'il ne s'occupe pas assez d'elle et qu'il aime trop la terre. Malandran paraît; il dit à sa femme, en une vingtaine de vers, que les blés sont beaux et qu'il ne faut pas perdre de temps. Fanette ne répond pas un mot. Mais voici venir Véranet, un garçon qu'elle a connu tout enfant. Elle le trouve joli, fait avec lui la coquette, se frotte contre lui... La scène est charmante et chaude.

Au second acte, le péché est commis. Fanette a des remords que Véranet étouffe sous des baisers... Là-dessus, Malandran lui offre une chaîne d'or, lui explique que la récolte a été bonne et, resté seul, nous confie qu'il a beaucoup d'amitié pour sa femme. Tout cela fait vingt autres vers.

Au troisième acte, Fanette, qui s'est fait enlever par

Véranet, soupe avec lui dans une auberge. Malandran, qui les a poursuivis, enfonce la porte; et alors, ce mari que nous ne connaissons pas, dont nous ne savons presque rien, que nous avons à peine entrevu... Mais laissez-moi ouvrir ici une parenthèse.

Vous savez que, tandis que l'ancien théâtre glorifiait l'amant, le drame contemporain est, le plus souvent, l'apothéose du mari. Eh bien! le *Pain du péché* en est, si je puis dire, l'apothéose méridionale. Dans les autres pièces hostiles aux amants, le mari se contente de tuer la coupable ou son complice, rarement les deux à la fois, — et cela en vertu d'un droit généralement reconnu; mais, de plus, on se donne presque toujours la peine de nous faire comprendre comment il en est venu à cette extrémité; et, si nous l'absolvons, c'est parce que nous savons qu'il a souffert et qu'il est digne de sympathie ou de pitié. Mais le mari du drame d'Aubanel fait les choses les plus effroyables qu'un mari ait jamais faites; et, ces atrocités, il n'a, à nos yeux, d'autre raison de les commettre, sinon qu'il est le mari. Et, visiblement, Aubanel trouve cela très bien : Malandran est, dans sa pensée, le personnage sympathique. Il y a vraiment, dans cette exaltation du droit conjugal, un excès, un emballement, un « zou! » qui sent en plein son Avignon. « Té! ze te vas montrer comment z'entends le mariaze, moi! » Ajoutez que, à partir du moment où le mari entre en scène, tout le détail de son langage et de sa conduite rappelle étrangement les gens de là-bas tels que l'ironie de quelques uns de leurs compatriotes nous les a fait connaître, et que, n'était le tragique de la situation, certains mots et certains gestes de Malandran semblent des gestes et des mots — transposés — du héros d'Alphonse Daudet. Le drame ne s'intitulerait pas mal : le *Pain du péché* ou *Tartarin cocu*. Jugez plutôt.

« Que veux-tu? dit Véranet à Malandran. — Je veux ma femme. — Pourquoi? — Tout simplement pour la tuer » (je cite textuellement). Sur quoi Véranet réplique : « Réglons d'abord l'affaire ensemble. Prends ce couteau et battons-nous! Ta femme appartiendra au survivant. » Mais Malandran a déjà réfléchi : il ne veut pas se battre avec Véranet (aurait-il peur des mauvais coups?) et il ne veut plus tuer Fanette : « Garde-la, dit-il, à l'amant; moi, je pars. » Il a trouvé un dénouement moins dangereux pour lui. Il va vers la table, plie tout dans la nappe, pain, vin et rôti; et, laissant à Véranet le soin de payer la note, il s'échappe comme un fou en criant qu'il va faire manger à ses enfants le pain du péché, et qu'il espère bien qu'ils en mourront.

Quand il arrive chez lui, les enfants sont couchés : il se rue vers l'alcôve où ils dorment, les tire du lit par les bras, les assied par force sur des chaises autour de la table, — et cela avec des phrases, des imprécations, une rhétorique tonnante et gesticulante :

> Enfants de la perdue et du bohémien,
> Venez, ô mes bâtards, venez, la table est prête,
> De la gueuse et du gueux continuez la fête ; etc

Les pauvres mioches n'y comprennent rien et frissonnent de peur. Il les bouscule, il leur fourre des bouchées de pain entre les dents :

> Mange, Gabrielon ; et toi, Nouvelet, mange!

Et n'oubliez pas que ce qu'il croit leur faire manger ainsi, c'est la mort. En vain son vieux domestique Ramon essaye de lui faire entendre que, Véranet étant parti depuis sept ans et Gabrielon en ayant cinq, il n'est guère vraisemblable que Véranet soit son père. « Eh! dit Malandran, Véranet sera revenu quelque nuit. — Mais au moins, regarde Nouvelet, et dis si ce n'est pas son père tout craché. Vois s'il n'a pas les cheveux noirs comme son grand-père. — Oui, mais Nouvelet frise, et mon père avait les cheveux comme des baguettes de tambour. — Je t'assure, maître, que ton père frisait quand il était jeune; je l'ai connu dans ce temps-là... — Ah! misérable, tu as encore mieux connu ma femme; car, vois Mius, il est roux comme toi. » Et, là-dessus, l'aimable Malandran jure qu'il va étrangler le vieux Ramon. Il n'en fait d'ailleurs absolument rien (seconde tartarinade), mais il se rejette sur les enfants avec un redoublement de fureur.

> Mius, un beau biscuit! Nouvelet, de la viande!
> Encore un coup de vin, Gabriel! va, demande.

Ce morceau fait envie et tu l'achèveras!
C'était le sien. Bâtards, mangez!...

(Je vous avertis que c'est la scène que je viens de résumer qui semble particulièrement « shakespearienne » aux admirateurs d'Aubanel.)

« Ne mangez pas ! » s'écrie Fanette en se précipitant dans la chambre; et, se tournant vers son mari : « Au moins, pardonne aux enfants; ils n'ont rien fait, eux! »

Et pourquoi les punir, quand seule j'ai péché?

Ici, une détente. Malandran rappelle à Fanette avec quelle joie il l'a épousée et les circonstances de la cérémonie...

Pouvais-je faire plus? Voyons, Fanette, parle.

Fanette répond : « Je croyais d'abord t'aimer ; mais tu t'occupais trop peu de moi... Je rêvais l'amour. Un jour je l'ai rencontré; c'est là mon crime. Je sais que je mérite la mort; tue-moi! » Malandran répond par la phrase de Labiche, ou à peu près : « Il n'y a que Dieu qui ait le droit de tuer son semblable, » et il ajoute : « Mais, au reste, je te tiens pour morte. » Et alors, pour lui faire plaisir, Fanette se plante un couteau dans le cœur.

Il semble, après cela, que la fureur de Malandran devrait être tout à fait apaisée. Nullement : le voilà qui redevient enragé. Il crie :

Ouvrez grande la porte,
Il faut que devant tous elle expire!

Et pourquoi ça, mon Dieu? Ah! la pauvre petite femme! Je ne saurais dire combien je la plains. Véranet arrive : « Regarde! lui dit le mari, c'est toi qui l'as tuée! » Puis avec un geste d'une écrasante noblesse (troisième ou quatrième tartarinade) : « Va! maintenant je te laisse partir. » Et, si vous croyez que ce sauvage a fini d'être un sauvage, vous vous trompez. La vieille servante Mian fait remarquer que le sang de Fanette a jailli sur les enfants et les a tout trempés. « Ah! oui, fait le père, les voilà salis pour la vie! » Et il déclare qu'il ne veut point que la morte soit inhumée en terre sainte. (Ici je donne la traduction littérale, plus farouche que celle de Paul Arène) : « Valets, creusez sa fosse à la pluie, à la grêle. Morte comme une damnée, enterrée comme un chien! Ah! le pain du péché est amer, camarades! »

... Je crains maintenant d'avoir commis une mauvaise action en traitant çà et là, avec irrévérence, le drame de Théodore Aubanel. Les plus belles choses sont les plus faciles à parodier, et la parodie, dans ce cas, ne prouve rien qu'une certaine bassesse d'esprit chez ceux qui s'y abandonnent. Si j'avais eu le malheur de profaner sottement un chef-d'œuvre! Mais je m'en défends avec énergie. Ce n'est pas par sa violence et son atrocité extérieures que ce quatrième acte me déconcerte, me déplaît, et fait que je me sauve de tant d'horreur par un peu d'ironie. C'est que je ne sens chez Malandran rien de vrai ni rien d'humain. C'est un ogre; c'est un croquemilaine; je ne crois pas à ce mari, voilà tout. Je comprendrais cet excès de férocité inepte, j'admettrais ce Sganarelle empoisonneur et bourreau d'innocents, si on m'avait avisé auparavant de sa furieuse passion pour sa femme et de sa profonde tendresse pour ses enfants, et si l'on m'avait mis tout cela sous les yeux. Je concevrais alors que, affolé par l'énormité du crime et de la trahison, et pouvant croire bâtards les petits qu'il adorait, il en vînt à une pareille et si cruelle démence dans le désespoir... Mais rien de tel, comme j'ai dit. Et ce n'est pas tout. La conduite de Malandran paraît d'autant plus abominable que la faute de Fanette, dans le milieu où le poète l'a placée, semble plus involontaire, plus conseillée par le paysage et par le grand soleil, plus rapprochée des antiques et innocentes oaristys. Il fallait au moins que Fanette eût l'air d'une très grande criminelle, et elle n'a pas du tout cet air-là. Et alors on est tout ahuri de voir subitement surgir dans ce pays de mollesse, de mœurs charmantes et libres, d'obéissance à la bonne nature, un vengeur aussi farouche de la loi écrite et du droit des maris, un justicier aussi implacable et aussi exagéré que cette brute emphatique de Malandran... Et peut-être aussi que j'ai besoin de trop d'effort pour concevoir certains états d'âme notablement éloignés de ceux que je puis connaître par ma propre expérience. C'est là une grande infirmité pour un critique. Mais qu'y faire?

CAMILLE DOUCET

Comédie-Française : *Le Fruit défendu,* comédie en trois actes, en vers, de M. Camille Doucet (reprise).

31 mai 1886.

Les servitudes qui pèsent sur les jugements humains sont innombrables et de toutes sortes. Je me plaignais l'autre jour de n'être point libre en face de la plupart des œuvres classiques, de ne pouvoir plus les voir telles qu'elles sont ni en recevoir une impression franche et directe, et de douter ainsi de la sincérité de mes plus vieilles et de mes plus orthodoxes admirations : car je ne saurai jamais si je les ai apprises de mes maîtres, ou spontanément senties, si elles m'ont été imposées par la tradition ou si elles ont jailli du fond de mes entrailles. La comédie de M. Camille Doucet m'a jeté dans un embarras presque égal, par d'autres raisons ; car il y a encore d'autres tyrannies que celles des antiques jugements transmis et enseignés. La personne même de l'auteur recommandait son œuvre d'une façon si persuasive et si efficace, qu'il semble que M. Doucet ait eu, à réussir comme il a fait, un mérite moral autant que littéraire. Je ne veux pas savoir, pour l'instant, ce que vaut sa comédie ; mais croyez-vous par hasard qu'il fût possible de ne pas la trouver aimable ? Le lendemain de la première représentation, tous les critiques parlaient de l'aménité, de la politesse, de la douce philosophie, de l'esprit gracieux et bienveillant de M. Camille Doucet. On eût dit qu'ils louaient le *Fruit défendu* comme une nouvelle preuve de l'indulgence de sa sagesse et de la douceur de ses manières. Le vénérable secrétaire perpétuel de l'Académie a trouvé moyen de n'avoir pas un ennemi dans un emploi où l'on a tant d'occasions de froisser les gens. Il n'a pas plus d'ennemis que n'en ont aujourd'hui Suard ou Andrieux, et il ne donne pas plus d'ombrage. L'extrême politesse officielle, le tact délicat que réclamaient ses difficiles fonctions, il n'a point eu à les acquérir ; il en a trouvé le secret dans sa bienveillance naturelle, et elles n'ont fait qu'affiner et nuancer cette bienveillance. Mais cette réputation de « gentillesse », ne croyez pas qu'il soit si facile de la soutenir ; car non seulement il faut la mériter, mais il faut encore y consentir ; il faut y mettre de la modestie : il faut se résigner à voir vos contemporains hésiter, quelquefois avec malice, sur la part qui revient, dans le succès de vos œuvres, à votre talent et sur celle qui revient à votre vertu. Et voyez ce qui arrive aujourd'hui. Nous nous demandons si, ayant applaudi le *Fruit défendu*, nous n'avons pas été « corrompus » par la bonne renommée de l'auteur.

Franchement, je crois que nous n'avions nul besoin d'être corrompus, et que cette **comédie** serait charmante, fût-elle l'œuvre d'un ruffian et d'un corsaire, ou simplement d'un inconnu. Mais enfin on peut se poser la question ; et c'est là le châtiment de la vertu heureuse.

Le « fruit défendu », c'est proprement le fruit de l'arbre de la science du bien et du mal, le fruit mystérieux par lequel la femme fut tentée et tenta l'homme. Et le désir du fruit défendu, c'est le péché. Et désirer le fruit, moins pour en jouir que parce qu'il est défendu, c'est le péché par excellence, le péché de malice, le comble du péché. Edgar Poë a merveilleusement analysé ce sentiment qui consiste à aimer et à faire le mal pour lui-même, et avec une sorte de désintéressement diabolique. Et M. Barbey d'Aurévilly s'est souvent excité là-dessus, et, plus récemment, des jeunes gens qui ont, comme on sait, « le sens du mystère », et en particulier M. Joséphin Péladan, dans le *Vice suprême* et dans *Curieuse*. Vous pensez bien que M. Camille Doucet ne donne point dans ces imaginations singulières et sombres. Rassurez-vous donc ; ce qu'il nous raconte, c'est l'historiette du péché originel à l'usage des âmes douces et des esprits simples.

Le bon docteur Desrosiers (et quel nom lui conviendrait mieux, si ce n'est peut-être Ladoucette ou Dutilleul ?), le bon docteur Desrosiers est à table. Il a autour de lui ses trois nièces, Claire, Marguerite et

Jeanne, et ses deux futurs gendres. Le sportman des Varennes est le fiancé de Claire, le meunier Jalabert est le promis de Marguerite. On est au dessert, à l'heure des bouteilles de derrière les fagots, à l'heure des attendrissements et des toasts. Le dîner a été évidemment long et copieux, car nous sommes en province, à Melun. Le bon docteur, un peu ému, se lève le verre en main, et prononce un petit discours. Il est exquis, ce bon docteur. On sent à son geste, à sa parole, à toute son attitude, qu'il est sujet du roi Louis-Philippe, disciple de Béranger, membre du Caveau, philanthrope et libéral ; qu'il a présidé quelque comice agricole, qu'il traduit Horace en vers dans ses loisirs, qu'il aime la jeunesse, qu'il est lui-même éternellement jeune, qu'il a dans sa cave, rangés en bon ordre, de nombreux flacons de vins loyaux, et qu'il est enfin le plus brave homme du monde. M. Coquelin cadet nous a rendu tout cela clair comme le jour, dès le premier mot qu'il a prononcé.

Claire, Marguerite et Jeanne sont les nièces de Desrosiers par sa sœur ; le jeune Léon, étudiant en droit, est son neveu par son frère. Le bon docteur aurait bien voulu marier Léon à Claire ou à Marguerite, mais Léon, qui a vingt ans, ne s'en est point soucié. Il arrive, ce beau neveu. Il apprend le mariage de Marguerite et de Claire et il est furieux. Maintenant qu'elles ne doivent plus être à lui, il les aime. L'attrait du fruit défendu ! Et il accueille fort mal les avances du docteur qui lui jette Jeanne à la tête ; car c'est un terrible marieur que ce médecin jovial.

Alors commence, selon la jolie formule classique, la série des scènes et des dialogues pieusement parallèles qui nous donnent, sans nous trahir une seule fois, le plaisir de l'attente récompensée. Des Varennes, le citadin, est las de la ville et voudrait vivre à la campagne ; Jalabert, le campagnard, est las des champs et voudrait vivre à la ville. Des Varennes achète son château à Jalabert, et Jalabert son hôtel à des Varennes. Léon, qui courtise à la fois ses deux cousines et qui les préfère toutes deux, déjeune d'abord tous les matins à Brunoy, chez des Varennes, et dîne tous les soirs à Paris, chez Jalabert. Jalabert, naturellement, ne voit que le danger dont est menacé des Varennes, et des Varennes ne voit clair que sur le cas de Jalabert. Chacun d'eux manœuvre pour sauver l'autre des entreprises de Léon, et il en résulte que Léon déjeune à Paris et dîne à Brunoy. Bientôt Jalabert se lasse de la ville et des Varennes de la campagne ; mais dans l'intervalle, Mme des Varennes a pris le goût des champs, et Mme Jalabert le goût de Paris. Cependant le bon docteur Desrosiers découvre les manœuvres de son coquin de neveu. Il devine que ce qui rend le jeune homme si assidu auprès des deux cousines mariées, c'est le maléfice du fruit défendu. Alors le vieux malin fait croire à Léon qu'un obstacle éternel, un abîme, le sépare de Jeanne. Un obstacle ! un abîme ! Léon prend feu là-dessus. Du moment que Jeanne ne peut être à lui, il l'aime de tout son cœur, lui fait la cour et l'épouse avec entrain, cependant que l'oncle Desrosiers se frotte les mains et rit de satisfaction entre ses favoris vénérables et corrects.

C'est charmant, je le répète, car il n'y a pas d'autre mot. Léon est vraiment jeune, le docteur est vraiment cordial, Jeanne est vraiment ingénue, et les autres sont gentils comme des amours. Il y a, dans tout cela, un comique discret, un sourire léger, une grâce décente. Cela rappelle beaucoup d'aimables comédies du xviiie siècle, surtout du règne du bon Louis XVI, de ces années où l'on a dit qu'il fallait avoir vécu pour savoir ce que c'est que la douceur de vivre. Ce temps est loin ; et c'est peut-être pour cela que la comédie de M. Camille Doucet nous a tant plu. Elle a la jeunesse lointaine et persistante des vieux pastels. Cette œuvre d'un goût mesuré, d'un agrément facile et d'une observation indulgente, semble, dans sa finesse, toute naïve et toute fraîche par ce temps d'outrance morose et de recherche morbide. Elle a sa poésie, aussi éloignée peut-être de la réalité que le lyrisme le plus effréné, mais calmante, reposante et bénigne ; c'est un badinage essentiellement optimiste. C'est de l'Andrieux avec moins de malice ; c'est du Collin-d'Harleville adouci, c'est du Collin encore plus que de l'Harleville. Allez boire du lait à la Comédie-Française, cela est excellent pour les tempéraments délabrés.

J'ai déjà dit un mot de la façon dont M. Coquelin cadet a joué le rôle de Desrosiers. Le fantaisiste inquiétant, le monologuiste à la folie froide est en train de devenir un comédien de premier ordre. Il faut d'autant plus l'en féliciter qu'il lui était plus difficile de se faire, au théâtre, une place qui fût bien à lui, et cela à cause de son nom même et du talent merveilleux de son aîné. S'il avait eu le malheur de l'imiter, il était perdu. Il n'eût été toute sa vie qu'un reflet. Mais, de bonne heure, M. Coquelin cadet eut l'idée et le goût d'un comique particulier, très différent de celui où triomphait le naturel abondant et sain de son frère. C'était, en somme, le comique de Gil-Pérès, un comique sournois, bizarre et lugubre, de clown anglais, mais avec de l'esprit, de l'observation et un vif sentiment du pittoresque. Car M. Coquelin cadet a le don de colorer les personnages qu'il joue; il en fait des silhouettes imprévues qui restent dans l'œil. Il y a dans sa manière quelque chose d'essentiellement « moderne », le même « je ne sais quoi », assez difficile à définir, qu'on trouve dans les fantaisies de Cross ou d'Alphonse Allais, et dans les dessins de Willette ou de Caran d'Ache... Eh bien ! le monologuiste du *Bilboquet* et de l'*Obsession* s'est montré excellent dans ce rôle du bon docteur, d'une bourgeoisie si bourgeoisante; et, en même temps, comme il ne saurait s'empêcher d'être Coquelin cadet, il a mis çà et là un grain de délire dans la bonté paterne du personnage, dans son optimisme imperturbable et doucement enragé. Il en a fait un « Daumier » suave ; il a résumé à nos yeux, par la justesse et l'intensité de son expression, des milliers de bourgeois, de préfets, de fonctionnaires du gouvernement de Juillet, souriant dans les cadres des portraits de famille. Que dire de Mlle Reichemberg, dans le rôle de Jeanne? Sa perfection décourage l'éloge; c'est le naturel absolu dans la grâce accomplie. Sa voix de cristal, sa diction et tout son jeu ont des finesses exquises et qui ne sentent jamais l'effort. Elle est peut-être la seule comédienne qui vous donne cette impression, qu'elle improvise son rôle, qu'elle trouve ses répliques et ne les sait pas d'avance. C'est un délice.

ALEXANDRE DUMAS PÈRE

Théatre national de l'Odéon : Centenaire Chevreul ; *Charles VII chez ses grands vassaux*, drame en cinq actes, en vers, d'Alexandre Dumas (reprise).

6 septembre 1886.

Voilà tous les théâtres qui rouvrent l'un après l'autre. Cela est cruel. Le défilé va recommencer des pièces cent fois vues, même lorsqu'elles sont nouvelles. Et il faudra les raconter, et il faudra les juger, — et il faudra même aller les voir. Et il faudra chercher des expressions pour caractériser le jeu des acteurs et, après avoir découvert qu'un tel a de la tenue, déclarer qu'une telle joue avec autorité, et que les autres complètent un ensemble excellent... Hélas ! que va-t-elle nous apporter, cette nouvelle saison? Un auteur dramatique nous est-il né? Il ne serait que temps, mais on n'ose plus l'espérer. On nous donnera une cinquantaine de pièces nouvelles ou de reprises, sur lesquelles il y en aura bien quarante-cinq d'insignifiantes et de négligeables. On nous annonce

Monsieur Scapin : mais vous verrez que ce sera quelque fantaisie poétique plus divertissante à lire qu'à entendre, et que les acteurs nous mangeront la moitié des rimes. On nous annonce *Hamlet*; mais le sort d'*Hamlet* est facile à prévoir : le public français l'accueillera, comme toutes les pièces de Shakespeare, avec une admiration très docile et un plaisir très mitigé. Et quant à ceux qui aiment et connaissent Shakespeare, ils l'aimeront toujours mieux dans le livre qu'à la scène. On nous annonce enfin *Gerfaut*, *Renée Mauperin* et *Nord et Midi*, c'est-à-dire trois pièces tirées des romans de Charles de Bernard, d'Edmond et Jules de Goncourt et d'Alphonse Daudet. Il ne faut pas être grand sorcier pour prédire à coup sûr que les pièces ne vaudront pas les romans.

Ce sont là de bien sombres perspectives. Un de mes amis me dit : « Je m'en console facilement. J'aime mieux les romans, l'histoire et la poésie lyrique que les pièces de théâtre, et j'aime mieux lire une pièce que de la voir jouer. Au fond, le théâtre est une représentation de la vie qui convient aux sociétés encore jeunes, aux peuples encore enfantins. Il était encore à sa place dans les temps et dans les pays où le livre existait à peine, et où par conséquent les imaginations des poètes ne pouvaient se communiquer à la foule que par des récitations publiques et des spectacles. L'invention de l'imprimerie aurait dû le tuer. Et que nous fait le théâtre, à nous qui trouvons dans les romans, dans les livres d'histoire, de poésie ou même de critique, une reproduction de la vie autrement libre, exacte, complète et sincère ? Le théâtre est comme un reste, trop perfectionné, des divertissements propres aux sociétés primitives. C'est la moins satisfaisante des formes littéraires pour des esprits un peu méditatifs et sérieux. Car, voyez : le théâtre est condamné, par sa nature même, aux plus graves altérations de la réalité qu'il prétend nous mettre sous yeux. Puis, les pièces sont jouées par des acteurs, et il y a tant d'acteurs insupportables ! Enfin... comment dirai-je ? Le drame qui se déroule sur les planches, sans un arrêt, avec une continuité artificielle, fait à mon attention une violence excessivement déplaisante. Il ne me laisse pas assez tranquille. S'il m'ennuie, c'est d'un bien autre ennui que le livre, et d'un ennui auquel je ne suis pas libre de me soustraire. S'il m'intéresse, s'il m'émeut, je ne suis pas maître de m'arrêter sur mon émotion, de la prolonger, de la savourer. Je ne puis interrompre ni reprendre le drame à volonté, comme je fais d'un roman. Je ne puis rêver autour. Tout cela est bien triste... Au reste, je me plains ici, bien moins de la forme même du genre dramatique que des horribles inconvénients de la représentation. Ainsi, j'aime beaucoup les tragédies de Racine et les comédies de Meilhac et Halévy, — pourvu qu'on me les laisse lire, et qu'on ne me force point à les voir. Il n'en est pas moins vrai que le théâtre est la forme d'art dont une société un peu raffinée pourrait le plus aisément se passer. Je ne parle pas ici, bien entendu, des ballets, des féeries, ni des spectacles de cirque ou d'hippodrome qui sont, au contraire, de charmants divertissements et que l'on doit perfectionner de plus en plus ; je ne parle que de la littérature dramatique. Si riche et si remarquable qu'elle ait été dans ce siècle, supposez-la éliminée, et vous verrez qu'elle n'y fera point un vide irrémédiable ; car tout ce qui a défrayé le théâtre depuis soixante ans, idées ou peintures, vous le retrouverez dans les livres. En revanche, vous ne pourriez retirer à ce siècle le roman, la poésie, l'histoire ni la critique sans le mutiler effroyablement. Cela est un grand signe contre le théâtre. On peut parfaitement vivre de toute la vie intellectuelle dont un homme est capable de nos jours, sans avoir jamais vu jouer un drame de Victor Hugo ni une comédie d'Émile Augier. Et si vous saviez comme la privation est mince ! J'ai passé huit ans sans mettre les pieds dans une salle de spectacle, et sans en être tenté un seul jour. A quoi bon ces représentations matérielles de la vie, nécessairement inexactes et grossières par quelque endroit, quand on a les livres sous la main, tant de livres et si beaux ! et un peu d'imagination pour se figurer les tableaux qu'ils suggèrent. Lamartine, Michelet, Balzac, Taine, Renan, et parfois le Cirque ou l'Eden-Théâtre, c'est presque assez pour un honnête homme. »

Vous pensez bien que je proteste contre ces théories : car que ferais-je ici, je vous prie ? Ce sont d'ailleurs propos d'été, et dont l'irrévérence s'explique par la température. L'art dramatique devient naturellement le dernier des arts quand les théâtres se transforment en hammans où il faut garder son habit.

J'avais cependant choisi pour y reprendre le cours de mes observations hebdomadaires, le théâtre que je supposais le plus frais, celui où les fauteuils sont le plus larges et l'éclairage le moins ardent, le tranquille et familial Odéon. Mais à l'Odéon même, il faisait chaud. Et pourtant il y avait du monde. Pas beaucoup, mais il y en avait. C'est ainsi : il y avait là des gens qui n'étaient pas forcés d'y être; des gens qui, pouvant faire n'importe quoi à la place et surtout *pouvant être dehors*, étaient venus voir jouer *Charles VII chez ses grands vassaux*. Et plusieurs de ces gens avaient réellement payé pour cela! Et quelques-uns même avaient loué leurs places d'avance, craignant sans doute une affluence énorme! Cela est extraordinaire. Songez à ce qu'une pareille conduite suppose d'illusions, de naïf amour des vaines représentations, d'oubli des plus pénibles conditions matérielles, d'idéalisme enfin. Et quelle réponse aux réflexions chagrines et inconsidérées que je rapportais tout à l'heure!

Peut-être aussi quelques-unes de ces courageuses personnes étaient-elles attirées par la petite cérémonie du centenaire de M. Chevreul. Au fait, cette cérémonie, quand on y songe, a été quelque chose de bien singulier. Quelle idée, d'abord, de célébrer sur un théâtre la longévité d'un chimiste ? Pourquoi alors ne pas fêter sur nos scènes subventionnées la première femme qui mettra au monde, à la fois, trois enfants viables et bien constitués ? Car, ne vous y trompez pas, c'est bien un événement du même ordre que l'on célébrait l'autre jour. Ce n'était point le mérite scientifique du « doyen des étudiants » que l'on saluait, mais son entrée dans sa cent unième année. S'il était seulement mort à quatre-vingt-quinze ans, il aurait dû se passer des vers lyriques de M. Clovis Hugues et du festival de l'Opéra. On aurait prononcé deux ou trois discours sur sa tombe, et l'on aurait rappelé qu'il fut un chimiste excellent, qu'il inventa la bougie et qu'il trouva la théorie des couleurs complémentaires. Et sans le dire, on l'aurait mis, je pense, quelque peu au-dessous de Lavoisier, de Fresnel ou de Berthelot, ce qui est encore une jolie place.

Mais quelle étrange idée (j'y reviens) de se réjouir publiquement parce qu'un homme a vécu plus de cent ans ? Il me semble, à moi, qu'un tel homme est plus à plaindre qu'à féliciter. S'il convenait de réciter quelque chose sur les planches à cette occasion, ce n'étaient point les strophes de M. Armand Silvestre ou de M. Émile Guiard, c'était plutôt la belle page de la *Mort du Juif-Errant* de M. Édouard Grenier, celle où Ahasvérus se lamente d'avoir tant vécu et d'être seul immortel dans un monde où tout passe. Car jugez quelle solitude morale doit vous apporter un siècle de vie, et comme il doit être triste de n'être plus le contemporain de personne. Et quelle impression inquiétante et douloureuse de se savoir un phénomène, de sentir violées en soi les habitudes, sinon les lois de la nature! Joignez que l'incertitude de vivre le lendemain augmente avec le prolongement de la vie même. Un octogénaire peut espérer vivre encore dix ans ; il peut, sans folie, accorder quelques années à ses projets et à ses rêves. Mais un centenaire! Il y a tant de chances pour qu'il soit tout proche de la mort qu'on peut dire qu'il vit dans son ombre, qu'il y est entré déjà et qu'il est, avant son jour suprême, retranché du nombre des vivants.

Et c'est de cela qu'on s'est réjoui! C'est pour cela qu'on a banqueté, porté des toasts, bu du champagne officiel! Peut-on rien concevoir de plus absurde! Si jamais, ce qu'à Dieu ne plaise! j'arrive à ma centième année et que je sois alors un homme célèbre (au fait, je le serai par là même) et qu'on veuille saluer ma très mélancolique entrée dans mon second siècle, je demanderai qu'on me chante à l'Opéra la messe des morts... Et si encore on avait su traiter avec respect le patriarche du Muséum! Mais des montreurs se sont jetés sur lui comme sur une proie. On lui a demandé ce qu'il pensait de Dieu, du vaccin de la rage et de l'immortalité de l'âme, et, tandis qu'il répondait avec bonhomie, un appareil photographique, adroitement dissimulé, enregistrait la série de ses attitudes et toutes les expressions successives de son visage, de ce bon visage si vivant et si malicieux dans l'envolement des cheveux de neige, et « qui ressemble à un punch », me disait un peintre impressionniste. Cela n'est-il pas de la dernière indécence ? Le goût s'en va de chez nous, et la mesure, et la délicatesse, et une certaine pudeur. Cette vérité n'est plus très neuve, mais elle n'est pas consolante. Cela avait déjà éclaté dans les funérailles de Victor Hugo. Mais au moins ce qu'on célébrait alors, c'était le génie d'un poète, ce n'était pas une exception physiologique. Et dire que, parmi ceux qui ont manqué de goût à ce point, quelques-uns peut-être ont cru bien faire, se sont figuré qu'ils remplissaient un devoir et qu'ils contribuaient à fonder le culte national des grands hommes ! D'autres, plus nombreux, tout en « montrant » l'honorable M. Chevreul, ont vu là une occasion admirable de se montrer eux-mêmes. Snobisme ou cabotinage, c'est bien la marque du temps où nous vivons. Il est enfin de bons sceptiques qui ont joué leur rôle dans la comédie tout en sachant bien ce qu'elle valait, et qui ont souri dans leur barbe des grands mots que la circonstance leur avait fait lâcher. Ceux-là ont plus d'esprit que les autres ; mais, comme dit je ne sais quel personnage de vaudeville, « ce n'est pas encore ça qui relèvera la France. »

Et voilà déjà que l'on guette un autre centenaire pour une prochaine apothéose : l'honorable M. Dupin, ancien vaudevilliste.

Donc, on reprenait à l'Odéon *Charles VII chez ses grands vassaux*. Il y a deux choses dans *Charles VII* :

un drame d'amour qui semble directement inspiré d'*Andromaque*, quoique peut-être l'auteur n'y ait point songé, — et un morceau d'histoire de France accommodé à la Dumas. Le père de d'Artagnan a une philosophie de l'histoire éminemment agréable et facile, où tout s'explique par l'amour, par la vaillance ou la subtilité des aventuriers généreux aimés des femmes, et par l'influence des grandes dames scélérates ou des courtisanes sympathiques. Ici nous voyons arriver chez le comte de Savoisy le petit roi de Bourges, gai, pimpant, insouciant, appuyé sur Agnès Sorel. Savoisy lui remontre avec éloquence que la France est perdue : le petit roi répond d'un ton dégagé qu'il est venu pour chasser au faucon. Puis nous le voyons dans les bras d'Agnès ; le canon tonne ; ce sont ses derniers fidèles qui se battent pour lui. Savoisy survient : « Réveillez-vous, sire ! » Puis il s'adresse à Agnès, et la bonne courtisane promet de rendre un roi à la France. Vous voyez, on ferait de cela une série d'images populaires. Le dramaturge ne fait que réaliser une métaphore que vous trouverez, j'en suis sûr, dans plus d'un manuel de l'histoire de France : « Le roi s'endormait dans les bras de la mollesse ; le canon de l'étranger le réveilla enfin. » C'est l'histoire de France à l'usage des masses, tout en action, tout en vignettes, tout en relief, les traits grossis et forcés, avec de la générosité, du romantisme, du bric-à-brac, de la galanterie, du troubadourisme et même du sublime. C'est amusant, on ne peut le nier.

L'autre partie du drame n'est pas désagréable non plus. Cela ressemble à je ne sais quelle enluminure d'*Andromaque*, avec des ressouvenirs aussi de l'histoire d'Abraham, de Sarah et d'Agar. Vous vous rappelez que le comte Savoisy a obtenu du Pape la permission de renvoyer Bérengère, qui est stérile, pour prendre une autre femme, et qu'alors Bérengère, folle de jalousie, fait tuer Savoisy par Iacoub, un Sarrasin que le comte a ramené prisonnier d'Egypte. Mais voyez comme la tragédie racinienne tourne ici au drame. Oreste n'était pas assez étrange : voici un fils du désert, qui a tué des lions, un Bédouin d'Horace Vernet, et sceptique d'ailleurs (au second acte) comme serait un Bédouin de Voltaire. — Hermione est trop partagée, et il y a trop de va-et-vient dans ses sentiments : Bérengère, après avoir pris à témoin son chapelain qu'elle a été vertueuse jusque-là, subitement déclare à Iacoub qu'elle l'aime et lui commande le meurtre. Vous sentez comme cette brusquerie doit être plus saisissante. — Puis, tandis que Pyrrhus n'est pas sans reproche, Savoisy est un parangon d'héroïsme et de chevalerie, sans doute afin que sa mort excite plus de compassion. Et, tandis qu'Oreste ne doit rien à Pyrrhus, Iacoub a dû autrefois la vie à Savoisy : cela, pour que le dévouement du Bédouin à celle qu'il aime paraisse plus aveugle et plus complet. Et le meurtre, nous l'avons sous les yeux ; la nuit même où Savoisy ramène sa nouvelle femme, nous voyons Bérengère pousser Iacoub, par les épaules, dans la chambre du comte, d'où sort un rayon fantastique de lampe nocturne. Et, quand c'est fait, Bérengère ne crie pas au meurtrier : « Qui te l'a dit ? » Elle s'empoisonne, sans dire un mot, sur le corps de son mari. Ainsi tout est mélodramatisé, grossi, enflé, et violemment contrasté. Tout est « à l'effet », tout est « du théâtre », cela en est parfois insupportable.

J'ai eu cette impression, que *Charles VII* qui est, si je ne me trompe, un peu antérieur à *Hernani*, ressemblait à la fois à une tragédie de Voltaire et à un drame romantique. Les effets sont ceux qu'aimait et que recherchait Voltaire (voyez *Alzire*, *Zaïre* et *Tancrède*). Mais un certain éclat, une certaine outrance de la forme, la couleur « moyen âgeuse », le cerf du premier acte, le chapelain, le burnous de Iacoub sentent déjà le romantisme. Il y a des vers qui n'auraient pu être écrits avant 1825 ; par exemple quand Bérengère, suppliant une dernière fois Savoisy qui reste muet, lui dit :

On répond quelque chose à cette pauvre femme !

En réalité, je ne sais pas si c'est à une tragédie de Voltaire ou à un drame de Hugo que *Charles VII* ressemble le plus, et M. Deschanel avait peut-être beaucoup plus raison que je ne prétendais l'autre jour, en faisant de Voltaire un préparateur du drame romantique. Je n'ai jamais constaté plus clairement ni mieux touché du doigt cette vérité si souvent rappelée, que les transformations des littératures se font insensiblement, et qu'il n'y a point, dans leur développement, de solution de continuité. Or, cette constatation ne peut que nous faire plaisir, à nous qui ne sommes que des têtes dans la foule. Il est rassurant de songer que les plus grands inventeurs en littérature n'inventent rien de toutes pièces ; qu'ils empruntent, le sachant ou non, aux hommes qui les ont précédés et peut-être aux hommes qui vivent en même temps qu'eux ; que nous collaborons tous, obscurément, aux œuvres des artistes dont nous sommes les contemporains, et, par eux, aux œuvres de leurs successeurs. Je ne sais pas trop comment, mais c'est tout de même une consolation.

ALEXANDRE DUMAS FILS [1]

Comédie-Française : Reprise de la *Princesse Georges*, pièce en trois actes, de M. Alexandre Dumas fils.

5 mars 1888.

Vous avez sûrement fait cette innocente remarque : les rapports entre l'Académie et la Comédie-Française, ces deux grandes compagnies, dont la plus solennelle n'est peut-être pas celle que vous pensez, n'ont jamais été meilleurs que depuis deux ou trois ans. Pas un auteur dramatique, à l'Académie, qui n'ait eu sa « reprise », parfois bien inattendue. — D'où vient cela ? — Qu'importe, pourvu que le public y gagne ? Et il y gagne, vous n'en doutez pas.

Donc, la Comédie, après les *Effrontés*, vient de nous rendre la *Princesse Georges*, et l'on nous promet *Chamillac*. A quand *Daniel Rochat ?*

J'aurais préféré, je l'avoue, qu'on choisît, dans le répertoire de M. Dumas, une œuvre plus parfaite et plus étudiée que la *Princesse Georges* : le *Père prodigue*, par exemple, ou les *Idées de Madame Aubray*,

---

1. *Impressions de théâtre*, 1re et 2e séries.

et surtout l'*Ami des Femmes*, cette comédie singulière, vigoureuse et subtile, que le public n'a pu encore accepter complètement, et dont la reprise aurait eu, par conséquent, quelque chose de hasardeux et tout l'intérêt d'une « première ». Mais enfin la *Princesse Georges* est un pis-aller fort présentable. C'est une large esquisse où se retrouve partout la marque du maître, et où la hâte même du travail a amené certaines particularités de composition, qu'il vaut la peine de noter au passage.

Dans les commentaires qu'il a ajoutés à sa pièce (*Édition des Comédiens*), M. Dumas nous apprend qu'il a conçu et agencé la *Princesse Georges* « en quelques minutes » et qu'il l'a écrite en moins de trois semaines. Cette rapidité de conception et d'exécution se serait traduite, chez un autre, par la médiocrité du résultat. Mais, la nature inique ayant donné le génie à M. Dumas, non seulement l'audace de cette improvisation lui a réussi, mais la furie d'aller vite s'est traduite, chez lui, par une simplification si hardie des moyens dramatiques que la *Princesse Georges*, qui n'a peut-être pas la plénitude intérieure ni la forte substance des chefs-d'œuvre du théâtre classique, en a du moins, si je ne me trompe, la droite allure, la nudité et la beauté de construction.

La *Princesse Georges*, c'est l'aventure d'une femme amoureuse, — amoureuse jusqu'à la plus ardente et la plus folle passion, — que son mari trompe indignement, que cette trahison torture, qui se trouve à un moment avoir la vie de son mari entre ses mains, et qui pardonne, — parce qu'elle aime... — Cette figure de femme a si fortement saisi l'imagination de M. Dumas durant les « quelques minutes » dont il nous parle dans ses *Notes*, qu'il a continué à ne plus voir qu'elle. Et alors il lui a très résolument subordonné tout le reste de l'œuvre. Pour que rien ne détournât de Séverine l'attention des spectateurs, pour qu'elle remplît vraiment la scène, il a simplifié tant qu'il a pu les ressorts de l'action et cherché les moyens les plus courts de renseigner la princesse, au cours du drame, sur ce qu'elle a besoin de savoir pour agir; et d'autre part, pour qu'elle parût plus vivante, il n'a voulu animer les autres personnages que d'une vie modérée. Bref, il n'y a dans la *Princesse Georges* que la princesse Georges.

Venons au détail. Il faut : 1º que Séverine connaisse la première trahison de son mari, et son voyage à Rouen avec Sylvanie de Terremonde; 2º qu'elle apprenne la seconde trahison du prince, plus honteuse que la première, et son projet de fuite avec Sylvanie; 3º qu'elle sache que le comte de Terremonde guette l'amant de sa femme pour le tuer.

Voilà bien des affaires. S'il fallait que Séverine apprît tout cela par hasard ou par des gens de son monde, ce seraient des préparations et des combinaisons infinies. M. Dumas n'y va pas par quatre chemins : il se débarrasse, avec une décision admirable, de tous ces *impedimenta* de l'action dramatique. Tout cela se fera par des valets : Séverine fait tout bonnement suivre son mari par sa femme de chambre. Cet espionnage direct rabaisse peut-être à vos yeux le caractère de la princesse? Mais quoi! C'est avant tout une femme amoureuse; et puis, l'auteur ne veut pas perdre de temps. — Au deuxième acte, c'est un laquais qui découvre la lettre cachée par le prince dans la doublure du manteau de Sylvanie. Sans doute ce laquais pourrait avoir été soudoyé par la princesse et lui remettre directement ce billet; mais, tout de même, une police si parfaite pourrait lui faire tort dans notre opinion, à cette noble femme! Ce sera donc le notaire de la famille qui aura payé le laquais Victor. Mais, d'autre part, il faudrait un tas d'explications pour nous faire admettre que ce notaire livre lui-même le billet à Séverine; il le donnera donc à Mme de Périgny, qui le remettra instantanément à sa fille. Tout cela ne demande pas cinq minutes. (Et c'est pourquoi il y a, dans la *Princesse Georges*, une mère et un notaire.) — A la fin, ce plat coquin de Victor, pris d'un remords soudain, demande « à voir Madame » et lui raconte le piège tendu par M. de Terremonde à l'amant de sa femme, quel qu'il soit. — Ainsi, ce sont les domestiques qui, après Séverine, jouent dans la pièce le rôle le plus considérable. Même je ne sais pas de drame mondain où l'office tienne une pareille place...

Mais vous en voyez maintenant la raison — et les

avantages. Le drame, par là, marche d'un train d'enfer. Séverine est avertie, directement, le plus brièvement possible, et juste au moment où il le faut, de ce qu'elle a intérêt à connaître. Rosalie rend compte de sa petite mission; Mme de Périgny entre : « Qu'as-tu à me dire? — J'ai à te dire, ma chère mère, que je vais probablement me tuer. » Nous sommes tout de suite en plein drame. — Victor prévient Galanson, qui prévient Mme de Périgny, qui prévient Séverine. Sans perdre une seconde, Séverine marche à Sylvanie : « Va-t'en, je te chasse! » Et au mari : « Je l'ai chassée parce qu'il ne me plaît pas de recevoir une femme qui vient chez moi voir son amant. — Son amant? — Oui. — Et vous connaissez cet homme? — Je le connais. — Son nom? — Cherchez! » Cela est d'une rapidité foudroyante, et nous vous en rendons grâces, ô Rosalie et Victor!

Au reste, M. Dumas, ayant demandé à cette intervention abondante des valets les moyens de simplifier et de précipiter son drame, s'est donné du moins la peine de faire vivre ces deux figures subalternes. Elles ont bien l'une et l'autre les allures de la profession; Rosalie est un bon type de dévouement ancillaire; et, surtout, Victor est un excellent exemplaire d'impudence et de cette coquinerie médiocre qui ne saurait pousser jusqu'au crime et qui admet un certain repentir banal. Et, prévoyant l'objection des renchéris : « Trop de domestiques! » M. Dumas a su tirer de leur intervention un surcroît de souffrance pour la princesse : « Ainsi mon amour, ma jalousie, les plus secrètes pensées de mon âme sont livrées aux laquais, objet de spéculation, de moquerie ou de pitié !... »

Quant aux autres acteurs secondaires, M. Dumas les a, comme j'ai dit, résolument sacrifiés (sauf peut-être Mme de Périgny et Galanson). Ce ne sont que des silhouettes sommairement indiquées. Le prince de Birac est un mannequin criminel et stupide. Non seulement il trahit de nouveau Séverine, après qu'elle lui a pardonné, mais il emporte, pour fuir avec sa maîtresse, deux millions qui appartiennent à sa femme. Il est « possédé », nous dit-on. Cela explique tout, et nous croyons l'auteur sur parole. Et, au fait, il vaut mieux que Birac ne nous paraisse pas vivant : car, s'il vivait, la passion de Séverine pour ce lâche imbécile finirait par nous irriter. — Sylvanie, c'est la femme fatale, fascinatrice et méchante, la courtisane absolue, si je puis dire, « la Bête » aux cheveux d'or. (C'est elle-même, notez bien, qui nous en informe.) — Le comte de Terremonde est un sanglier horriblement féroce et jaloux. Lui aussi est « possédé ». Il a beau savoir ce que vaut sa femme (je crois bien ! il paye pour entrer dans sa chambre), il est décidé à tuer tous ses amants, et, comme le duel lui paraît trop peu expéditif et trop peu sûr, il les guette, avec son fusil, de la loge de son concierge. Ce Terremonde est d'ailleurs, nous dit-on, « le plus honnête homme de la terre ». Cela ne laisse pas de faire un caractère assez curieux. — Le petit de Fondette aussi est « possédé », c'est même sa seule profession. Et de trois. Or, tout cela, qui certes n'est ni si commun ni si facile à comprendre, nous le savons parce qu'on nous le dit, mais nous ne le sentons ni ne le voyons. « La princesse Georges, écrit M. Dumas dans sa bienveillante admonition *au Public*, est une Ame qui se débat au milieu d'Instincts. » Mais on trouve ces choses-là après coup. Je dirais plutôt : « La princesse Georges est un corps vivant et vibrant qui s'agite au milieu d'ombres vaines. »

Vivant, ah! oui, car Séverine n'est que passion. Elle a, de la passion, le frémissement, l'emportement irrésistible ; elle en a la sensualité ardente ; elle en a la jalousie, la bravoure, — et même l'humilité ; elle en a l'audace, l'énergie, les déterminations brusques ; elle en a la logique étroite, absolue, imperturbable ; elle en a aussi l'aveuglement, la crédulité, l'illogisme, les inconsciences. Certaines de ses phrases font songer au « Qui te l'a dit? » d'Hermione. Ainsi, bien que Rosalie lui ait dit, il n'y a qu'un instant, que le prince et Sylvanie ont pris, à Rouen, le même appartement, elle oublie ce détail devant les protestations et sous les caresses de son mari ; elle croit ce qu'il lui raconte, et que ce rendez-vous n'était qu'une dernière entrevue pour reprendre des lettres et liquider le passé. Ce n'est que quand elle est seule que la mémoire lui revient : « Mais si c'était pour une simple explication, pour une rupture, pourquoi la nuit? Pourquoi le même appartement? Oh! je suis une lâche et une malheureuse! » Cela me paraît d'une vérité profonde. Séverine est la sœur irréprochable des Hermione, des Roxane et des Phèdre; et je ne vois pas quel plus grand éloge je pourrais lui donner.

A peine quelques taches dans cet admirable rôle. Çà et là un peu de rhétorique et de phraésologie de théâtre : « ... Tous mes rêves, toutes mes innocences, toutes mes pudeurs, je lui ai tout donné... » Et encore : « Il me reste la résignation et la prière, ou la galanterie et le déshonneur. Merci! Je ne me sens capable ni de monter si haut ni de descendre si bas. Je ne suis ni un ange ni une courtisane, etc. » Oh! que cela me plaît peu! Surtout, il y a un endroit où Séverine, trop imbue de l'esprit et du style des *Préfaces* de son père, s'avise, bien mal à propos, de faire son procès à la société. « ... Alors, dit-elle à Mᵐᵉ de Périgny et à Galanson, c'est tout ce que vous pouvez pour moi tous les deux? Vous la loi; toi la famille. La loi peut me rendre l'argent de ma dot, si elle le retrouve; la famille peut me rendre ma chambre de pensionnaire, et puis c'est tout. La vie matérielle, toujours. La table et le logement, tel est le souci de la société! Et c'est tout ce qu'elle croit me devoir. Et si je ne peux plus manger, et si je ne peux pas dormir, que fera-t-elle pour mon cœur *qu'elle aura laissé briser*, pour mon âme *qu'elle aura laissé meurtrir?* L'âme, qu'est-ce que c'est que ça? J'en ai une cependant! Je la sens! Cela ne nous regarde pas, étouffe-la. Mais le dernier des animaux vit de sa vie pleine, il a des petits, les couve, il les allaite, il les protège, il les aime, et toi, créature de Dieu, pour laquelle un Dieu est mort. tu n'auras pas ce que la nature a donné aux animaux. A vingt ans, tu ne seras plus une femme, tu ne seras même plus une femelle!... » Seigneur, que ces propos sont bizarres! Voilà donc « la société » coupable d'avoir laissé briser et meurtrir l'âme et le cœur de Mme de Birac! Eh! qu'y pouvait-elle, la société? Pouvait-elle empêcher le prince d'être infidèle à sa femme? Et ne dites pas que ce sont là les divagations bien naturelles de la passion et du désespoir; car, en tous cas, une femme ne divague pas en style de publiciste ou de prédicateur dominicain.

A part cela, rien à reprendre; et j'avouerai tant qu'on voudra que Séverine est une des grandes amoureuses du théâtre contemporain ou même du théâtre de tous les temps. Seulement M. Dumas s'est mis dans la tête que Séverine est une amoureuse chrétienne, « une chrétienne qui est à la fois Andromaque, Atalide et Aricie ». (Peste!) J'en tiens, moi, pour ce que j'ai dit : Séverine me rappellerait plutôt Hermione, Roxane et Phèdre. Placez ces trois malades dans la situation de Séverine : il y a autant de chances pour qu'elles pardonnent à Pyrrhus, à Bazajet et à Hippolyte que pour qu'elles les tuent. En quoi la princesse Georges est-elle si chrétienne, je vous prie? A cause de son monologue du troisième acte? Mais elle conclut à laisser tuer son mari. Si elle lui pardonne, c'est parce qu'elle l'aime, et qu'elle ne peut s'empêcher de l'aimer, et qu'elle veut encore de lui : ce n'est nullement par un sentiment chrétien, ni parce qu'elle a dit (pour se rétracter immédiatement après) : « ... Je suis peut-être une criminelle. D'ailleurs qui suis-je pour être si sévère? Qu'est-ce que je connais de la vie?... » On a cette impression très nette que Séverine pourrait également, sans sortir de la vraisemblance morale, sauver son mari, ou le perdre, — quitte à lui pardonner ensuite et à sangloter sur son cadavre. Si elle se détermine subitement à le sauver, c'est par un mouvement irréfléchi de sa chair; et il n'y a pas de raison pour que ce mouvement ne se produise pas cinq minutes plus tard, — quand il ne serait plus temps. Car il est évident que Séverine ne sait plus ce qu'elle fait, qu'elle est complètement *impotens sui*, comme Phèdre, Hermione et Roxane. C'est même par là qu'elle nous prend si fort. Mais où diable voyez-vous le christianisme là-dedans?

Et enfin, quand vous me feriez avouer que la conduite de Séverine est d'une chrétienne, je vous dirais que son personnage même n'est point chrétien. Mais ce siècle l'est si peu qu'il se laisse aisément tromper en ces matières. Une passion comme celle de Séverine, une passion si effrénée, si aveugle et si charnelle dans son fond que l'indignité de son objet ne la tempère point mais plutôt l'attise et l'exaspère, n'est assurément pas d'une épouse chrétienne. Tout son rôle n'est qu'une série de ces *motus deordinati* dont parlent les casuistes. Rien, en vérité, n'indique qu'elle ait été baptisée. C'est une païenne, ou simplement, c'est une femme. Ce qui fait que l'auteur s'est abusé le premier sur la qualité morale de son héroïne, c'est que, cette passion désordonnée, il a voulu qu'une épouse l'éprouvât pour son mari. Il a cru que le mariage sanctifiait ici l'amour; mais il me paraît, au contraire, qu'un amour de cette espèce profane l'institution du mariage et en altère profondément l'esprit. En réalité Séverine aime le prince comme le ferait une maîtresse déchaînée, et un peu comme il aime lui-même Sylvanie. Il y a, dans ses sentiments pour son mari, une violence et une fatalité qui ne me la rendent guère plus vénérable que si Birac était son amant. Je ne puis vous dire au juste ce qu'une « femme chrétienne », même passionnément éprise, ferait à la place de Séverine. Tout ce que je sais, c'est qu'elle aurait une autre allure.

Vous sentez bien que la *Princesse Georges* n'en reste pas moins (surtout avec son étrange préface) une œuvre fort intéressante. C'est peut-être, parmi les pièces qui comptent, la première où l'on nous ait montré une telle frénésie de passion dans l'union conjugale. (Autrefois les grandes amoureuses n'étaient jamais mariées.) Quelques années auparavant, M. Gustave Droz avait introduit le libertinage dans l'union légitime des époux (*Monsieur, Madame et Bébé*). Ainsi tout ce que nos grands-pères voulaient tenir en dehors du mariage par respect pour cette institution, on l'y fourre aujourd'hui sous couleur de moraliser. Je ne blâme ni ne loue : je constate, n'étant pas moi-même un très grand chrétien.

Et le dénouement? Le pauvre petit Fondette tué par hasard au lieu de Birac? — Eh bien! c'est un dénouement surprenant et singulier et qui, à la réflexion, me plaît par sa brutalité même et son imprévu, et comme un exemple de l'absurdité fréquente des choses humaines. C'est tout ce que j'en puis dire. M. Dumas, lui, tient beaucoup à la mort de Fondette. Il y voit une foule de choses. Il gourmande le public du premier soir qui eût désiré, paraît-il, que le prince fût tué. J'ai déjà dit que ce dénouement-là m'eût paru exactement aussi vraisemblable et... philosophique que l'autre, ni plus ni moins. Mais M. Dumas nous affirme qu'il fallait de toute force que Fondette fût supprimé et non Birac. Pourquoi? Parce que Fondette ne compte pas, n'est qu'un « innocent » et un « mouton », tandis que le prince, « cet infidèle de douze heures », « peut et doit être sauvé par l'amour ». Le prince, un infidèle de douze heures? Qui vous l'a dit? Qu'en savez-vous? Cela ressort-il si évidemment de votre drame? En aucune façon. Le prince est beaucoup plus coupable que le petit Fondette, qui ne trahit personne (sauf le mari). Mais peut-être tuez-vous Fondette, justement parce qu'il n'a rien à racheter ou pas grand'chose, et épargnez-vous le prince parce qu'il est vraiment criminel et pour qu'il ait le temps d'expier?... Je m'y perds, et l'auteur aussi, je crois.

MEILHAC ET HALÉVY [1]

PALAIS-ROYAL : Reprise du *Réveillon*, comédie en trois actes, de MM. Meilhac et Halévy.

16 janvier 1888.

Le Palais-Royal a repris l'un des chefs-d'œuvre les plus populaires de MM. Meilhac et Halévy : le *Réveillon*. Il m'a paru, comme à tout le monde, que la pièce était jeune et charmante ainsi qu'au premier jour, mais aussi qu'elle était d'une constitution très particulière, et propre à troubler l'idée qu'on se forme habituellement d'une pièce « bien faite ».

Et donc, tandis que se développait ce dialogue, d'un tour si moderne et en même temps si naturel et si aisé, le seul peut-être où nous retrouvons la « naïveté » comme l'entendaient nos pères, — la naïveté de La Fontaine, de Sedaine ou de Favart, — j'ai fait jusqu'à deux réflexions (c'est bien quelque chose!) que je m'en vais vous communiquer. C'est d'abord que le second acte de cette comédie est entièrement inutile à l'action; et c'est ensuite que ce second acte est une petite merveille d'une espèce

---

[1]. Cf. *Impressions de théâtre*, 1re et 2e séries.

très rare et que MM. Meilhac et Halévy n'ont rencontrée que par une de ces grâces spéciales, uniques, sur lesquelles un auteur dramatique, étant généralement né de la femme et pétri d'argile grossière, n'a pas trop le droit de compter...

Premier point : à savoir que le second acte ne sert pas du tout à l'action. — Je dois, pour que ceci vous devienne clair, vous rappeler le sujet de la pièce.

Nous sommes dans la petite ville de Poncorney-les-Bœufs. Le bourgeois Gaillardin vient d'être condamné à huit jours de prison pour avoir insulté un garde champêtre. Il doit se rendre à la prison le lendemain matin. Or, un de ses amis, le notaire Duparquet, vient l'inviter à souper, « avec des actrices de Paris », chez le jeune prince Yermontoff, qui a loué une villa dans les environs. Gaillardin accepte : on le présentera au prince sous le nom de marquis de Villangoujar. A peine est-il parti pour cette petite fête, voilà qu'un ancien amoureux, le musicien Alfred, que ses malheurs ont rendu Hongrois, s'introduit auprès de Mme Gaillardin. Leur tête-à-tête est interrompu par l'arrivée du directeur de la prison, Tourillon. Ce directeur, récemment nommé et qui ne connaît encore personne dans la ville, prend Alfred pour Gaillardin et l'arrête. Puis il part pour la villa du prince; car il a été, lui aussi, invité par Duparquet. Il se présentera sous le nom de comte de Villebouzin.

Cela, c'est le premier acte.

A l'aurore, Tourillon, très gris, rentre à la prison, et Gaillardin, non moins gris, vient se constituer prisonnier. Rencontre, quiproquo, explication. « Vous n'êtes donc pas Villebouzin? — Vous n'êtes donc pas Villangoujar? — Je suis Tourillon. — Je suis Gaillardin. — Vous Gaillardin! Mais je l'ai arrêté hier, Gaillardin, chez lui, en train de lutiner sa femme. » Vous vous rappelez cette scène si gaie, et celle qui suit, plus belle encore. Gaillardin, subtil, se présente à Alfred comme son avocat, et l'interroge : de cette façon, il saura jusqu'où ce musicien romantique a poussé les choses. Alfred, naturellement, charge le mari qu'il traite d'imbécile et de brutal; et chaque fois Gaillardin bondit, éclate contre la femme coupable et son complice; et Alfred se dit : « Quel drôle d'avocat! » et demande à Gaillardin : « Voyons, vous êtes bien sûr que vous êtes venu pour me défendre? » La situation est, je crois, une des plus plaisantes qu'on ait inventées, et chaque mot y est d'un comique irrésistible... Comment tout s'arrange, vous le savez, et j'en ai dit assez pour ma démonstration

Cela c'est le troisième acte.

Et le second? Chose bizarre, j'ai pu vous raconter la « fable » du *Réveillon* sans rien omettre d'essentiel, et sans faire pourtant la moindre allusion à ce qui se passe dans le second acte. Donc il est vain, superflu, postiche, adventice et contingent. Mais, avec tout cela, il est exquis, et, en outre, fort amusant. Par où donc nous intéresse et nous retient cet acte sans action (excusez cette rencontre de mots)? Est-ce par cette idée que le faux Villebouzin et le faux Villangoujar auront une jolie surprise quand ils se retrouveront, le lendemain, nez à nez, dans la prison? Mais cet intérêt d'attente serait insuffisant à soutenir un acte entier. Celui-là nous intéresse donc uniquement par la vérité et la gaieté des tableaux et du dialogue, sans nul agencement de faits propre à exciter la curiosité, et presque en dehors de toute action dramatique. On cherche bien loin; mais le voilà, le nouveau théâtre, le théâtre sans ficelles, sans intrigue, sans convention, sans mots d'auteur, sans rien de rien que le vrai, — le théâtre antiscribiste, — la vie en tranches! Il est là, ce théâtre de demain, autant, Dieu me pardonne! que dans la *Parisienne* ou dans *Sapho*. Il est vrai qu'il était déjà dans Molière çà et là : du moins je me le suis laissé dire.

Deuxième point : à savoir que cet acte ne ressemble pas mal à un chef-d'œuvre qui tiendrait aussi du tour de force et de la « réussite ». Il se compose, en effet, presque entièrement d'un souper. C'est un souper comme il y en a tant. Les convives n'ont rien d'extraordinaire : c'est un prince russe, qui s'ennuie et qui parle peu; ce sont trois bourgeois, qui ressemblent à beaucoup de bourgeois, et quatre filles, qui ressemblent à toutes les filles. Et, je le répète, ce souper ne sert à rien; ce qu'on y dit ne tient nullement à l'action. C'est un souper où l'on soupe, voilà tout.

Songez, d'autre part, que les soupers au théâtre sont, en général, mortellement ennuyeux. Les convives font semblant de manger et de boire, feignent d'être gais, s'écrient : « Ohé! Ohé! », font quelques mots d'esprit, et se lèvent de table. Ils se grisent en trois minutes, et ces trois minutes paraissent un siècle.

Eh bien! ce souper de MM. Meilhac et Halévy, qui ne sert à rien, où il ne se dit rien, où il ne se prépare rien, et qui dure une demi-heure (temps énorme au théâtre) est une des scènes les plus divertissantes et les plus légères à entendre que je connaisse.

Pourquoi? Parce qu'on y soupe, en effet; parce que les attitudes, les sentiments et les propos des personnages sont bien des propos, des sentiments et des attitudes de soupeurs et de soupeuses. Nous avons tous soupé plus ou moins, et vous n'ignorez pas comment se célèbre ce mystère. Presque toujours, le commencement est lugubre, justement parce que l'on vient avec l'intention de s'amuser. Les plaisanteries forcées des hommes, les éclats de rire artificiels des femmes se succèdent sinistrement en laissant de grands trous de silence. On a devant les yeux l'image du plaisir, mais on ne l'éprouve pas, on est obligé de le feindre. Les gaillardises froides font « ploc » en tombant à mi-chemin, entre les assiettes. C'est horrible. Les femmes ont, dans leurs traits, dans le pli de leur sourire, dans l'animation de leurs yeux, dans la complaisance de leur enjouement, quelque chose de professionnel. Leur gaieté est trop visiblement inspirée par le sentiment du devoir... Mais peu à peu le plaisir naît des efforts qu'on a faits pour l'exprimer; plaisir brutal et tout physique. Il naît aussi des odeurs que la chaleur développe, de la saveur des mets, et des vapeurs qui envahissent le cerveau. Et alors, — contraste délicieux, — au milieu même d'un appareil de luxe et d'élégance qui implique une culture humaine très avancée, on glisse, on retombe dans une béatitude purement animale et dans une vie qui n'est plus qu'à demi-consciente. On ne se distingue plus nettement des objets extérieurs. On ne les discerne que dans une buée lumineuse qui semble émaner de nous-mêmes. Ils nous semblent irréels, — et nous pareillement. On ne saisit plus bien le sens des mots qu'on entend, ni de ceux qu'on prononce; d'autant mieux que, même quand on parle, on croit encore écouter, et que notre voix nous devient comme étrangère. C'est le moment où les vers des symbolistes n'étonneraient point, paraîtraient juste aussi intelligibles que le reste. Et tandis que, au début, les paroles tombaient rares et espacées, maintenant tout le monde parle à la fois, et sans que cela gêne personne. Chaque bête se manifeste librement et doucement, très bienveillante aux autres, qu'elle voit comme dans un songe. On repète vingt fois les mêmes mots; on recommence vingt fois la même histoire, et on ne se fâche point que le voisin en fasse autant. On s'amuse tout seul à des riens, comme les tout petits enfants. On a des visions engourdies de volupté, qui valent la volupté même. On est stupide, on dit n'importe quoi, on balbutie, on rit aux anges, on est très bien... Je traduis une impression plutôt que je n'analyse une scène. MM. Meilhac et Halévy ont su, sans négliger les traits particuliers qui convenaient à Gaillardin ou à Métella, nous communiquer cette impression générale, exprimer ces commencements contraints, puis cet abrutissement lent, cette douce bêtise et cette confusion grandissante... — et nous égayer avec cela. Comment ont-ils fait? C'est leur secret.

HENRY BECQUE

Une représentation de *la Parisienne*, de M. Henry Becque.

18 juin 1888.

... Puisque nous voilà en pleine littérature brutale, et puisque aussi bien la plupart de ces jeunes gens imitent visiblement M. Becque, pourquoi ne vous dirais-je pas un mot de la *Parisienne*, jouée récemment dans un salon ami des lettres, par Mlle Réjane (une Clotilde incomparable), M. Antoine, et deux « amateurs » pleins de naturel? La pièce est connue; mais elle est, je crois, de celles qui gagnent en vieillissant, et il m'a semblé que je saisissais mieux, l'autre jour, en quoi elle est originale et forte.

Je vous prie, d'abord, de ne point la confondre avec les « fumisteries » lugubres du Théâtre-Libre. Non qu'on ne puisse saisir, chez M. Becque, le sentiment dont je parlais tout à l'heure, et qui est peut-être de tous les temps, mais qui est surtout du nôtre. Ce sentiment, bizarre à première vue, très explicable au fond, consiste à trouver un délicieux plaisir intellectuel dans la constatation de ce que la réalité a de plus lamentable. Ce plaisir, La Rochefoucauld, La Bruyère, Chamfort, presque tous les moralistes et presque tous les auteurs comiques l'ont bien connu. Mais aujourd'hui on le savoure passionnément. C'est une rage, une maladie — et une mode; presque tous les petits jeunes gens qui entrent dans les lettres méprisent les hommes et la vie avec une superbe allégresse. Les fatalités de la chair, la brutalité des instincts, les grotesques inconsciences, l'irresponsabilité et l'égoïsme universels... quelle volupté pure de noter et de peindre tout cela! On a fait des milliers de monographies de filles et des études considérables sur les imbéciles. Pourquoi? C'est qu'on croit faire ainsi preuve de clairvoyance; on se figure sans doute qu'il est plus difficile de voir le mal que le bien, que cela suppose une intelligence plus dégagée, plus sagace et plus forte. Puis, le mépris est un plaisir en soi, étant une des formes de l'orgueil. Et il y a autre chose de plus caché, de moins avouable. On est secrètement chatouillé par le spectacle de ce qui est ignoble, et particulièrement quand la chair y est mêlée. Cela, dirait quelque théologien, c'est tout bonnement une suite du péché originel. Ou bien on sent vaguement (sans avoir l'intention expresse d'en profiter) que les fatalités vilaines observées dans le monde nous absolvent d'avance, nous mettent à l'aise, et alors il nous plaît de ne plus voir qu'elles, ou même d'en ajouter. Il y a, du reste, dans l'espèce de philosophie nihiliste où ces constatations nous mènent, un vif plaisir de révolte, de négation. A moins encore, si on est naturellement honnête, que ce nihilisme même ne relève notre vertu à nos propres yeux, ne lui donne plus de prix, en lui ôtant tout fondement extérieur...

Bref, et contrairement à de superficielles apparences, le pessimisme est plein des plus douces consolations. Schopenhauer ne s'ennuyait pas du tout dans la vie. Nos pessimistes font, avec leur vision du monde, des œuvres d'art dont ils sont fort satisfaits, qui parfois sont belles et qui rapportent à quelques-uns de quoi vivre commodément. Il n'y a guère que le pessimisme chrétien qui soit sincèrement triste et qui pousse à l'ascétisme et au renoncement. Mais, comme vous pensez bien, ce n'est point de celui-là que j'ai voulu parler.

Pour en revenir à M. Becque, les personnes qui le connaissent affirment qu'il a le pessimisme essentiellement jovial. Il ne passe pas pour être animé d'un grand esprit de douceur dans ses jugements sur les hommes et sur les choses. Mais on me dit qu'il y a une véritable impartialité dans sa malveillance, puisqu'elle s'étend à tout ; qu'il est féroce avec désintéressement et par pur amour de l'art. Il se sait tellement gré, m'assure-t-on encore, de ses « mots » les plus cruels qu'il en rit avant, pendant et après ; et le contentement d'artiste qu'il en ressent leur ôte beaucoup de leur amertume... Il est misanthrope à gorge déployée, et conspue l'univers en se tenant les côtes...

Mais, il faut le dire tout de suite, cette gaieté canaque se dissimule soigneusement dans son théâtre Rien ne paraît plus uni, plus simple dans sa netteté vigoureuse, plus approchant de la vérité que les dialogues de la *Parisienne*. Les personnages, c'est vous, c'est moi. Les choses qu'ils disent, ce sont de celles qu'on dit tous les jours, couramment, sans y songer...

Et ces choses, si naturelles, sont monstrueuses! Et qu'elles soient à la fois l'un et l'autre, c'est le mérite propre de M. Becque de nous l'avoir fait si pleinement sentir.

J'avais noté cela, mais trop rapidement, il y a deux ans, lors de la reprise de la *Parisienne* à la Renaissance. Vous vous les rappelez, ces mots si vrais et presque effrayants, mais dont la signification semble échapper à ceux qui les prononcent, ces énormités morales que des gens d'excellente éducation et qui ne sont point des coquins débitent d'un air tranquille; qui vous ouvrent des jours subits jusque dans les dernières profondeurs de la sottise et de l'hypocrisie humaine, et qui font qu'on rentre en soi-même avec effarement, qu'on se demande si on ne les dirait pas, ces mots-là, et qu'on n'est plus bien sûr d'être un honnête homme. « Résistez, Clotilde, résistez, dit Lafont. En me restant fidèle, vous restez digne et honorable; le jour où vous me tromperiez... » — Clotilde : « Prenez garde, voilà mon mari ». Et ce mot de Clotilde : « Vous êtes un libre penseur! Je crois que vous vous entendriez très bien avec une maîtresse qui n'aurait pas de religion. Quelle horreur ! » Et cet autre de Lafont : « Nous ne pouvons vous offrir, vient de dire Clotilde, qu'une affection paisible, sincère... et désintéressée. » — Lafont : « C'est ce que je demande. C'est ce que nous demandons tous. » Et celui-ci de Clotilde : « Vous n'aimez pas mon mari. — Mais si, je vous assure. — Mais non ; je vous le garantis. Vous n'aimez pas Adolphe. » Et tant d'autres, car la pièce en est pleine! Savez-vous bien que ces mots-là sont, avec moins de relief, peut-être, mais avec un naturel plus inquiétant, de la même famille que les mots les plus fameux de Molière : « **Va, va,** Pierrot, dit Charlotte, ne te mets point en peine. Si je sis Madame, je te ferai gagner queuque chose et tu apporteras du beurre et du fromage cheux nous. » — « C'est pour moi que je lui donne ce médecin, dit Argan ; et une jeune fille de bon naturel doit être ravie d'épouser ce qui est utile à la santé de son père. » — Et Orgon :

> De toutes amitiés il détache mon âme ;
> Et je verrais mourir frère, enfants, mère et femme,
> Que je m'en soucierais autant que de cela.

Des mots de cette sorte, vous en trouverez dans *Turcaret*, dans *Maître Guérin*, dans *Monsieur Alphonse*, dans la *Petite Marquise* et dans *Madame Cardinal*. Mais c'est l'originalité de la *Parisienne* d'être composée presque uniquement de ces mots-là.

Je m'exprime mal. La grande originalité de la *Parisienne*, c'est que, le sujet une fois donné (il fallait le trouver, par exemple), la pièce *ne pouvait être* qu'un tissu de mots de ce genre.

Qu'est-ce qui donne, en effet, tant de saveur aux mots de Molière que je viens de rappeler? C'est que les personnages s'imaginent exprimer des sentiments louables ou pour le moins légitimes, et en expriment, en réalité, d'abominables. Le comique vient de ce contraste entre l'opinion qu'ils ont de soi-même et celle que nous concevons d'eux, entre ce qu'ils croient être et ce qu'ils sont.

Or, la *Parisienne* est conçue de façon que ce contraste y soit continu et que l'auteur n'ait plus même à le chercher. Pour cela, il a simplement placé ses deux personnages principaux dans une situation socialement immorale en leur conservant les sentiments et les préjugés qu'on a dans les situations régulières. Le contraste est donc, ici, permanent, et non plus seulement accidentel comme dans d'autres comédies. L'auteur n'a plus, pour ainsi dire, qu'à laisser aller ses personnages : ils sont, par la force des choses, prodigieusement comiques dès qu'ils ouvrent la bouche.

Jusque-là, dans les drames ou les comédies de l'adultère, on avait pris pour point de départ le ménage à deux, le ménage de la femme et du mari. Puis survenait l'amant, ou les amants, et l'action s'engageait. Et quelquefois (c'est ce qu'on avait trouvé de plus fort) on aboutissait à un tranquille et durable ménage à trois. Or, c'est ici précisément que commence la comédie de M. Becque. Il prend, lui, pour point de départ, le ménage à trois (la femme, le mari et l'amant) solidement établi, considéré, du moins par l'amant et par la femme, comme une institution normale et régulière. Lafont est un second mari, comme qui dirait un mari de cœur, du Mesnil étant un mari de raison. « J'ai rêvé, dit-elle d'une existence unique *où mes devoirs seraient remplis sans que mon cœur fût sacrifié.* » Et Lafont, de son côté, se regarde si bien comme un mari qu'il ne peut souffrir que Clotilde fréquente des femmes légères, et lorsqu'elle lui dit en parlant d'une de ses amies : « Est-ce que vous allez reprocher à Pauline de faire pour M. Mercier ce que je fais pour vous? » non seulement il répond comme on pouvait s'y attendre : « Ce n'est pas la même chose »; mais, quand elle lui demande où est la différence, il réplique sérieusement et après réflexion : « J'en vois une. » Et soyez certain qu'il la voit!

La comédie que nous avions coutume de voir se jouer entre le mari, la femme et l'amant, se joue donc, ici, entre le premier amant, la femme, et le second amant, et — chose admirable, — se joue au bénéfice du mari. Depuis quelque temps, Lafont a remarqué des bizarreries et du mystère dans la conduite de Clotilde; il est jaloux, il lui fait exactement les scènes que son mari devrait lui faire, et elle finit par l'envoyer promener. C'est qu'en effet Clotilde, un peu lasse de ses deux maris, le légitime et l'autre, a pris un amant, M. Simpson (pour nous Simpson, c'est le second ; pour elle, c'est le premier). Mais, comme elle est, après tout, bonne épouse, elle se sert de Simpson pour faire donner à du Mesnil une recette particulière. Puis Simpson s'en va. Clotilde, qui a de vagues remords de sa conduite, non envers du Mesnil, mais envers Lafont, se réconcilie avec ce dernier. Et le ménage régulier, le ménage à trois, se remet à fonctionner le plus correctement du monde. Il n'y a rien de changé. Ou plutôt, si ! La position du mari se trouve notablement améliorée. Les façons détachées de Simpson ont mieux fait apprécier à Clotilde le dévouement et le sincère amour de Lafont. Celui-ci promet de n'être plus jaloux et tiendra peut-être parole. Tout est donc pour le mieux.

En résumé, Clotilde n'a trompé son mari de cœur que pour assurer une place lucrative à son mari nominal. C'est une bonne petite femme. Elle le sait, sa conscience ne lui reproche rien.

Vous pressentez l'énorme valeur comique qu'une telle situation, une telle sécurité morale dans ce que nous appelons encore l'immoralité, doivent donner aux discours de Clotilde et de Lafont, et cela, sans qu'ils aient à hausser la voix et sans que l'auteur souligne leurs propos. Je ne connais pas de comédie plus continuement ni plus naturellement ironique que la *Parisienne*. Et voici qui est encore plus rare. Après que nous avons ri du contraste que forment les sentiments de Lafont et de Clotilde avec leur situation réelle, leur tranquillité nous fait réfléchir; et, sans les solides principes dont nous sommes munis, nous nous dirions : « Eh bien ! quoi? Puisque ce petit arrangement les rend tous heureux, ne vaut-il pas mieux qu'ils le croient d'accord avec la règle sociale? Cette illusion n'est-elle pas bienfaisante? Ils gardent des préjugés tout en vivant comme s'ils n'en avaient pas. N'est-ce pas à la fois la suprême sagesse pratique et le plus bel hommage (quoique détourné) à la loi morale?... »

Ainsi les mots les plus simples de Lafont ou de Clotilde nous donnent, pour le moins, deux impressions successives et contradictoires, qui finissent par se fondre dans un doute très philosophique. Lorsque, voyant son mari découragé, Clotilde lui dit gentiment : « Allons, remets-toi et ne garde pas cette figure désolée. Qu'est-ce que tu deviendrais donc pour un malheur véritable? Si tu me perdais, par exemple! » nous nous esclaffons, d'abord, et nous nous disons : « Ah! bien! elle a de l'aplomb, et voilà un plaisant cas de cynisme inconscient! Ce serait, en vérité, un grand malheur pour du Mesnil de perdre une gaillarde qui le trompe avec cette sérénité d'âme! » Et nous reprenons : « Eh! oui, ce serait un malheur pour lui. Car, enfin, c'est une bonne associée et une compagne agréable. Elle prend fort à cœur ses intérêts. Elle le trompe, c'est vrai, mais elle est trop fine pour qu'il s'en doute jamais. Et encore, le trompe-t-elle? Elle l'aime à sa

façon. Seulement, comme elle se trouve avoir un mari en deux personnes, il faut bien qu'elle se partage... »
Et, là-dessus, il serait amusant de rêver une pièce qui ferait pendant à la *Parisienne*. Au lieu qu'ici le mari légitime est pour l'utile, et le mari illégitime (si je puis m'exprimer ainsi) pour l'agréable, on pourrait renverser cet ordre et concevoir une petite femme qui aurait un mari frivole, brillant, romanesque, pas pratique, un mari pour la bagatelle ou, si vous voulez, pour l'imagination et pour le cœur, — et un amant raisonnable, pondéré, sérieux, beaucoup plus sérieux que le mari : un amant de raison... Mais est-ce que cela ne s'est jamais vu? Tout s'est vu, hélas!...

Ce qui est sûr, c'est que la moitié des spectateurs ou des spectatrices qui se scandalisent de l'inconscience de Clotilde ne peuvent s'en scandaliser que par une inconscience égale à la sienne. Qu'est-ce que Clotilde? Un petit animal resté, au fond, aussi près de la nature que les jeunes faunesses mythologiques, qui ne vit que pour jouir et qui prend tranquillement son plaisir où il le trouve. Sans doute ce petit animal vit dans une vieille société toute garrottée de lois, d'usages, de convenances; on lui a inculqué certaines croyances, certaines idées et certains préjugés. Elle parle le langage de ces préjugés et de ces idées, elle en fait les gestes, et cela de bonne foi peut-être. Mais son vrai fond reste intact. Elle ne satisfait que ses appétits tout en ayant l'air de tenir compte d'un tas de règles qu'elle subit sans les comprendre... Elle

n'est donc qu'un exemplaire éminemment expressif
d'une espèce de femmes que vous avez souvent rencontrées. Les institutions religieuses et sociales sont
choses beaucoup plus purement matérielles et extérieures qu'on ne croit; j'entends par là que beaucoup
de créatures humaines les acceptent par force, par
habitude ou par intérêt, mais sans être aucunement
imprégnées des idées et des croyances sur lesquelles
ces institutions sont censées reposer. Telle petite
femme va à la messe, observe toutes les convenances,
professe quantité de préjugés, a des opinions arrêtées et décentes sur une foule de sujets, est même
honnête, ou, quand elle ne l'est pas, semble garder
les idées de celles qui le sont; bref, telle femme a
toutes les apparences d'une civilisée, d'une chrétienne,
d'une créature morale et pensante, qui, en réalité, est
absolument vide de cœur et de cervelle et n'est qu'un
petit être d'instinct et de jouissance... Je ne dis point
de mal de ces femmes-là. Elles peuvent être charmantes. Voyez Clotilde. Elle n'est ni sotte ni méchante.
Elle manœuvre avec beaucoup d'esprit au milieu de
ses deux maris et de son amant et nous laisse voir
qu'elle y prend plaisir. Et, d'un autre côté, elle a, par
moments, presque des attendrissements et presque
des mélancolies, — tout comme si elle avait une âme.
Avec cela, elle est raisonnable; elle a une circonspection et un sang-froid qui doivent donner beaucoup de
sécurité à ceux qui l'aimeront. La « guenon du pays
de Nod » n'est pas toujours tragique. C'est souvent

une petite bête gentille, prudente, bourgeoise, bien élevée. Evidemment, Lucrèce, sainte Thérèse ou la sœur Rosalie, ont une conception de la vie plus distinguée. Mais qui de vous serait fâché de rencontrer Clotilde sur son chemin?

Il y a, comme cela, des millions d'êtres, parmi nous, pour qui nulle morale et nulle religion n'est advenue, quoiqu'ils suivent ingénument certains rites sociaux, et qui doivent être tout à fait inutiles à la réalisation des « fins de l'univers », si toutefois l'univers a des fins. Clotilde est une curieuse variété de ce genre. En d'autres termes, M. Becque nous présente avec puissance et clarté, dans la *Parisienne*, la plus étonnante déviation individuelle de la morale générale qu'on ait peut-être vue au théâtre. Quel meilleur éloge en pourrais-je faire?

EDOUARD PAILLERON

Comédie-Française : *La Souris,* comédie en trois actes, de M. Édouard Pailleron.

21 novembre 1887.

Quelqu'un disait, en sortant de la représentation du Théâtre-Français : « C'est aujourd'hui que M. Pailleron nous a donné le *Monde où l'on s'ennuie.* » N'en croyez rien. Ce n'est qu'un « mot » et qui devait être fait, quand même la *Souris* eût été le plus incontestable des chefs-d'œuvre. Celui-là est spirituel (peut-être), comme les mots le sont quelquefois, et injuste, comme ils le sont presque toujours. On a ri; on a pleuré, ou peu s'en faut; on a vu se dérouler avec grâce une aventure de cœur que nous voudrions tous courir... Je ne demanderais pas mieux que de « m'ennuyer » comme cela tous les soirs.

Nous sommes chez Mme de Moisand, une bonne dame souriante et nulle, « de la force d'une machine à coudre », qui habite un beau château. Elle a avec elle sa fille Clotilde, comtesse Woïska, née de son premier mariage, et Mlle Marthe de Moisand, « née du premier mariage de son second mari ». C'est la bonne dame qui nous explique ces choses, sans s'embrouiller dans ses maris, dans ses mariages, ni dans les mariages de ses deux maris. « J'ai toujours aimé mes maris, ajoute-t-elle, et mes maris m'ont toujours aimée. »

Clotilde, comtesse Woïska, est une femme de trente ans, qui a beaucoup souffert. Elle a jadis épousé par amour un Polonais viveur et « lubrique » (comme dit la bonne Mme de Moisand), qui se grisait, qui courait les filles, et qui, présentement, est enfermé dans une maison de santé. Ni femme, ni veuve, Clotilde est triste.

Marthe de Moisand est une fillette de dix-sept ans qui sort de son couvent. On l'appelle la Souris, parce qu'elle est menue, timide, effarouchée, toujours silencieuse et toujours dans les coins. Mme de Moisand, quoique ce soit une bien bonne dame, a cependant pour Marthe les sentiments d'une belle-mère. Seule, Clotilde protège et aime la petite Marthe, qui lui rend une affection passionnée.

Or, ces dames ont depuis peu, pour voisin de campagne, le beau Max, marquis de Simiers. Max a fait, comme il le dit, de l'amour sa carrière. C'est moins un viveur qu'un amoureux perpétuel, et du genre sentimental, convaincu, « emballé ». Il est de ceux qui se mettent encore à genoux pour faire une déclaration. Il ne se décidera jamais à dire à une femme, comme font, paraît-il, les jeunes gens d'aujourd'hui : « C'est égal, comtesse, j'ai un fameux béguin pour vous. » Hélas! le pauvre garçon est arrivé à l'âge où les hommes qui n'ont vécu que pour les femmes, commencent à avoir des inquiétudes. Mille indices douloureux l'avertissent qu'il est temps de faire retraite. Ses amis lui disent « qu'il n'est pas changé, qu'il se maintient, qu'il ne paraît pas son âge ». C'est horrible! Maintenant, quand il fait une déclaration à une femme, elle ne prend plus ses grands airs, mais lui dit en souriant : « Allons, soyez sage, monsieur de Simiers, et restons bons amis. » Un jour, deux petites femmes, parlant de lui, ont déclaré qu'il devenait « vieux jeu ». Et c'est pourquoi Max, très affecté, s'est retiré à la campagne.

Là, il a rencontré Clotilde, il l'a vue souvent, il s'est plu dans sa compagnie. Et Clotilde est devenue presque gaie... Et Mme de Moisand a trouvé que Max et Clotilde « avaient des allures », et, dans son effarement, a consulté son curé. L'abbé Constantin, toujours malin, a répondu que le meilleur moyen d'écarter le danger, c'était de marier Max à la Souris. Mais ce n'est pas très facile. Clotilde elle-même a beau pousser Max à ce mariage, le brillant quadragénaire affecte de traiter Marthe comme une petite fille. Décidément, il aime Clotilde, et Clotilde l'aime aussi : cela se devine au ton dont elle repousse la déclaration attendrie et voilée qu'il lui adresse.

Sur quoi, une dépêche de son notaire appelle Clotilde à Paris. Et voilà le premier acte.

Clotilde a eu bien tort de s'en aller. Quand les Woïskas sont absentes, les Souris dansent.

Max continue à taquiner Marthe, assez méchamment, pour rien, pour le plaisir de voir ses mines éplorées ou furieuses. Une fois, il lui offre une poupée. L'enfant la laisse tomber. « Vous n'en voulez pas, petite Souris? — Monsieur, répond l'enfant, je m'appelle Marthe de Moisand. » Et elle sort pour cacher ses larmes. « Tiens! elle a bien dit ça. » Et, quand il la retrouve, il l'appelle emphatiquement « Mademoiselle Marthe de Moisand ». La petite éclate en sanglots. Surpris, et, peu à peu, sérieusement ému, il s'approche, lui demande pardon, la console, l'interroge. Et la petite sèche ses larmes, et répond, et se confesse. Elle dit la mort de sa mère, son enfance abandonnée, et comme elle souffre d'être traitée par sa belle-mère en Cendrillon, et comme elle avait peur de Max, et comme elle est contente de savoir qu'il ne la déteste pas... « Mais, songe Max, elle est délicieuse, cette enfant. Où avais-je mes yeux? » Un album égaré par la fillette, et où le portrait de Max se trouve crayonné à toutes les pages, lui apprend qu'il est aimé, et depuis longtemps. Et il en est ravi; et, quand Marthe revient, les confidences recommencent, plus intimes et plus attendries; il l'appelle « ma chère Marthe », il lui prend les mains. Et, comme la pauvre Clotilde, revenue de son voyage, apparaît subitement à la porte du salon : « Chut! » fait la Souris; et les deux nouveaux amis, l'homme mûr et l'ingénue, se séparent et s'esquivent comme s'ils étaient en faute...

Troisième acte. Max, avec une atroce et bien naturelle cruauté, avoue tout à Clotilde. Il parle à la pauvre femme de la cour qu'il lui a faite comme d'une erreur sans importance. « D'ailleurs vous ne m'aimiez pas, je le voyais bien. — Oui, mon ami. » Max déborde de joie : « Oui, cette enfant m'aime, est-ce singulier? Oh! je sais bien que ce mariage serait une sottise, une folie. Je ne veux écouter en tout ceci que la raison, la saine raison. Oui, mon ami. Si vous le voulez, je parlerai à Marthe. — C'est cela; mais doucement... Il ne faut pas lui faire de la peine... Dites-lui que j'en ai le cœur déchiré... Et ne lui dites pas que je suis trop vieux, n'est-ce pas? C'est inutile. — Oui, mon ami. »

Je suis incapable d'analyser proprement les deux scènes suivantes : c'est trop difficile, et elles sont trop belles. Je ne puis que les indiquer. Clotilde confesse Marthe tout du long, et, quand elle s'est convaincue de la profondeur de cet amour d'enfant : « Eh bien! épouse-le! » dit-elle. Mais elle souffre tant que Marthe s'en aperçoit. Et Marthe, lui passant ses bras au cou : « Non! je sens qu'au fond ce mariage te déplaît : je ne veux plus. Je souffrirai un peu au commencement, mais personne ne s'en doutera, je te jure! » Et alors Clotilde, ayant définitivement accompli le sacrifice dans son cœur : « Si! épouse-le! Mais embrasse-moi bien, chère enfant! Embrasse-moi bien! »

Et l'ingénue accepte le sacrifice, et fait semblant de ne pas le comprendre.

Mais voici Max : il s'est décidé à parler lui-même à Marthe. « Non, mon enfant, ce serait fou, ce serait coupable. Il n'y faut pas songer... — Ah! vous ne m'aimez pas! » dit Marthe. Et Max essaye de lui opposer les conseils de la raison, « de la saine raison ». « Ah! reprend Marthe, vous ne m'aimez pas! » Et Max recommence, il s'embrouille, il mêle à ses sages discours des effusions de joie et des hymnes d'amour... Tant qu'enfin il tombe aux genoux de Marthe en lui criant : « Ah! ma foi tant pis! je t'adore. »

Alors seulement Clotilde annonce que son mari est mort, et qu'elle est libre: « Et tu n'as pas encore pris le deuil? » lui dit sa mère. « Je vais le prendre », répond-elle.

— Et Mme Hermine de Sagancey? Et Mlle Pepa Raimbaud? — Tiens! j'avais oublié. Ces deux personnes occupent pourtant la moitié de la pièce. Qu'y font-elles donc? Laissez-moi rassembler mes souvenirs. Voici : Hermine et Pepa tombent chez Mme de Moisand au commencement du premier acte. Hermine est une femme séparée; toujours malade, dit-elle, toujours languissante, « absurdement femme, l'éternelle blessée de Michelet... qui vit de chloral et de morphine jusqu'à ce qu'elle en meure ». Elle représente le « précieux » d'aujourd'hui. Pepa, vingt-six ans, non mariée (car je n'ose dire ni jeune fille ni vieille fille), Pepa, fille d'artiste, Espagnole par sa mère et Batignollaise par son père, représente le « débraillé » contemporain. Toutes deux sont de fieffées coquettes ; et, quand Mᵐᵉ de Moisand leur confie les inquiétudes que lui inspirent Max et Clotilde : « Attendez, disent-elles, nous allons vous en débarrasser, de votre beau Max » ; et elles se mettent à lui faire une cour enragée, — Hermine sournoisement, Pepa avec une provocante audace (ou, pour mieux dire, avec tant d'effronterie, que l'honnête femme qui se découvre en elle tout à la fin nous étonne un peu). Et les scènes symétriques se succèdent avec une régularité un peu cruelle, encore que, prises en elles-mêmes, elles soient presque toutes charmantes.

Voilà la pièce. Elle est fine, elle est gaie, elle est brillante, et elle est touchante, humaine et vraie.

Je n'y vois, comme vous l'avez pu deviner déjà, qu'une chose à reprendre : l'intrusion continuelle d'Hermine et de Pepa. A cause de cela la pièce, surtout dans sa première partie, m'a laissé une impression, non pas de longueur, mais de lenteur (malgré la vivacité du dialogue), non pas de vide, mais de plénitude imparfaite, et non pas d'artifice, mais d'habileté un peu étalée. L'œuvre a, çà et là, quelque chose d'adroitement distendu, d'agréablement « soufflé ». Les trois actes qui la composent sont de dimension considérable ; et cependant, à y regarder de près, la matière n'en est pas beaucoup plus drue que celle du petit acte de l'*Étincelle*.

Que dis-je ? C'est précisément la donnée de l'*Étin-*

celle, avec un dénouement retourné. Ici, ce n'est plus Toinon, ce n'est plus la fillette de dix-sept ans, c'est la veuve de trente ans qui se sacrifie. Mais enfin, c'est bien, comme l'*Étincelle*, un petit drame à trois personnages. Vous pouvez supprimer la bonne Mme de Moisand; vous pouvez supprimer Hermine et Pepa; et le drame restera intact; même il vaudra mieux, à mon avis, étant plus resserré et d'un intérêt plus continu et plus pressant. Les rôles de Pepa et d'Hermine ne tiennent à l'action que par un lien des plus fragiles. Leur conduite n'influe en rien sur celle de Marthe ni de Clotilde. Pourquoi donc M. Pailleron a-t-il introduit dans sa comédie ces personnages aimables et superflus?

Je n'y vois qu'une raison : l'indulgence, la complaisance excessive de l'auteur pour l'homme qui a passé la quarantaine. Il ne lui suffit pas que son beau Max soit aimé d'une veuve exquise et d'une couventine en bouton : il faut qu'il soit adoré de quatre femmes à la fois. La pièce pourrait être intitulée : la *Souris* ou le *Triomphe d'Arnolphe* (car Arnolphe, faites-y attention, n'a que quarante-cinq ans). Peut-être aussi M. Pailleron a-t-il pensé que ce serait un spectacle agréable aux yeux et doucement chatouilleux pour les sens que toutes ces robes autour d'une seule jaquette, toutes ces bouches roses autour d'une seule moustache, toutes ces poules subtiles ou tendres autour de ce glorieux coq. Sa *Souris* n'est pas, sans doute, une « pièce à femmes », mais c'est, du moins, une comédie de femmes. Cela lui a paru piquant et joli. Et certes il ne s'est pas trompé s'il n'a voulu que surprendre et charmer nos regards. Mais on peut se demander si l'œuvre a gagné autant qu'elle a perdu à cette intempérante multiplication des minois féminins.

J'ai peur que non. Mme Hermine de Sagancey et Mlle Pepa Raimbaud sont de fort séduisantes personnes. Mais on peut trouver que Hermine, la prude et la précieuse d'autrefois, la « femme brisée » d'aujourd'hui, est, au fond, une bien vieille connaissance; on peut se demander, en revanche, d'où sort Pepa; car ce n'est pas seulement une « fille d'artiste », à la parole libre et à l'esprit rapin : elle est franchement canaille et se conduit comme une simple ribaude : joignez à cela que la façon directe et simplifiée dont Hermine et Pepa font le siège de Max, le contraste et le parallélisme trop prévu des scènes où elles poussent leur pointe, contribuent à faire de ces deux coquines, symétriquement opposées, des figures un peu conventionnelles, et rappellent un peu trop, au milieu d'une comédie moderne, ce qu'il y a de plus artificiel dans l'ancienne comédie classique.

Le froufrou provocateur de ces poupées autour du beau Max a un autre inconvénient : il le rend forcément un peu ridicule, et m'indispose malgré moi, presque à mon insu, contre cet homme trop aimé. Je fais sur moi un retour pénible, et bien humain. Je sens mon néant devant ce victorieux. En voilà un qui a de la chance! Mais qu'est-ce qu'il a donc de si extraordinaire pour être aimé comme cela de toutes les femmes? Et, malgré moi, je crois lui voir des airs avantageux d'homme à bonnes fortunes, un contentement de soi, qu'il n'a peut-être pas. Or, cet effet inattendu va certainement contre l'intention de l'auteur. Il ne fallait pas que Max fît songer un seul instant à Célimare. M. Pailleron nous dira que, sans l'amour de Pepa et d'Hermine, Max n'oserait pas croire à celui de Marthe, que ce garçon a besoin d'être rassuré sur son mérite. Hélas! je crois qu'il le serait assez sans cela...

J'ai fini mes chicanes. Enlevez Pepa et Hermine, et la pièce sera excellente. Et tout notre cœur pourra être avec Max. Nous tous qui ne sommes plus des adolescents, nous connaissons ou nous connaîtrons l'angoisse de sentir qu'on a peut-être passé l'âge d'être aimé, sans avoir passé celui d'aimer; et nous savons bien que, si, à ce moment-là, nous rencontrions sur notre chemin l'amour d'une jeune fille, nous en serions caressés délicieusement et n'aurions sans doute pas le courage d'éviter une sottise. Et, comme Max, nous nous dirions : « Est-ce une sottise, après tout? » Les sentiments contraires dont cet homme d'expérience est agité, sa surprise, son ravissement, sa griserie si mal combattue par les ressouvenirs de sa science de la vie, sa folie lucide (mais dont la lucidité va décroissant), son égoïsme si impitoyable et si innocent (« Bonne Clotilde! », soupire-t-il quand Marthe lui dit que la comtesse a fait son éloge); enfin, ce qui reste encore de conscience dans son entraînement, jusqu'à ce que l'ivresse d'aimer, d'être aimé, emporte ses derniers scrupules et ses suprêmes prudences, tout cela a été exprimé par M. Pailleron avec une finesse, une souplesse, une précision et, vers la fin, avec une émotion si puissante que nous ne songions plus à discuter, car Max, c'était nous-mêmes.

Et comment ne ferait-il point ce qu'il fait? Elle est si jolie, si modeste et si tendre, cette Souris! Les scènes où Max la taquine et où elle croit le détester, celle où elle a cet adorable mouvement de révolte et de dignité enfantine, celle où elle se confesse à lui, celle où il l'appelle pour la première fois « ma chère Marthe »... quoi de plus vrai dans l'exquis! Et comme elle a raison, la petite Marthe, d'aimer un homme de quarante ans! On sait que notre siècle a beaucoup reculé, pour les deux sexes, l'âge où il est permis d'aimer et d'être aimé. Mais au reste, quarante ans, n'est-ce pas l'âge où l'homme aime le mieux, avec le plus de profondeur, d'indulgence et de science, — et n'est-ce pas l'âge où il mérite le mieux l'amour, puisque c'est celui du complet épanouissement de ses facultés, — une seule exceptée ; mais celle-là, si elle commence à décroître, elle n'est pas encore atrophiée, vertudieu ! Je vous renvoie à M. Henry Fouquier qui a souvent développé ces idées-là par la plume hardie et souple de Colombine.

Que Max et Marthe ne craignent donc point de

s'adorer! Marthe, qui a dix-sept ans, s'en donne dix-huit au premier acte, dix-neuf au second, vingt au dernier; et, par un mouvement inverse, Max, qui en a quarante, ne s'en croit plus que trente-trois au dénouement. Ils ne mentent point... Et, une fois la toile tombée, ils auront le même âge, puisqu'ils s'aiment.

Mais si tu étais capable d'un mauvais sentiment, tu pourrais te réjouir, pauvre Clotilde, dont le sacrifice muet, si douloureux, nous tire des larmes de pitié : car ces vingt ans qu'ils suppriment, sois tranquille...! ces vingt ans se retrouveront un jour entre eux deux... Et, ce jour-là, tu seras vengée, — trop vengée!

C'est là le charme amer de ce dénouement de la *Souris*. Il fait songer, et fort tristement. D'abord, il est beaucoup plus vrai que celui de l'*Étincelle;* les petites filles amoureuses ne se sacrifient guère; et, d'autre part, quand un homme a une sottise à faire, généralement, il la fait. Car, j'avais beau dire tout à l'heure, c'est bien une sottise que ce mariage. Attendez seulement dix années. Je consens que Max aime encore sa petite femme, quoi qu'à vrai dire le passé de ce beau gars qui n'a vécu que pour aimer, c'est-à-dire pour aimer le plus de femmes possible, me rassure peu sur son avenir. Mais si ce n'est pas elle qui souffre par lui, ce sera lui qui souffrira par elle, n'en doutez point... Au dernier acte de la *Souris*, Max, à genoux devant Marthe, s'abandonne ingénument (et comme il a raison !) aux divines bêtises de l'amour : « Marthe, dis-moi que tu m'aimes. » Et elle le lui dit. « Répète-le. » Et elle le répète. Et j'entrevois un jour où Marthe dira à Max : « Dis-moi que tu m'aimes. » Et il le dira peut-être, en prenant son temps. Et Marthe ajoutera : « Répète-le. » Mais Max ne pourra pas le répéter ; et ce sera bien fait ! — Car, quoi qu'en dise l'indulgente Colombine, il y a, dans l'amour d'un homme de quarante ans passés pour une fille de seize ans (et que dirons-nous de l'inverse ?) un je ne sais quoi qui viole une loi de la nature et qui offense une pudeur. Il me semble qu'un quadragénaire (surtout si c'est un homme à bonnes fortunes) ne peut aimer une couventine sans qu'il se mêle à son amour une secrète paternité de sentiments, qui le rend équivoque et déplaisant à concevoir, ni sans qu'il se mêle à son désir des curiosités honteuses, des insistances de l'imagination sur ce que la verdeur du fruit attendu lui peut ménager de surprises, bref, des pensées et des espoirs par où l' « objet » aimé se trouve comme souillé d'avance. Et c'est pourquoi la nature, imprudemment défiée, prend ordinairement sa revanche contre ces oaristys sacrilèges. Et la nouvelle pièce de M. Pailleron me semble par là (sans compter ses autres mérites) d'une espèce tout à fait rare, car elle finit par un dénouement aussi heureux que possible, auquel on prévoit une suite affreuse. L'optimisme en laisse un arrière-goût amer comme chicotin. C'est donc un optimisme fort distingué.

LUDOVIC HALÉVY

Gymnase : *L'Abbé Constantin,* comédie en trois actes, tirée du roman de M. Ludovic Halévy, par MM. Hector Crémieux et Pierre Decourcelles.

7 novembre 1887.

Le Gymnase vient de nous donner l'*Abbé Constantin*. La pièce est aussi charmante que le roman. Elle a été fort applaudie. Je prévois qu'un nombre considérable de nos contemporains voudront l'entendre et y viendront admirer, comme dans un miroir, la bonté de leur propre cœur.

MM. Hector Crémieux et Pierre Decourcelles ont eu l'habileté (et ce n'était pas facile, croyez-le bien) de ne laisser perdre aucun des détails attendrissants ou gracieux du récit de M. Ludovic Halévy. L'artilleur en chapeau de paille, l'invasion des deux jolies Américaines, le couvert mis par Suzie et Bettina, le dîner au presbytère, l'Angélus du soir, le sommeil du bon curé, la romance anglaise que chantent les deux sœurs pour le réveiller, les petits sabots de miss Bettina, son escapade sous la pluie pour aller voir passer, à cinq heures du matin, le régiment du bel officier, le son de la trompette qui s'éloigne, la rentrée de Bettina sous le parapluie retourné, l'orgue installé en cachette pour la fête du bon curé..., rien ne manque à cette comédie idyllique. Le premier acte et le troisième ne sont qu'un arrangement extrêmement adroit du roman (qui est, comme vous savez, presque tout en dialogues). Pour le deuxième acte, MM. Crémieux et Decourcelles ont été obligés d'inventer un peu. Ils l'ont fait avec beaucoup de bonheur, en développant une légère indication de M. Halévy. Ici Paul de Lavardens, poussé par sa mère, fait sa cour à Bettina, se croit agréé, et annonce son mariage à son ami Jean, en accompagnant la nouvelle (car il est gris) de propos légers et même de considérations cyniques. Jean s'indigne. Paul se fâche; il va jusqu'à insinuer que Jean, sans en avoir l'air, louche vers les millions de Bettina et que son parrain, le curé, n'est qu'un vieux malin... Jean lui dit : « Tu es un lâche! » Paul lève la main... Une rencontre est décidée. L'abbé l'apprend, s'écrie : « Mon doux Jésus! » et ajoute, ou peu s'en faut : « Va te battre! » Bettina survient, trouve l'abbé en prière, lui arrache ce qu'il sait, s'aperçoit à sa propre angoisse qu'elle aime l'artilleur... (Tout cela, pendant une fête donnée aux paysans par les nouvelles châtelaines, avec danses champêtres et feu d'artifice.) Et c'est alors que Bettina prend ses petits sabots... Bien entendu, le duel a tourné on ne peut mieux : Paul a été désarmé trois fois, et Jean lui a tendu la main. Le reste, comme dans le roman.

Ç'a été un grand succès d'édification, — d'édification amusante. D'acte en acte, on se sentait devenir meilleur. C'est d'un catholicisme tout à fait attrayant, et qui amènera des conversions. Il serait bon qu'il y eût dès maintenant au Gymnase un curé de service, qui recevrait pendant les entr'actes la confession des âmes touchées de la grâce. On parle aussi d'organiser des représentations pour les élèves des séminaires. Les membres du clergé de Paris ne payeront que demi-place, et l'on distribuera dans les églises des billets pour les matinées du dimanche, — des billets de ferveur, me disait mon voisin. Beau triomphe pour la religion, et bien consolant!

Oui, c'est une chose délicieuse que cet *Abbé Constantin*. Et si vous vous donnez des airs de trouver cela fade, je vous avertis que vous vous trompez. Faites-y attention, cette berquinade a, dans sa douceur apparente, quelque chose d'effréné, de délirant, de fou. L'excès de l'optimisme y atteint au lyrisme. On est chatouillé, on pâme, on suffoque de plaisir. Mon Dieu! que les hommes sont donc vertueux! Mon Dieu! que l'humanité est donc exquise! Mon Dieu! que la destinée est donc juste! Mon Dieu! avec quelle infaillible sûreté et avec quelle fantastique surabondance la vertu est donc récompensée ici-bas! Ah! qu'il fait bon dans cette bergerie! Et quelle vision flatteuse que cette idylle du bon artilleur, de la bonne Américaine et du bon curé!

Et, notez bien ce point, c'est une idylle opulente. Les arbres que le zéphyr balance sur les amoureux ont pour feuilles des billets de banque, et les moutons qu'ils gardent ensemble, ce sont les moutons de *Candide*, les moutons d'or du pays d'Eldorado. Dieu enrichit ses élus. Il assure des revenus énormes aux cœurs purs. Ce joli conte de M. Halévy, si sobre, si simple, écrit en petites phrases si courtes, si limpides et si directes, une double hyperbole le gonfle et le hausse jusqu'à la poésie : l'hyperbole de la vertu et l'hyperbole de la richesse. Une Trinité y rayonne : la Religion, l'Amour et l'Argent. On y voit réalisé le rêve le plus naturel et le plus sincère de l'humanité, le rêve d'Israël si vous voulez (mais, sur ce point, toute l'humanité est Israël), un idéal qui, tout en étant celui de beaucoup de bonnes âmes, est aussi, n'en doutez point, celui de Jean Hiroux ou de Pranzini : le désintéressement solidement renté, la vertu millionnaire. C'est vraiment un beau songe. Vous adoriez avec détachement le Dieu qui est Esprit ; vous tendiez vers le sanctuaire des mains pures... et pan! c'est le veau d'or que vous tenez! Et vous acceptez le cadeau, par soumission à la volonté divine. Peut-il être aventure plus aimable? Ah! la ravissante histoire! et si simple! mais qu'il fallait trouver pourtant : ce saint homme de curé de campagne décrochant pour son filleul, à force d'innocence, les vingt millions d'une Américaine!... Quelle plus persuasive exhortation à la pratique du devoir? Je viens de le relire, cet *Abbé Constantin*. C'est une merveille : jamais on n'a joint, je pense, un romanesque plus hardi, et, si je puis dire, plus éhonté, à plus de modestie et d'atticisme dans la forme. Il y a, dans ce composé, quelque chose d'inattendu et de paradoxal qui m'enchante.

Il faut se laisser prendre à ce charme. Il ne faut point chicaner sur son plaisir comme je l'ai entendu faire.

« Artilleur, tu m'agaces, murmurait mon voisin (déjà cité), en interpellant M. Marais. Car, au fond, tu n'es qu'un farceur. Tu connais Mlle Bettina depuis un quart d'heure; tu sais seulement qu'elle a vingt millions de dot... et tout à coup, à propos de rien, tu lui fais des phrases sur ton père, le vieux médecin de campagne, tué pendant la guerre, sur ses vertus, sa charité, son héroïsme ; et tu mets des larmes dans ta voix, et tu parles de patrie, de devoir, de revanche. As-tu fini de sucrer ton couplet, espèce de ténor?... Plus tard, tu dis que tu ne t'es pas aperçu tout de suite que tu aimais la jeune Canadienne, que cela t'est venu sans y songer. Allons donc!... Puis, tu jures de ne jamais l'épouser. Mais je suis bien tranquille; nous sommes au théâtre, et, au théâtre, toutes les fois qu'un jeune homme vertueux jure de ne pas épouser une femme parce qu'elle est trop riche... il l'épouse au dénouement : cela est sans exception. Épouse-la donc! Je n'y vois pas de mal ; je trouve même cela très bien. Mais ne nous dis pas que ses millions te sont indifférents et que tu l'aurais aimée aussi vite et aussi fort sans eux! J'allais dire que cela n'est pas vrai; mais, pour mettre tout au mieux, je dis que *tu n'en sais rien*... Et puis, va-t'en! tu ne m'intéresses plus. Tu es trop beau, tu es trop pâle, et tu as trop de chance. Je n'aime la vertu que malheureuse, moi. Il ne faut pas que la vertu réussisse; car, si elle réussit, à quoi la reconnaîtra-t-on? Ce que j'exprime là, c'est la pure doctrine des stoïciens. Veux-tu que je te dise? J'ai même douté de la vertu de ton parrain à cause de sa veine. Il t'appelle « son fils ». J'ai pensé : — « Tiens ! il l'a eu sans doute de « Pauline. Espérons qu'il va le reconnaître au dernier « acte. » Puis je me suis aperçu que c'était une appellation métaphorique et je l'ai regretté. »

D'autre part, j'ai raconté la pièce à un saint prêtre, qui m'a répondu :

« Cette comédie est évidemment pleine de bonnes intentions. Certes, les hommes éminents qui l'ont écrite n'avaient pas dessein de rabaisser la dignité du caractère sacerdotal ; ils prétendaient bien plutôt la relever. Oserai-je dire qu'ils n'y ont pas partout réussi? Leur ouvrage trahit, en outre, certaines ignorances qui ne sont que trop fréquentes, hélas ! chez les enfants du siècle. L'esprit de MM. Halévy, Crémieux et Decourcelles n'est pas toujours celui de l'Église, ni même des fidèles pieux. Je ne parle pas de l'indécence et de l'impiété qu'il y a à exhiber sur les planches, dans un but d'amusement profane et peut-être sous les yeux de personnes de mauvaise vie, la figure d'un ministre des autels. Mais on nous donne les deux dames américaines pour de bonnes catholiques et qui devraient avoir, par conséquent, le respect du prêtre. Or, nous les voyons, dès le commencement, envahir sans sa permission la cuisine de M. l'abbé Constantin, se comporter chez lui avec la liberté dont on use chez les inférieurs, et le considérer avec une curiosité dont elles ne sentent pas l'impertinence. Qu'elles soient étourdies et excentriques, j'y consens ; mais leur excentricité ne devait, dans aucun cas, se manifester de cette façon. Elles examinent le vieux prêtre d'un air de supériorité étrangement déplacé. Mlle Percival s'oublie jusqu'à dire : — « Vous êtes, monsieur le curé, « absolument selon les souhaits de ma sœur. Elle me « disait que ce qu'elle désirait par-dessus tout, c'était « un curé pas trop jeune, pas triste, pas sévère, un « curé avec de beaux cheveux blancs, et avec un air « aimable, souriant et doux. Et vous êtes tout à fait « ainsi, monsieur le curé... » Les deux dames détaillent le vénérable ecclésiastique comme une pouliche, et elles s'invitent à dîner chez lui, comme ferait un roi chez un paysan. Cela est d'une souveraine indélicatesse, et je m'étonne que M. l'abbé Constantin ne relève pas de si fortes inconvenances. Jamais, chez le plus humble desservant, une châtelaine pieuse ne s'est comportée ainsi. Je vous signalerai, au second acte, une erreur plus affligeante encore. M. Jean Reynaud avoue à son parrain qu'il va se battre en duel : M. l'abbé Constantin se désole, mais ne le lui interdit point. Le duel est pourtant, comme vous savez, un péché mortel. M. l'abbé Constantin manque ici gravement à son devoir. Quels que soient les restes d'orgueil humain et d'honneur profane qui peuvent encore remuer en lui, il *doit* s'opposer à ce duel de toutes ses forces. Jamais, dans une circonstance pareille, un bon prêtre n'hésitera. Toute la scène est d'une fausseté radicale. J'ai peur que MM. Halévy, Crémieux et Decourcelles n'aient un peu oublié les enseignements du catéchisme romain. Ou peut-être ont-ils eu le malheur de ne point recevoir ces enseignements... »

Conclusion : Ce qu'on vous montre est-il aimable? — Oui. — Essaye-t-on de vous faire croire que c'est arrivé, ou que les choses se passent généralement comme cela? — Non. — Eh bien! alors, à qui en avez-vous? La pièce a-t-elle été faite pour les pessimistes, les stoïciens, ou les catholiques? Point : elle n'a été faite que pour tout le monde. Et tout le monde y viendra.

JEAN RICHEPIN

I

Comédie-Française : *Monsieur Scapin*, comédie en trois actes, en vers, de M. Jean Richepin.

1er novembre 1886.

Quand j'étais régent de rhétorique (ah ! le bon temps que celui où j'exerçais cette profession surannée !), une de mes principales préoccupations était de trouver, pour mes élèves, des « matières » intéressantes de composition française. Or, j'avais découvert — non pas le premier, j'imagine — un filon à peu près inépuisable. J'inventais des « suites » à tous les chefs-d'œuvre du théâtre classique. Par exemple, je dictais à mes doux collégiens les lignes suivantes : « Vous supposerez que, après la dernière scène des *Précieuses ridicules*, Cathos et Madelon, restées seules, tout abîmées de confusion, reconnaissent leur sottise et jurent de se corriger ; et que, M. Gorgibus rentrant en cet instant, elles lui font part de leurs bonnes résolutions et le supplient d'aller trouver La Grange et La Thorillière et de raccommoder les choses. Vous imiterez, autant qu'il vous sera possible, la langue de Molière et le tour de son dialogue. » Et je tâchais d'exciter sur ce dénouement optimiste et moral les huit bancs somnolents (il y en avait huit) où s'alignaient les boules rases ou chevelues, les tuniques fatiguées des internes, les vestons et les cravates à pois des externes riches, les tailles dégingandées, les mains rouges, et les bonnes têtes pas jolies, aux traits ébauchés et comme transitoires, des adolescents en plein âge ingrat. Ou bien je leur dictais cette « matière » plus intéressante encore (et l'un d'eux répétait le dernier mot de chaque bout de phrase dicté... l'un d'eux, c'est-à-dire le bon garçon raisonnable, obligeant, pénétré en venant au monde du respect de l'autorité, qui, dans chaque classe, ramasse les copies et est chargé de tenir le « cahier de textes », et, qui, plus tard, sera sûrement bon père de famille, officier ministériel ou fonctionnaire)... Donc, je dictais aux huit bancs : « Lettre de Philinte à Alceste, dix ans après le dénouement du *Misanthrope*. Alceste vit tout seul, comme il l'a annoncé, à la campagne, dans une retraite profonde. Philinte lui écrit pour lui donner des nouvelles de tous les personnages de la comédie à laquelle ils ont été mêlés. Il a épousé, lui Philinte, la bonne et sincère Eliante. Ils sont heureux ; ils continuent de pratiquer leur douce philosophie ; ils voient souvent Mme de La Fayette et Mme de Sévigné, etc. Célimène, à mesure que l'âge est venu, a vu s'éloigner d'elle tous ses adorateurs et, de dépit, s'est faite prude, tout comme Arsinoé. Cela était inévitable. Arsinoé s'est fait épouser par Oronte en louant ses petits vers. Elle est horriblement jalouse de son mari. Pour Acaste et Clitandre..., cherchez ce qu'ils ont pu devenir. » C'est ainsi que je faisais, comme Fabre d'Eglantine, mais dans un esprit moins paradoxal, ma *Suite du Misanthrope*. C'était un exercice innocent et agréable.

Monsieur Scapin ou la *Suite des Fourberies de Scapin* est un exercice scolaire du même-genre, mais un merveilleux exercice et qui vaut une œuvre de maître. La langue est excellente, le vers est dru, sonore, robuste. C'est du Regnard plus coloré, — ou, si vous préférez, du Banville moins fou, moins fleuri, moins voltigeant, — plus direct et plus précis. Les deux premiers actes sont charmants, malgré quelques longueurs. Mais le troisième acte vient tout gâter. Quel dommage ! Et comment l'expliquer, ce troisième acte, où l'idée initiale de ce délicieux pastiche dévie si étrangement, et qui n'est plus une *suite*, mais proprement une queue?

Je crois avoir trouvé. C'est qu'il y a deux hommes en M. Richepin. Peut-être ces deux hommes n'en font-ils qu'un au fond, mais je n'ai pas le loisir de le chercher aujourd'hui et je m'en tiens aux superficies. M. Richepin est d'abord un très grand rhétoricien, un surprenant écrivain en vers, tout nourri de la moelle des classiques, qui sait suivre et développer une idée, et qui sait écrire, quand il le veut, dans la langue de Villon, de Regnier et de Regnard, et dans d'autres langues encore. Mais, en même temps, M. Richepin est un révolté, un insurgé, un contempteur des bourgeois et même des Aryas en général, un homme qui a « les os fins, un torse d'écuyer et le mépris des lois », bref, un Touranien. Or, il me semble, sauf erreur, que c'est l'habile rhétoricien, d'une netteté d'esprit toute aryenne, qui a écrit presque entièrement les deux premiers actes, et que le Touranien a mis la main au dernier plus qu'il n'aurait fallu. Cela explique tout. Jugez plutôt.

Scapin a vieilli; il est riche, il est marié, il est considéré. Il est « Monsieur Scapin »; et quand Dorine, sa femme, l'appelle Scapin tout court, il se fâche. En un mot, Scapin est devenu Géronte. Comme Géronte, il a une fille, Suzette, laquelle aime un joli garçon, musicien de son état, Florisel. Et, comme Géronte, Monsieur Scapin ne veut point que sa fille épouse son amoureux. Il a décidé de la marier à Antoine Barnabé, fils de maître Barnabé, un des notaires les plus cossus de Bologne. Suzette résiste; mais Scapin entend être obéi et, toujours comme Géronte autrefois, il invoque à son tour « les droits sacrés d'un père ».

Mais justement Florisel a pour valet un garçon des plus futés, Tristan, comme qui dirait Scapin jeune, le Scapin de jadis. Tristan n'a qu'une ambition : c'est de marcher sur les traces du grand Scapin. Respectueusement, il lui déclare la guerre :

> ... Je sais, Monsieur, quel homme surhumain
> J'ai l'honneur d'attaquer, et pour cette bataille
> Je tâche à me hausser jusques à votre taille.

Oui, Monsieur, oui, je sais que vous êtes celui
Sur qui l'apothéose aux rayons d'or a lui,
Le maître incomparable, impérissable, immense
En qui la fourberie et finit et commence ;
Et je tremble en pensant que moi, vil galopin,
J'appelle sur le pré Scapin, le grand Scapin !

SCAPIN (se rengorgeant).

Quoi ! maraud...

TRISTAN.

        Songez donc ! Pour moi quelle épouvante
D'affronter en ce jour, face à face et vivante,
Cette figure auguste aux éclairs radieux,
Que nous imaginons déjà parmi les dieux !·
Oui, les dieux, car j'entrais ici comme en un temple,
Et demeure étonné, lorsque je vous contemple,
A vous trouver de chair et non pas de métal,
Moi qui vous vois en bronze et sur un piédestal.

SCAPIN (très orgueilleux).

Comment ! Tu connais donc !

et Tristan poursuit :

... Mais savez-vous que moi, pauvre avorton,
Je n'ai qu'une espérance, un rêve, dans ma vie :
C'est de vous imiter !... Oh ! de loin. Mon envie
Ne va point jusqu'à vous égaler, vous, non pas,
Mais baiser seulement la trace de vos pas,
Et de ce fulgurant éclat qui vous décore
Être un reflet, un clair de lune, moins encore !
Rappeler votre gloire, un peu, très peu, si peu !
Juste assez pour qu'un jour, quand Tristan sera feu,
On lui grave sur son monument funéraire
Qu'il vous ressemblait comme un frère... un petit frère.

SCAPIN.

Pour me chérir autant, tu ne le fais point voir.
Tu viens me déclarer la guerre !

TRISTAN.

        Et le devoir ?

La lutte s'engage donc entre le maître et le disciple.

Il va sans dire que c'est le disciple qui l'emportera. Mais comment ?

La première idée qui vous vient, n'est-ce pas? est celle-ci : Tristan dupera et réduira Scapin avec l'un de ses anciens tours, avec le plus connu et le plus suranné. Le vieux Scapin se méfiera d'abord un peu; mais son esprit s'est épaissi avec l'âge; quelque nouveau détail, un rien, ajouté aux fourberies consacrées, ou simplement l'assurance imperturbable de Tristan (secondé par Dorine) finira par lui en imposer ; et Scapin, mûr et embourgeoisé, jouera jusqu'au bout le rôle de Géronte ou de Cassandre. Mais cette idée est un peu trop simple. M. Richepin en a eu une autre, et des plus ingénieuses.

Tristan vient donner avis à Scapin que les deux Barnabé ne sont pas seulement des imbéciles, comme il sied à des bourgeois, mais qu'ils ont d'horribles vices secrets ; que le père passe ses nuits au tripot et le fils chez la courtisane Rafa, et que l'oncle de cette ribaude, le spadassin Esplandias, furieux de voir Antoine leur échapper, a déclaré qu'il viendrait casser les reins au père de Suzette. Toute cette histoire ressemble si bien à ses inventions d'autrefois, et notamment à celle du troisième acte des *Fourberies*, que Scapin n'en croit pas un mot. « Mais, c'est un de mes tours que tu me sers là! Vraiment, mon fils, tu manques un peu d'imaginative. Attends, je vais te donner une leçon. » Et, quand Esplandias paraît, Scapin, drapé dans la cape de Tristan, tient tête au matamore et répond à ses fanfaronnades par des propos d'une truculence encore plus magnifique. Or, — et c'est là l'idée qui m'a paru jolie — ce que Tristan a rapporté est la vérité toute pure. Et, en effet, l'attitude d'Esplandias est telle que Scapin lui-même commence à avoir des doutes. « Monsieur, un mot ! dit-il au spadassin. C'est Monsieur Scapin que vous demandez ? — Oui. — Le voici », dit Scapin en désignant Tristan ; et c'est le malheureux Tristan qui reçoit la rossée.

Pourquoi n'est-ce pas Scapin ? Sans doute à cause du noble rôle que M. Richepin lui réserve au troisième acte ; il veut épargner la honte des coups aux épaules d'un homme qui va se montrer si grand. Pourtant Scapin rossé serait ici bien plus logique et me ferait bien plus de plaisir.

Après quoi, l'auteur pourrait conclure en cinq minutes. Mais, par malheur, à partir du point où nous en sommes, l'action dévie très fâcheusement. Le vrai sujet de la pièce était la lutte de Scapin et de Tristan. De cette lutte, il n'est plus question. Nous sommes chez Rafa. La ribaude et son digne oncle, par le moyen d'un papier qu'ils détiennent et qui enverrait Barnabé droit aux galères, arrachent au vicieux tabellion la promesse de laisser son fils épouser Rafa et de leur abandonner toute sa fortune... Mais Scapin survient, déguisé en commissaire... Il démasque Esplandias et Rafa et les envoie se faire pendre ailleurs. Puis, rejetant sa robe et sa perruque, il se tourne vers Barnabé, l'immonde bourgeois, — et, farouche, tonitruant, sublime, il s'écrie :

> ..... Par la Pâque-Dieu ! C'est donc là ce qu'on nomme
> Vertu bourgeoise ! Et moi, vieux fou, pauvre bonhomme
> Qui parfois me jugeais, à voir ces révérends,
> N'être pas assez pur pour entrer dans leurs rangs !
> Moi qui me reprochais mes quelques peccadilles !
> Moi qui trouvais leurs fils trop huppés pour nos filles !
> Mais, faux honnêtes gens qui méprisez les gueux,
> Vous faites cent fois pis et vous valez moins qu'eux...
> Allons, redressons-nous, nous les mauvais garçons !..., etc.

Sentez-vous maintenant pourquoi l'auteur l'a écrit, ce troisième acte inutile et ennuyeux ? C'est uniquement pour cette tirade, ne vous y trompez pas, pour la glorification de Scapin et pour la confusion des bourgeois. Scapin c'est un irrégulier, un « gueux », un roi de Bohême, presque un Touranien : quelle joie de nous le montrer dénonçant les turpitudes des honnêtes gens et, pareil à un archange vengeur, foudroyant les notaires et les fils de notaires !

Mais voici le malheur, Scapin est délicieux comme fantoche. S'il se prend au sérieux, s'il s'indigne pour de bon, s'il fulmine et s'il flagelle, il me devient insupportable. Scapin justicier, Scapin Juvénal, Scapin très fier, très candide et très pur en face des bourgeois hypocrites, voleurs et libidineux... Non, non, laissez-moi tranquille ! On voit ici en plein ce qu'il y a d'un peu puéril parmi le beau génie naturel de M. Jean Richepin. Au reste, Scapin est lui-même si fort ému de sa propre grandeur morale qu'il ne songe plus à se défier de Tristan, lequel survient, également déguisé en commissaire, faire signer à tout le monde, sous prétexte de procès-verbal, le contrat de mariage de

Suzette et de Florisel ; ruse bien inutile, d'ailleurs, après ce qui vient de se passer.

C'est égal, un large coup de ciseau dans *Monsieur Scapin* et quelques raccords, nous aurions un joli pendant au *Beau Léandre* de Banville, ce chef-d'œuvre.

II

Comédie-Française : *Le Flibustier*, comédie en trois actes, en vers, de M. Jean Richepin.

22 mai 1888.

Et pourquoi M. Jean Richepin ne serait-il pas vertueux ? Pourquoi ne serait-il pas idyllique, honnête et doux ? Pourquoi refuserait-on à ce Touranien apaisé le droit de nous conter une berquinade touchante, cordiale et mélancolique ? Et, si cette berquinade est, par là-dessus, pittoresque et savoureuse, si elle est tout imprégnée de sel marin, toute pénétrée d'une odeur d'algues, toute traversée par les grands souffles salubres qui viennent du large, irons-nous chicaner sur notre plaisir ! Irons-nous dire : « Oui, les vers sont beaux ; oui, tout l'accessoire est d'excellente qualité ; mais qui donc eût attendu de l'auteur de la *Chanson des Gueux* un drame aussi innocent ? Cela me désoriente et me scandalise que le poète des *Blasphèmes* ait eu le front de nous montrer de si braves gens, des âmes si vraiment religieuses et si entièrement soumises à la loi du devoir. Ce poète nous a trompés. Il n'est plus révolté du tout; ses flibustiers sont des moutons. C'est nous qu'il flibuste, si j'ose m'exprimer ainsi. Horreur! il y a dans son drame des passages qui font songer à *Michel et Christine*, de M. Scribe, le moins touranien des hommes. Cela est-il supportable ? »

Pour moi, je l'avoue, je n'en suis pas allé chercher si long. J'ai pris la comédie de M. Jean Richepin pour ce qu'elle est, et j'en ai joui comme d'une jolie histoire sentimentale, vraie à demi, et merveilleusement encadrée... Et j'ai songé : « Admirons les effets de la grâce divine, ou simplement peut-être de cette douceur, de cet assagissement, de cette résignation, de cette sérénité qu'apporte l'expérience aux âmes bien nées! Juste au moment où Maurice Bouchor fait sa prière à tous les dieux, voilà que l'homme aux yeux d'or et à la peau cuivrée, qui a si savamment rugi les *Blasphèmes*, s'attendrit à son tour, et qu'il se penche avec respect sur de bonnes âmes, aryennes jusqu'à la plus scrupuleuse vertu... Je vais maintenant guetter le *Courrier français*. Un de ces jours nous aurons la joie de constater l'éveil du sentiment religieux chez Raoul Ponchon. »

Depuis quinze ans, dans sa vieille maison de Saint-Malo, d'où l'on voit la mer par toutes les fenêtres, le vieux François Legoëz attend son petit-fils Pierre. Voilà huit ans qu'on est sans nouvelle du gars; mais le vieux espère toujours. Et Janik, la cousine de Pierre, espère aussi. Il faut vous dire que nous sommes au dix-septième siècle, une époque dépourvue de bateaux à vapeur, de chemins de fer et de télégraphes; où il y avait plus d'aventure dans la vie des hommes; où ceux qui étaient séparés l'étaient mieux et plus complètement qu'aujourd'hui ; où, par suite, les retours fantastiques et les réapparations incroyables étaient moins rares; où les dénouements de comédies par l'arrivée subite d'un parent naufragé ou prisonnier des corsaires barbaresques n'étaient point de pure convention... Lorsque Pierre est parti, il avait onze ans, et Janik en avait quatre. C'est bien comme si elle ne l'avait jamais vu; mais elle l'aime, elle est sa fiancée, elle l'attend avec une confiance tranquille, elle est sûre qu'il reviendra. La mère de Janik, Marie-Anne, essaye vainement de dissiper les illusions de la jeune fille et du grand-père. Elle va, cette « terrienne », jusqu'à maudire la mer qui lui a pris son mari, qui a pris au vieux Legoëz ses quatre fils et à Janik son fiancé. Maître Legoëz s'indigne et lui impose silence :

Ne parlez jamais mal de Dieu ni de la mer.

C'est une brave femme que cette Marie-Anne; mais le vieux matelot et sa petite sont exquis : ils ont, avec la droiture et la simplicité du cœur, le don du rêve. Je trouve une vraie grandeur dans leur attente obstinée et calme, dans leur croyance à l'impossible Tout ce début du drame est comme tourné vers la mer qu'on voit au fond, vers la mer immense et mystérieuse où vivent ces deux âmes, et par où reviendra celui qu'elles appellent et qui doit revenir. Cela m'a semblé, à moi, d'une poésie profonde.

Or, tandis que Legoëz est allé avec Janik faire un tour sur le port, un inconnu entre dans la maison et se présente à Marie-Anne. C'est un matelot breton, un rude gars au visage hâlé, longs cheveux, larges braies. Est-ce Pierre? Non, c'est Jacquemin, l'ami de Pierre et son compagnon de flibuste. Il vient précisément chercher des nouvelles de Pierre, qu'il n'a pas revu depuis certain combat contre les Espagnols où le pauvre garçon a été fait prisonnier. Sans doute, les Espagnols l'auront pendu. Jacquemin rapporte le sac du mort, qui contient, avec quelques hardes, un chapelet, présent du grand-père...

Legoëz et Janik reviennent de leur promenade Marie-Anne fait cacher Jacquemin. Elle est naturellement, fort troublée. « Tu sais quelque chose? dit le grand-père — Peut-être. — Il est mort? — Je n'ai pas dit cela! — Alors... c'est que tu veux me ménager, pour ne pas me faire mourir de joie? » Et tout à coup, le vieux aperçoit le sac, les hardes, le chapelet : « Ah! Dieu puissant! mon petit-fils est revenu! » Au même moment, Jacquemin paraît : « C'est lui! mon Pierre! » Et il lui tend les bras. Jacquemin hésite, il va parler ; mais Marie-Anne lui fait un signe suppliant, et il se tait... C'est le premier acte.

« Mais la méprise du bonhomme n'est-elle pas trop

forte et peu croyable? » Je vous rapelle que Pierre est parti à onze ans, et qu'il y a quinze ans qu'on ne l'a revu. — « Mais n'y a-t-il pas quelque chose d'odieux dans la conduite de Jacquemin et dans son consentement à une pareille tromperie? » Eh! c'est ce que Jacquemin lui-même ne cesse de se dire, et il en est assez malheureux! Car ce flibustier, cet écumeur de mer, qui a dû vivre en fort mauvaise compagnie, faire les plus brutales besognes et, entre deux pillages, traîner sa peau de forban dans tous les bouges de matelots (du moins, c'est ainsi que vous vous le figureriez, n'est-ce pas?) ce flibustier a les sentiments les plus délicats, les plus raffinés scrupules de conscience. Un vrai mathurin, s'il était honnête, détromperait le père Legoëz avec une rude franchise, ou, s'il n'était qu'un sacripant, entrerait dans la comédie avec l'espoir d'y trouver son profit. Mais ce Jacquemin souffre de son mensonge, et en même temps, il se croit obligé de le soutenir par pitié, pour ne pas briser le cœur d'un vieillard. Au reste, il doit reprendre la mer dans cinq ou six jours : il n'aura donc pas longtemps à mentir. Vous voyez bien que ce Jacquemin est une âme exquise, comme vous ou moi.

« Mais, reprenez-vous, s'il abuse le bonhomme par charité, il devrait du moins détromper Janik. Voler, sous un faux nom, la fiancée d'un absent, ou même d'un mort, c'est cela qui est odieux, et voilà pourtant ce que fait votre honnête homme de flibustier. » Eh bien! attendez un moment, et toutes vos délicatesses vont être satisfaites.

La petite Janik, qui aimait son fiancé sans l'avoir vu, continue à l'aimer lorsqu'elle croit l'avoir retrouvé. Elle y va de confiance, cette enfant, et même, elle met à l'aimer en chair et en os une certaine vivacité qu'elle n'avait pas quand ce cousin n'était qu'un souvenir, une idée, une chimère. Maintenant qu'elle le tient, elle est tout émue et frissonnante. Cela redouble l'embarras du bon flibustier. Dans une scène tout à fait gracieuse et fine, Janik lui reproche sa froideur et cherche à le dégeler un peu... Et Jacquemin, au supplice, sentant bien qu'à ce jeu il devient criminel, avoue à la jeune fille toute la vérité, et Janik fond en larmes. Là, êtes-vous contents?

Soudain, un autre homme apparaît. C'est le vrai Pierre, qui a pu se tirer des mains des Espagnols, qui est allé fouiller l'or au Mexique et qui, devenu riche, vient chercher les siens pour leur faire partager sa fortune. Car celui-là aussi est un brave garçon et un noble cœur. Mais vous jugez de l'effet que produit son arrivée... Au bout d'un instant il comprend que Jacquemin, son ami, son frère d'armes, lui a volé son nom, s'est substitué à lui; sans vouloir l'écouter, il l'accuse de traîtrise et le charge d'imprécations. Et le grand-père, indigné, met le pauvre Jacquemin à la porte.

Ne vous hâtez pas de le plaindre. La petite Janik, toute suffoquée d'angoisse et de peur, n'a pas dit grand'chose pendant tout cela. Mais elle a senti que ce qu'elle aimait chez Jacquemin, ce n'était pas le cousin qu'elle avait cru retrouver, mais Jacquemin lui-même, et que Pierre est revenu trop tard. Ce n'est pas la faute de Janik : elle était de bonne foi ! Mais c'est fini : elle ne reprendra pas son cœur après l'avoir donné, et voyant la douleur du bon Jacquemin et la façon si injuste et si cruelle dont on le traite, elle n'y peut tenir; et au moment où il franchit le seuil de la porte, elle lui dit tout bas : « Obéissez au grand-père. Mais c'est vous que j'aime ! » Ce mouvement n'est-il pas naturel et vrai? Toute cette fin d'acte m'a paru fort belle.

Je ne me rappelle pas bien l'ordre des scènes dans le dernier acte. Si celui que je donne ne vous paraît pas bon, dites-vous alors que celui de la pièce est meilleur. Le vieux Legoëz interroge son petit-fils. Ainsi, Pierre n'est plus matelot? Est-ce loin de la mer, ces propriétés qu'il a là-bas, au Mexique? — C'en est à vingt journées. — A ce compte-là le bonhomme aime mieux rester à Saint-Malo. C'est près de la mer qu'il veut mourir, et, devant ce petit-fils devenu « terrien », il ne peut s'empêcher de regretter l'autre, Jacquemin, le fin matelot. La scène est délicieuse, et elle a, en outre, ce mérite, de préparer avec beaucoup d'adresse le dénouement.

Là-dessus, si j'ai bonne mémoire, le père Legoëz va de nouveau faire un tour sur le port avec Pierre. Pendant ce temps-là, Jacquemin vient faire ses adieux à Janik ; car, puisqu'il l'aime, son devoir est de partir. Pierre rentre alors et le surprend. Il a réfléchi : il est prêt à tendre la main à son vieux compagnon qui, au bout du compte, n'a rien à se reprocher dans toute cette affaire... Mais il fait successivement deux découvertes :

Il découvre d'abord que Jacquemin aime Janik et que c'est pour cela qu'il veut s'en aller. Pris d'une jalousie soudaine, Pierre éclate et fait à son ami les reproches les plus amers. Jacquemin, outré d'une telle injustice, répond avec vivacité, raconte ses angoisses et son sacrifice volontaire. Pierre, toujours plus furieux, réplique, le traite de lâche et de voleur. Les deux hommes vont en venir aux mains... Mais Janik, épouvantée, se jette entre eux et vient tomber dans les bras de Jacquemin. Et Pierre voit que c'est Jacquemin qui est aimé ; et c'est là sa seconde découverte. Et alors, sa colère tombe. Car que faire à cela ? Il n'avait qu'à revenir plus tôt ! Que Jacquemin épouse donc Janik ! Le grand-père, ainsi qu'on nous l'a fait prévoir, ne demande pas mieux, et tout finit bien. — Ce dernier acte est remarquable. Le « retournement » du grand-père, si habilement préparé et gradué ; la succession des sentiments divers par où passent Pierre et Jacquemin, et la façon dont ces sentiments s'enchaînent et se transforment, tout cela m'a paru d'une psychologie très sûre et très franche, et qui rappelle l'art de nos classiques.

Je n'insisterai pas sur ce qu'il y a d'édifiant dans la

vertu et dans le profond désintéressement des personnages de M. Richepin, car, enfin, Pierre n'est pas seulement le vrai fiancé, le seul authentique, de Mlle Janik ; il est fort riche, il a des terres et de l'or... Mais qu'est-ce que la richesse, pour des cœurs vraiment maritimes et pour des âmes d'eau salée? Ce sont les terriens qui regardent à cela ! M. Richepin croit à la puissance moralisatrice de la mer, et peut-être a-t-il raison. L'homme qui vit entre le ciel et la vague, qui a toujours présente à la pensée l'immensité du monde et la fatalité des forces naturelles, qui, par métier, affronte l'inconnu et le mystère, et qui, presque à chaque heure, sent planer sur lui la mort, cet homme a malaisément l'âme vile. Il sera un bandit plus volontiers qu'un pleutre...

Le dénouement du *Flibustier* m'a plu aussi par le sentiment de légère mélancolie qu'il m'a laissé au cœur. Je plaignais ce pauvre Pierre, qui s'est donné tant de mal pour rien, qui va s'en retourner seul dans ses plantations du Mexique et qui ne sera pas toujours gai, le soir, en regardant le soleil se coucher à l'horizon de la vaste plaine... Et cela, pourquoi? Il est fort, il est brave, il est bon, il est beau. S'il était arrivé un jour plus tôt, avant que le rêve flottant de Janik eût pris une forme, ce rêve aurait pris la sienne, et c'est assurément lui qui eût été aimé. C'est à lui que Janik aurait dit : « Je vous reconnais ; c'est bien ainsi que je vous voyais quand je pensais à vous. » Elle le dit à Jacquemin parce que c'est Jacquemin qui se présente le premier. O femmes ! ô amour ! ô absurdité de tout! Ainsi, dans le *Songe d'une nuit d'été*, Lysandre et Démétrius aiment Hélène parce que c'est Hélène qu'ils voient en s'éveillant. Le seul tort du pauvre Pierre, c'est qu'il vient trop tard. Ce frère malchanceux doit être cher aux rêveurs dont la vie se passe à manquer les trains...

Mais surtout le *Flibustier* est bien une comédie marine. La mer l'enveloppe de sa caresse, de son odeur, de sa musique, de son infinité. Elle revient dans tous les discours; on pourrait dire qu'elle est le principal personnage. C'est elle qui a emporté Pierre et Jacquemin; c'est elle qui les ramène l'un après l'autre, juste au moment où il faut pour que l'action se noue; c'est à cause d'elle que Janik aime Jacquemin, croyant aimer Pierre; c'est à cause d'elle que le vieux Legoëz s'attendrit en faveur du flibustier; c'est elle qui, ayant apporté le drame, en apporte le dénouement...

La comédie de M. Richepin est éminemment poétique. J'entends par là qu'elle fait beaucoup sentir et beaucoup rêver. Quelques-uns ont dit qu'elle était trop simple, qu'elle était même simplette, qu'elle eût été plus émouvante si l'un des deux flibustiers au moins eût été un mauvais garçon; si la petite Janik eût été plus hésitante et plus partagée; si la rivalité des deux hommes eût été plus violente, plus poussée au tragique et au noir, etc... Mais moi, je suis content, et cela seul m'importe.

Un mot sur le style de M. Richepin. Il a gardé les qualités que vous savez : la franchise, la plénitude, la précision dans l'abondance, l'éclat, la sonorité, le panache. Mais il me semble qu'ici sa « rhétorique », qu'on lui a tant reprochée, n'est plus que la sûreté magistrale de l'expression et du développement. M. Jean Richepin est un de ces rares écrivains qu'on écoute et qu'on lit toujours avec un sentiment d'entière sécurité; on est bien certain du moins qu'il ne pèchera point contre la grammaire, ni contre la syntaxe, ni contre le génie de la langue; et, au temps où nous vivons, cela est beaucoup, — même sans parler du reste.

LA SORTIE DE SAINT-CYR

Comédie-Française : *La Sortie de Saint-Cyr*, comédie en un acte, de M. Verconsin.

28 juin 1886.

L'été est enfin venu, le doux et clair été, d'autant plus délicieux que nous n'avons pas eu de printemps. Saluons le divin soleil qui va dissoudre, au grand soulagement des âmes délicates, les Assemblées politiques ; qui disperse dans la campagne les robes claires, les ombrelles et les chapeaux de paille ; qui couvre la Marne et la Seine de flottilles légères et qui nous met au cœur l'indulgence et la joie de vivre. Les feuillages, si longtemps mouillés, sont encore frais comme au mois de mai ; la terre sent bon sous ces premières ardeurs du soleil tardif, et je sais, aux environs de Paris, des chemins ombreux tout pleins de l'odeur des fleurs de sureau. Et, comme il y a encore du printemps dans cet été, la nature est pareille à une belle jeune femme dont la beauté mûrie conserverait, on ne sait comment, quelque chose du charme de la jeune fille. Il devient presque impossible d'être sombre ou méchant. Certainement, l'humanité vaut un peu mieux chez nous pendant les mois où le soleil brille. Et cela est très facile à comprendre. Durant les mois d'hiver, quand la nature leur est hostile et semble les repousser, les hommes vivent entre eux, pressés et se coudoyant, et il leur semble alors que rien ne vaut les plaisirs de la vanité et de l'ambition, les jouissances et les avantages qui impliquent la rivalité avec les autres hommes, leur défaite ou leur soumission. Mais, dès que la Nature se fait clémente et veut bien les accueillir, ils vont à elle, amoureusement. Longtemps ramassés en d'étroits champs de batailles, ils sont joyeux de se répandre sous les grands arbres, parmi les fleurs. Du moment que la Terre y consent, les pauvres hommes ne demandent pas mieux que de vivre tout près d'elle, sur son sein. Et ils deviennent nécessairement bons, ayant à leur portée des joies qui ne coûtent rien à autrui, des plaisirs qui, au rebours de ceux de l'ambition ou de l'orgueil, n'exigent ni victimes ni spectateurs. Il suffit aux tristes humains d'être un peu bercés par la Terre maternelle pour oublier les luttes qui aigrissent et qui dépravent. Sa grandeur, sa sérénité, son éternité leur fait sentir la vanité de leurs efforts et de leurs travaux éphémères. La douce Terre leur insinue sa douceur. Ils sentent que rien n'est meilleur que d'être bon.

Ceux que leur mauvais sort retient encore à Paris, tandis qu'au dehors la campagne est en fête, partagent quand même cette joie et cet attendrissement. Les arbres et les corbeilles de fleurs des jardins publics, même les platanes des boulevards suffisent à les rendre meilleurs ; et, s'ils vont d'aventure à la première de la *Sortie de Saint-Cyr*, ils sourient de bon cœur et sans fausse honte à cette indulgente comédie. Dans les dispositions d'esprit où ils se trouvent, une œuvre d'observation leur ferait peur, leur rappellerait des choses tristes qu'ils veulent oublier. Une œuvre de forme savante et serrée leur demanderait un trop grand effort d'attention. Mais la petite comédie de M. Verconsin est tout à fait ce qu'il leur faut. C'est une pièce d'été, facile à entendre et à suivre, sans duretés ni surprises, unie, aimable, douce, et même doucette. Elle est en parfaite harmonie avec la saison. Elle exprime et elle inspire les sentiments qu'un honnête homme doit avoir l'été. Et sans doute le soleil, qui se faisait attendre, a vu là un reproche et une invitation. Il est venu dès le lendemain. C'est M. Verconsin qui nous l'a ramené. Ainsi quelquefois une jeune femme, par une matinée douteuse, met bravement sa toilette d'été et dit : « Bah! cela fera venir le beau temps! » La piécette de M. Verconsin est la robe de toile ou d'organdi, petites fleurs bleues sur fond crème, corsage à la vierge, qui a fait honte au ciel pluvieux.

« Mon Dieu! mon Dieu; que les hommes sont donc bons! » dit le bon Blandinet dans les *Petits Oiseaux*.

C'est justement la réflexion que j'ai faite, l'autre jour, tout le temps de la représentation de la *Sortie de Saint-Cyr*.

Mon Dieu ! comme il est bon, le vieux Claude, le brosseur du brave colonel Montlouis ! Un cœur d'or bat sous sa médaille militaire, et sa grosse moustache est pleine de grognements dévoués. Il a, autant dire, élevé les deux enfants du colonel, Georges et Geneviève. Le jour même, Georges est sorti de Saint-Cyr; il doit arriver la nuit, par le train de deux heures. Mais il a écrit à son vieux Claude qu'il voulait, en arrivant, lui parler dans le plus grand secret, à l'insu de son père et de sa sœur. Et Claude attend.

Mon Dieu ! comme elle est bonne, la petite Geneviève ! Elle aussi veut attendre Georges, malgré une grosse envie de dormir. Elle lui a préparé un bon souper : écrevisses, pâté, champagne. Mais elle tombe de sommeil et finit par s'endormir sur le canapé.

Mon Dieu ! comme il est bon, le sous-lieutenant Georges ! Il a un duel avec un de ses camarades. La rencontre aura lieu à la première heure du jour. C'est de cela qu'il voulait avertir Claude. Comme vous êtes des esprits très corrompus, vous vous dites : « Un duel? C'est évidemment pour une femme. » Vous êtes loin de compte : le bon Georges s'est mis cette affaire sur les bras pour s'être opposé à la « brimade » d'un nouveau, d'un « melon ». Voilà le vieux Claude dans tous ses états ! Il réveille la petite sœur, lui conte qu'on a reçu une nouvelle dépêche, que son frère n'arrivera que le lendemain, et parvient enfin à la renvoyer dans sa chambre.

Mon Dieu! comme il est bon, le colonel Montlouis! Bon et rigide. Rigide et bon. Il a tout entendu : il tire l'oreille à Georges, puis le presse contre son cœur, et écrase virilement une petite larme. Émotion de vieux brave : s'il est colonel, il est père; mais s'il est père, il est colonel...

Cependant Geneviève s'est levée, elle ne peut dormir : d'ailleurs il commence à faire jour. Pour passer le temps, Mlle Geneviève, qui fait des armes comme il sied à une fille de colonel, oblige Claude à lui donner une leçon d'escrime. Cela, c'est la jolie scène, le « clou » Le vieux Claude, tout en enseignant à la petite sœur des bottes secrètes, songe au frère qui se bat et qui peut-être... Il s'embrouille, il ne sait plus ce qu'il dit. Geneviève l'envoie se coucher.

Mais alors elle s'aperçoit qu'il manque deux épées à la panoplie; d'autres indices lui font pressentir ce qui se passe. Le jardinier la renseigne : il a vu entrer et ressortir M. Georges. Mon Dieu! comme il est bon, ce jardinier! Il raconte que M. Georges, pas fier, lui a demandé des nouvelles de sa femme : il en est encore tout ému. Georges rentre là-dessus, je ne sais plus comment ni pourquoi. Sa sœur le presse de questions et lui arrache son secret. Vous n'êtes guère malins, si vous n'avez pas deviné que l'adversaire de Georges est un beau jeune homme avec qui Geneviève a dansé l'hiver dernier et pour qui son petit cœur a parlé. Georges la rassure et lui promet que tout s'arrangera. Mais bientôt Claude arrive tout effaré, apportant des nouvelles. Georges après s'être laissé toucher au bras, a tendu la main à son adversaire; sur quoi l'un des témoins, un mauvais coucheur, s'est écrié qu'on se... moquait de lui, que ce n'était pas la peine de le déranger pour cela; et Georges est en train de se battre avec ce grincheux. Péripétie, angoisse, attente... De grâce, ne tremblez pas si fort; car voici Georges et Maurice qui rentrent bras dessus bras dessous, et Georges qui met la main de Maurice dans celle de Geneviève, et le bon Claude qui chantonne un petit air guerrier pour dissimuler son émotion...

Cette petite comédie optimiste est fort bien jouée. M. Got, par son débit éminemment militaire, par ses mouvements d'épaules, par sa brusquerie cordiale, est une adorable vieille brisque. Quant à Mlle Reichenberg, ce n'est pas sa faute, mais, que voulez-vous? elle est absolument parfaite. Seigneur Dieu, donnez-lui, par pitié, quelque petit défaut, pour que nous puissions varier un peu les phrases par lesquelles nous célébrons sa gloire! Ce n'est pas une ingénue, c'est l'ingénuité en personne. Chaque geste, chaque mot d'elle nous fait pressentir des abîmes de candeur. Chaque inflexion de sa voix angélique affirme la conviction profonde où elle est et demeurera éternellement, que les petits garçons se trouvent sous les choux et les petites filles sous les rosiers. Elle est de plus en plus jeune et de plus en plus ignorante. Son âge et ses notions sur la physiologie semblent décroître d'année en année. Quand elle aura cinquante ans, elle jouera la petite Louison du *Malade imaginaire*. Ou plutôt non : elle y paraîtrait trop innocente

LA GRANDE MARNIÈRE

Porte-Saint-Martin : *La Grande Marnière,* drame en cinq actes et huit tableaux, de M. Georges Ohnet [1].

9 avril 1888.

... Si j'en disais du mal, je rabâcherais. Si j'en disais du bien, vous ne me croiriez pas. Je raconterai la chose, sans commentaires.

Le premier acte est charmant à voir. A droite, une auberge champêtre avec cette enseigne : *Au rendez-vous des bons enfants.* A gauche, un lavoir caché par un bouquet d'arbres, un chemin qui s'enfonce sous la coudrette; au fond, un large et moelleux paysage baigné de lumière, une colline onduleuse, tachée par les toits rouges d'une usine et que surmontent, là-bas, un vieux château à tourelles et une terrasse bordée de hauts tilleuls... Ce paysage est d'un grand style : il rappelle les plus belles pages de George Sand.

---

1. Cf. *les Contemporains,* 1re série, et *Impressions de théâtre,* 2e série.

(Divers personnages s'y rencontrent; nous apprenons que Carvajan, maire de la Neuville et banquier-usurier, poursuit, depuis trente-cinq ans, d'une haine implacable le marquis de Clerfont, un vieux rêveur qui a la manie des inventions, et qu'il l'a déjà ruiné plus qu'à moitié; mais que Mlle Antoinette, fille du marquis, et Pascal, fils de l'usurier, se sont rencontrés par hasard et qu'ils vont s'aimer, naturellement.)

Deuxième tableau. C'est fête à la Neuville. La scène représente une tente en coutil à raies rouges, avec faisceaux de drapeaux tricolores, buste de la République, écussons, estrade pour les autorités, et guirlandes de lanternes vénitiennes. Les classes dirigeantes, noblesse et bourgeoisie, ouvrent la danse; puis les ouvriers et les ruraux s'abandonnent à des quadrilles familiers... Ce décor est très soigneusement écrit, dans une langue exacte, serrée et pittoresque : il fait songer à certaines pages de Gustave Flaubert, et notamment à l'incomparable description des Comices dans *Madame Bovary*.

(Vers la fin du tableau, Robert de Clerfont est accusé d'avoir étranglé la petite Rose, une jolie paysanne avec qui il est sorti un moment auparavant.)

Le tableau suivant nous transporte dans la salle du château de Clerfont, où le marquis fait ses expériences de chimie. Salle gothique, haute voûte ogivale, vaste cheminée sculptée, fourneaux chargés de cornues, de creusets et d'alambics. Il y a même un tableau noir avec un torchon très bien imité. Cela ressemble à certains tableaux de Rembrandt, et cela rappelle aussi certains « intérieurs » de Balzac.

(C'est là que Carvajan vient trouver le marquis pour annoncer à ce vieil innocent qu'il va être saisi par les huissiers, et que son fils Robert vient d'être arrêté.)

Le quatrième chapitre nous fait pénétrer dans la maison du braconnier Cassegrain, père de la jeune fille assassinée. C'est d'une écriture brutale, mais puissante, qui se rapproche de la manière de M. Émile Zola; ce taudis, c'est presque celui du père sonore de la Trouille. Au fond, de vieux rideaux de calicot bleu cachent un lit; à un moment, les rideaux s'écartent et laissent voir le cadavre de la Rose, jaune comme cire; cela est d'une littérature aussi véridique et aussi émouvante que celle du Musée Grévin.

(Interrogatoire des témoins; confrontation de l'accusé avec le corps de la victime; les preuves s'accumulent contre Robert de Clerfont.)

Puis, c'est le cabinet de Carvajan. Le papier est sale et sans couleur; la pièce est meublée de quelques chaises fort sèches, d'un fauteuil d'utrecht vert usé jusqu'à la corde, d'un minable bureau d'acajou, d'un coffre-fort énorme, de cartons verts qui escaladent le mur jusqu'au plafond, et d'une sorte d'armoire-bibliothèque où l'on trouverait sans doute, si on l'ouvrait, le *Code*, le *Manuel des maires*, le *Manuel de l'agriculteur*, des romans-feuilletons découpés dans les journaux et cousus de ficelles rouges, peut-être des volumes dépareillés de l'*Histoire de France* de Henri Martin, et assurément deux ou trois romans de M. Georges Ohnet. De chaque côté de la porte, deux gravures encadrées représentent *Napoléon à Austerlitz* et les *Adieux de Fontainebleau*, et une carte du département de la Seine-Inférieure est clouée au mur par quatre pointes à sabot. C'est bien le cabinet d'un usurier de petite ville. Je ne crains pas de dire que ce décor, par la vérité puissante et l'expressive minutie des détails, égale ou surpasse les pages les plus illustres de Balzac (déjà nommé). On pourrait se croire chez l'immortel Gobseck.

(Antoinette vient trouver Pascal dans cet antre et le supplie de sauver Robert et le marquis. Pascal le lui promet. Il déclare au vieux Carvajan qu'il payera les dettes du marquis, car notre héros est riche, — et qu'il plaidera pour Robert, car il est avocat. Carvajan le maudit et le met à la porte.)

Je ne sais si vous connaissez le palais de justice de Rouen. C'est une des merveilles de l'art gothique. C'est le plus riche et le plus élégant poème de pierre qu'on ait jamais dressé et ciselé. Le sixième tableau nous introduit dans la salle des Pas-Perdus. Çà et là, sur la nudité sévère des murs, de larges faisceaux de nervures de pierre pareilles à des tiges montent, s'élancent, et, tout en montant, s'épanouissent et entrecroisent leurs végétations délicates et capricieuses... Ce décor est aussi brillamment écrit, en vérité, que le plus beau chapitre de *Notre-Dame de Paris*.

(C'est derrière la porte du fond que Pascal plaide pour Robert, comme il l'avait promis, et qu'il obtient son acquittement.)

O l'admirable paysage, nocturne et romantique, que nous offre le septième tableau! A droite, une vieille église romane, une église des *Odes et Ballades*, entourée d'un cimetière, toute blafarde sous la lune; à gauche, l'orée d'un bois. Au fond, sur la crête d'une colline, deux arbres chétifs et tordus paraphent un ciel mélodramatique, où roulent des nuages échevelés qu'une cabotine de lune, nourrie de littérature hoffmanesque, se plaît à éclairer de la façon la plus terrifiante et la plus anormale... Cette page est signée Amable, mais j'y reconnaîtrais plutôt la manière de Victor Hugo, ou peut-être celle de Jules Barbey d'Aurevilly. On y voit un idiot (dont le rôle, je dois le confesser, est le meilleur de la pièce) secouer la porte du cimetière en criant : « Rose! Rose! » puis entrer dans l'église, monter au clocher, et s'écrabouiller (ô doigt de Dieu!) sur la tombe de l'assassinée. Tout cela est d'une langue singulièrement sobre et ferme. La scène est excellente : on n'y dit presque rien.

(Vous avez deviné, par ce qui précède, que Pascal, non content d'avoir fait acquitter Robert, a entrepris de découvrir le vrai coupable, qui est l'idiot, et que cet idiot se dénonce lui-même dans un accès de somnambulisme.)

Au dernier chapitre, nous sommes chez M⁰ Malézeau ; le salon du brave notaire s'ouvre sur le jardin. On aperçoit la grille verte, des corbeilles de fleurs très bien tenues, des allées très bien sablées et ratissées, et une petite pelouse qu'ombragent, ma foi, d'assez beaux arbres. Cela est propre, honnête et gai. Cela parle au cœur de paix bourgeoise, de bien-être modeste, de vie douce et familiale. Je ne pense pas qu'André Theuriet, lui-même, le cordial romancier dont les pages sentent l'iris et la lavande comme le linge de province après les loyales lessives, ait rien écrit de plus charmant...

(Antoinette et Pascal se marient : *amen.*)

Je ne critiquerai point. Vous ne m'arracherez pas un seul mot désobligeant pour l'auteur. Et, comme tous les sujets sont à tout le monde, si je constate que la *Grande Marnière*, c'est aussi l'*Idée de Jean Téterol*, le *Fils Maugars*, et même un peu *Mlle de la Seiglière* et *Par droit de conquête*, et que c'est encore, par un côté, la *Recherche de l'absolu* et, par un autre côté, *Maître Guérin*, ce ne sera nullement pour en triompher. Et, si j'ajoute qu'avec du Balzac, de l'Augier, du Sandeau, du Legouvé, du Theuriet et du Cherbuliez, M. Georges Ohnet a fait du Georges Ohnet, je ne m'en irriterai point, ni ne m'en étonnerai : car qu'en pouvait-il faire, je vous prie ? Il les a accommodés pour le divertissement des simples : c'est là, en un sens, une noble tâche. J'ai même plaisir à confesser que le drame, d'abord languissant et même, à ce qu'il m'a semblé, assez maladroit, s'est relevé, à partir du troisième tableau, par deux scènes de peu de nouveauté sans doute et d'une expression médiocre, mais d'une composition et d'un mouvement excellents; je veux dire la scène entre Carvajan et le marquis, et la scène du cinquième tableau, entre Carvajan père et Carvajan fils. La *Grande Marnière* aura, à n'en pas douter, un très long succès. C'est bien. Il est puéril et coupable, il n'est ni d'un philosophe ni d'un chrétien de se révolter contre les choses inévitables; je me résigne. « Je supporte et je m'abstiens, » — surtout je m'abstiens — suivant la maxime stoïcienne; ou plutôt je me soumets, je pardonne, je suis doux, j'adore la volonté de Dieu.

Vous voyez que je me suis tenu parole : je n'ai pas dit de mal de la *Grande Marnière*. Concluons, si vous le voulez bien, qu'une moitié du succès revient aux décors et à l'interprétation; que l'autre moitié s'explique par l'espèce et le degré de culture de la foule... et que la troisième est due au talent de l'auteur

DOIT ET AVOIR

Palais-Royal : *Doit et Avoir*, comédie en trois actes, de MM. Cohen et Albin Valabrègue.

9 avril 1888.

L'abondant Méridional Albin Valabrègue, l'heureux auteur de l'*Homme de paille*, du *Bonheur conjugal* et de *Durand et Durand*, s'est si fortement trompé, l'autre jour, au Palais-Royal, que son cas en devient curieux. C'est le plus inégal et le plus inconscient des vaudevillistes ; tantôt excellent, d'une verve franche et pleine ; tantôt au-dessous du médiocre. Évidemment il ne sait jamais bien ce qu'il fait. Un « démon » travaille en lui, qu'il ne gouverne point, qui n'en fait qu'à sa fantaisie, et dont il est incapable de juger les besognes. « Si la Garonne avait voulu » faire une bonne comédie! « La Garonne n'a pas voulu » ; M. Valabrègue n'en est pas responsable. La Garonne voudra une autre fois.

Pourtant, le sujet de M. Valabrègue en valait un autre. Il avait même une petite couleur philosophique ; et, si l'on me disait que M. Valabrègue a pensé écrire quelque chose dans le goût du *Misanthrope et de l'Auvergnat* ou du *Voyage de M. Perrichon*, je n'en serais pas étonné. L'idée première de la pièce se formulerait assez bien ainsi : — Quelles conséquences peut avoir, dans la conduite et dans la vie d'un imbécile à cerveau systématique, la croyance à ce que les Grecs appelaient la Némésis, et le bon Azaïs « le système des compensations » ?

A vrai dire, ce n'est pas tout à fait la même chose; et l'éminent helléniste Édouard Tournier, qui a écrit un fort beau livre sur la Némésis, trouverait que M. Valabrègue a fait preuve d'une critique superficielle et peu rigoureuse, en nous donnant l'histoire de l'anneau de Polycrate pour un commentaire du livre d'Azaïs. La foi à la Némésis est un sentiment religieux, une façon de concevoir la Providence. A l'origine, au temps d'Homère si vous voulez, cette croyance était fort grossière. Les Grecs primitifs se figuraient que les dieux pouvaient être jaloux, réellement jaloux des hommes, et qu'ils haïssaient toute créature dont l'élévation semblait menacer leur suprématie. Peu à peu, cette croyance s'épura et s'ennoblit. Au temps d'Eschyle, par exemple, on disait simplement que les dieux réprouvaient toute tentative faite par l'homme pour franchir les limites que lui prescrivait sa condition ou son devoir. Ainsi, la croyance à la jalousie des dieux (*phthonos théôn*) était devenue la croyance à une justice divine, à une puissance qui « fait leur part » aux hommes (*Némésis*).

Ce que la Némésis punissait surtout, c'était l'orgueil, l'impiété sous toutes ses formes, le refus d'écouter les suppliants, l'inceste, l'ingratitude des fils et la révélation des Mystères. Mais elle punissait aussi, comme des empiètements sur le domaine divin, certains travaux, certaines inventions des hommes, celles qui tendent à modifier la face de la Terre, qui triomphent trop insolemment des forces naturelles et qui semblent violer le mystère des choses. Virgile et Horace anathématisent encore la navigation; Pline l'Ancien (XXXIII, 1) attribue les tremblements de terre aux fouilles des mineurs, qui irritent les dieux. La Némésis eût vu d'un très mauvais œil les chemins de fer, le télégraphe, le percement de l'isthme de Suez. Enfin, la Némésis punissait la trop grande prospérité matérielle. C'est elle qui a renversé Xerxès. Le messager, qui apporte à la reine Atossa la nouvelle de Salamine, le dit à plusieurs reprises : « C'est une divinité... c'est un dieu vengeur... c'est la jalousie des dieux qui a tout conduit. » L'ombre de Darius exprime la même pensée : « Dans trois générations, des monceaux de morts diront encore aux yeux des hommes, silencieusement, qu'il ne faut pas qu'un mortel conçoive de trop hautes pensées. » Toute la tragédie des *Perses* a moins été écrite pour célébrer le triomphe des Grecs que pour leur conseiller d'être modestes dans la victoire et de ne point provoquer la « jalousie » des dieux.

Cette Némésis étant quelque chose d'intelligent et

de vivant, on pouvait l'apaiser en allant au-devant de ses exigences, en lui abandonnant de bonne volonté une partie de son bien ; et c'est pourquoi Polycrate jette son anneau à la mer, voulant conjurer par là la mauvaise fortune. Mais, aux yeux des sages ou des personnes vraiment pieuses, ces légers sacrifices volontaires n'étaient point de grossiers marchés conclus avec la Némésis ; ils n'avaient qu'une valeur de symboles : ils n'étaient que des « actes » de modestie et de soumission à Dieu. Ainsi, d'une croyance enfantine, s'était dégagée avec le temps une très douce et très pure sagesse.

C'est ce qu'exprimaient à merveille les statuettes de Némésis. Tout philosophe devrait en avoir une sur sa table. Elle lui donnerait les meilleurs conseils. La déesse a la tête voilée ; cela veut dire : « Cache ta vie. » Elle est étroitement drapée de façon à occuper le moins de place possible ; cela veut dire : « Réduis tes affections et tes désirs ; ne te marie point ; n'aime point ; ne sois rien, pas même ministre ; arrange-toi de façon à offrir la plus petite surface aux coups de la fortune. » Elle replie le bras de manière à mettre l'avant-bras en évidence ; et, comme la longueur de l'avant-bras, c'est la coudée, et que la coudée, c'est l'unité de mesure ; cela veut dire : « Sois mesuré dans tes paroles et dans tes actes, » ou peut-être : « Mesure tout ; » en d'autres termes : « Examine et compare tout et, par suite, doute de tout, et vis uniquement de curiosité. » Elle a les yeux fixés sur son sein ; cela veut dire : « Mais, être curieux de l'univers, c'est être curieux des impressions que l'univers produit sur nous, car tout se passe en nous et nous ne pouvons sortir de nous-même. » Et cela veut dire aussi tout simplement : « Vis en toi et chez toi. » Elle a le doigt rapproché de la bouche; cela veut dire : « Aime le silence. » Elle tient un joug dans sa main; cela veut dire : « Résigne-toi. » Elle se tient quelquefois sur un char attelé de griffons, et cela veut dire : « Tous ces conseils seront sans doute fort inutiles, et ne t'empêcheront point d'aller à la douleur par l'inévitable chemin de la passion et des sentiments excessifs. Alors console-toi de tout par le rêve, la poésie et l'art, par les chants, les belles statues et les beaux livres, et par les doux et mystérieux mouvements que suscitent parfois dans ton âme la face de la Terre et le prestige des Apparences... »

Quant au système du bonhomme Azaïs, ce n'est point une religion, — et ce n'est pas davantage une philosophie. Ce n'est que l'hypothèse, très probablement fausse, mais d'ailleurs invérifiable, d'un optimisme assez béat et court de pensée. « La somme des biens et celle des maux se balancent, au total, dans chaque vie humaine. » Le « système des compensations » est le développement de cette affirmation. Il n'y a rien à en tirer.

Azaïs ajoute, je crois (à moins que ce ne soit M. Valabrègue) : « Si donc vous avez eu une série de bonheurs, attendez-vous à une série de malheurs, — et inversement. » Mais à quoi cela nous avance-t-il? Puisque, dites-vous, la proportion des biens et des maux est la même pour tous et que nous n'y pouvons rien changer, tout ce qu'il nous est permis de faire, c'est de hâter la période douloureuse afin d'en être plus tôt quittes — ou peut-être de nous appliquer à jouir le moins possible de ce qui nous arrive d'heureux, afin de n'avoir ensuite que de petits malheurs... Mais déplacer la date de la série noire, ce n'est pas la conjurer, et, d'autre part, ces avances faites à la « guigne » ne pouvant jamais être bien douloureuses, elles ne sauraient donc diminuer notablement la somme des maux qu'il nous reste à subir... Alors quoi? Je m'y perds. Mais l'humanité est à ce point stupide que, si le sacrifice de Polycrate jetant son anneau à la mer n'est point la conséquence logique de l'hypothèse d'Azaïs, il en est du moins la conséquence fort naturelle. Nous l'avons tous jeté, cet anneau, comme si, dès qu'un peu de joie nous arrive, nous nous sentions menacés et guettés par une puissance soupçonneuse et jalouse; et cela prouve deux choses, dont vous vous doutiez déjà : d'abord, que nous croirons toujours, par atavisme, au dieu de nos plus anciens ancêtres, à un dieu fait comme nous et, par suite, à sa méchanceté autant qu'à sa bonté; puis, que nous aurons toujours en nous cette pensée, fruit de l'expérience héritée des siècles, que la douleur est la condition naturelle de l'homme, et que nous devons donc trembler quand d'aventure nous sommes heureux...

Cela suffisait pour faire à la pièce de M. Valabrègue un fond solide et vrai. Il ne pouvait être question, dans un vaudeville, que de démontrer la niaiserie du système d'Azaïs. Voici ce que M. Valabrègue a trouvé. Théophile, se trouvant trop heureux, est pris de peur. Pour conjurer le sort contraire, il épouse une femme qu'il n'aime pas; il se trouve que cette femme est charmante. Il confie une bague à son beau-père pour la jeter dans la mare; le beau-père y substitue un anneau de rideau et fourre la bague dans un canard aux olives. Il prend un domestique voleur; le domestique devient honnête. Il veut empoisonner un bossu, afin de connaître l'angoisse du remords, mais il faiblit et s'attendrit au dernier moment. Enfin, il s'avise de marier son beau-père, afin d'avoir une belle-mère. Cette fois, c'est fini : Némésis est désarmée.

Tout cela, beaucoup moins clair dans la pièce que dans cette brève analyse; compliqué d'inutiles quiproquos, incohérent et mal venu. Pourtant, ce guignon à rebours, par lequel tous les ennuis que se ménage Théophile tournent en bonheurs... ce n'était pas une mauvaise idée. Peut-être est-elle seulement un peu courte. J'aurais aimé, par exemple, que toutes ces petites manœuvres hypocrites finissent par amener quelque malheur vrai ou du moins quelque désagrément sérieux que notre homme n'aurait point prévu et qui le dégoûterait d'Azaïs. Et, puisque nous sommes au Palais-Royal, comment ne songe-t-il pas à se faire tromper par sa femme? Naturellement, quand il croirait la chose faite, il la trouverait beaucoup plus amère qu'il n'avait supposé; il jugerait que c'est trop renchérir sur Polycrate que d'abandonner à la fortune contraire, au lieu de la bague du tyran de Samos, l'anneau d'Hans Carvel, et il serait enchanté, au dénouement, de retrouver ce bijou intact...

LA GUERRE

CHATELET : *La Guerre*, drame militaire à grand spectacle, en cinq actes et neuf tableaux, dont un prologue, de MM. Erckmann-Chatrian.

28 décembre 1885.

MM. Erckmann-Chatrian nous ont donné pour notre Noël un jouet très volumineux et très bruyant, une « forteresse » dans une grande boîte, qui est le théâtre du Châtelet, avec beaucoup de soldats et de chevaux articulés, deux généraux et deux cantinières, une ambulance, et des canons et des fusils qui partent pour de bon. Et ils nous ont raconté une histoire par-dessus le marché.

Souvarof, en réprimant une insurrection de la Pologne, a mis à sac le château du comte Ogiski et massacré sa femme et ses enfants, sauf le petit Ivanowitch, qui est sauvé et recueilli par la cantinière Atwine. La bonne femme, qui le croit orphelin, l'emmène avec elle dans les fourgons de Souvarof. Ogiski, rentrant dans sa maison incendiée, jure de se venger.

Nous le retrouvons quinze ans après ; il s'est fait espion de Masséna. Il tue un jour un officier russe porteur d'une dépêche de Souvarof. Vous pensez bien que cet officier ne peut être que le propre fils d'Ogiski, et vous devinez qu'Ogiski se tue à son tour.

Entre le prologue et le dénouement se déroule avec tranquillité la campagne de 1799, la lutte de Souvarof et de Masséna, découpée en tableaux. Le côté russe est sombre. le côté français est jovial. Souvarof veut nous ramener à l'ancien régime, Masséna est le soldat de la Révolution. Tous deux sont de profonds tacticiens et veulent bien nous exposer leurs combinaisons stratégiques. C'est une joie de voir quelle idée se font les auteurs, les acteurs et le public, d'un général dans l'exercice de ses fonctions. C'est un délice d'entendre un brave garçon de comédien, pénétré de respect pour le rôle qu'il interprète, lancer d'une voix ronronnante et vibrante : « Porrrtez cette dépêche au général Lecourrrbe. Je couperai Korrrsakoff, oui, je le couperai!.. »

Et comme tout se passe avec une simplicité admirable! Nous sommes dans les défilés du Saint-Gothard. Les Français et les Russes se battent à la cantonade. Arrivent quatre blessés portés sur quatre brancards : cela représente un « épouvantable massacre ». Une cinquantaine de figurants accourent : c'est l'armée en déroute Ils se rangent en bon ordre des deux côtés de la scène et ne bougent plus. Voici venir Souvarof indigné : « Misérables! vibre-t-il, vous abandonnez votre vieux général? » Et il commence un petit discours. Les bons figurants ne bronchent pas : pas un mouvement, pas un geste. Souvarof s'assied sur une roche en carton et se met à sangloter comme on sanglote au théâtre. Alors la vieille cantinière Atwine s'avance au milieu de la scène, et, posant sur la tête du général une main maternelle, elle harangue à son tour les figurants, leur fait honte de leur lâcheté et leur jette en finissant cette phrase surprenante : « Tenez, vous ne méritez même pas qu'on vous crache au visage! » Instantanément les braves figurants se réveillent, poussent un cri vague, brandissent leurs armes et retournent à l'ennemi en buttant un peu sur les marches du praticable. Puis nous assistons à la prise de Zurich. Le décor représente la porte principale de la ville, des toits et des clochers pointus, et les Alpes derrière. Deux petits chevaux, tout trébuchants et aveuglés par la lumière de la rampe, amènent deux canons en papier. Boum! boum! Les figurants, avec des façons gauches, tirent des coups de fusil et lancent des fusées : ce sont les bombes. Le siège de la ville dure deux minutes. Le pont-levis s'abaisse en faisant trembler la toile de fond. Une demi-douzaine de chevaux de cirque entrent avec précaution par la porte trop étroite : c'est la cavalerie française. Des feux de bengale empourprent la scène : Masséna paraît à cheval, fier, une main passée dans son habit de général, comme Napoléon, et salue le public avec bienveillance.

Tout cela est d'une puérilité charmante. Et, comme nous sommes tous de grands enfants, ce tapage et cet appareil naïf nous ont fort amusés. Nous avons beaucoup aimé aussi la vieille cantinière russe, et les grognards, et le loustic de la pièce, un vieux juif à barbe de bouc, astucieux et jovial, qui va grappillant sur les champs de bataille et dont la houppelande recèle des marchandises de toute sorte, depuis un chapelet jusqu'à un parapluie. Mais on a trouvé qu'en dehors des scènes égayées par les facéties du juif Jonas, le drame avait des longueurs. Trop de stratégie et trop d'immortels principes. On dirait que la pièce a été taillée par un rhétoricien candide dans quelque manuel des guerres de la Révolution signé du nom de l'honorable M. Paul Bert. La poudre y parle si bien que les discours des hommes nous semblent fades et prolixes. Une pantomime expressive les remplacerait avantageusement. Quelle jolie pièce de cirque on obtiendrait en supprimant le dialogue!

Mais pourquoi ce titre superbe : *la Guerre?* Pourquoi pas simplement *Masséna* ou *Souvarof?* Les auteurs auraient-ils eu des intentions philosophiques? Auraient-ils voulu nous inculquer cette idée neuve, que la guerre est chose féroce et inhumaine? Et est-ce pour cela qu'ils nous ont montré une procession de blessés, un père qui tue son fils, et deux frères dont l'un combat dans l'armée russe et l'autre dans l'armée française? Je les préviens qu'ils ont manqué leur but. Le son de la « trompette guerrière » est plus fort que tout; nous avons beau être des bourgeois très prudents, les plis du drapeau secouent sur nos têtes des souvenirs qui nous grisent et nous ne pouvons, même au théâtre, voir passer des soldats sans marquer le pas dans nos stalles et sans les suivre avec tout notre cœur. Et puis voilà que, sans y songer, ces ennemis de la guerre nous étalent tout le long de leur drame une foule de beaux sentiments qui sans la guerre n'auraient point l'occasion de se produire, qui vivent de la guerre et s'en nourrissent, comme d'orgueilleuses fleurs, des lis candides sur un charnier. Car si la guerre est horrible, elle est aussi bienfaisante, et ce devrait être là le vrai sujet d'un drame qui porte ce nom redoutable et divin. La guerre, en abaissant subitement le prix de la vie humaine, nous rend moins malaisé l'effort de préférer à la vie même, selon le mot du poète, tout ce qui fait qu'il vaut la peine de vivre (*vivendi causas*). Le courage devient presque facile quand il s'impose brutalement, comme une nécessité, et quand le meilleur parti qui s'offre, même au timide, est d'être brave. Or, toutes les vertus se ramènent au courage, même la bonté. La guerre élève et purifie les âmes. En nous arrachant du nid de mollesse et de lâches habitudes où nous étions installés, elle nous renouvelle tout entiers. Elle nous ennoblit en nous faisant sentir, par la brusque révélation d'un intérêt supérieur, la médiocrité des petits intérêts journaliers. Elle nous sanctifie par l'idée toujours présente et par le voisinage de la mort.

De l'instinct de conservation elle dégage en nous l'héroïsme par le sentiment très net d'une solidarité de destinée avec les hommes de notre race. Elle éveille au fond de nos cœurs des énergies que nous ne soupçonnions pas. Son grand souffle balaye et assainit l'atmosphère morale d'un peuple. Tout cela est vrai, encore qu'on en doute un peu quand on traverse une ambulance et qu'on entend les cris des blessés ou les sanglots des mères...

Cette philosophie de la guerre est sans doute absente du jeu d'enfants que nous ont donné MM. Erckmann-Chatrian. Et toutefois leur pièce est, malgré eux et par la force des choses, un drame patriotique. Malgré eux? c'est trop dire. Après 1870, on les a accusés, sans justice et surtout sans mesure, d'avoir, par leurs « romans nationaux », affaibli en France l'esprit militaire. Mais on ne fait pas attention que, s'ils s'élevaient contre la guerre de conquête et peut-être, au fond, contre toute guerre, d'un autre côté le plus profond amour du coin de terre natal respirait dans leurs récits familiers. Or, ce patriotisme local contient l'autre. Quand l'ennemi traverse un village, les paysans les plus desséchés par l'amour du gain s'avisent tout à coup que leurs champs sont des morceaux du sol de France. Je ne pense pas que ni l'*Invasion* ni *Madame Thérèse* soient de mauvaises lectures pour nos enfants, et je n'hésite point à garantir bons Français des hommes qui ont fait de l'Alsace des peintures si savoureuses et qui ont pour sa terre, ses paysages, son esprit et ses coutumes une telle tendresse de cœur. Et si l'on me demande d'où me vient à moi cet afflux de sentiments propres à me gagner l'estime de M. Déroulède, c'est que l'autre jour, au Châtelet, j'ai « mangé du clairon et bu du tambour », comme je ne l'avais fait depuis longtemps.

JACQUES BONHOMME

Théâtre de Paris : *Jacques Bonhomme,* drame en cinq actes, de M. Maujan.

6 novembre 1886.

Le Théâtre de Paris (ancien Théâtre des Nations) vient d'être donné par le Conseil municipal à une Association de comédiens, à condition que des places y seront réservées aux membres du Conseil municipal et, à certains jours, aux enfants des écoles de Paris. Vous pressentez tout ce que peut dire là-dessus un esprit chagrin : — Assurément, voilà un théâtre qui ne reprendra pas *Polyeucte* ni *Rabagas*. On y enseignera au peuple l'histoire de la Révolution, et toute l'histoire de France considérée au point de vue révolutionnaire. Les ouvriers, les femmes du peuple et les enfants des écoles primaires y apprendront à haïr le passé de leur pays, — jusqu'à cette date fatidique : 1789. Là, ils respireront enfin: mais ce n'est qu'aux lueurs de 93 que leur cœur se dilatera, et ils salueront la Terreur comme une rouge épiphanie mystique. On simplifiera pour ces simples l'obscure et complexe histoire. On leur mettra bien dans la tête que jusqu'à la Révolution le peuple a été systématiquement opprimé, affamé, torturé par les nobles et par les prêtres; que Danton était pur comme un lys, que Camille Desmoulins était un cœur infiniment tendre, que Robespierre et Saint-Just ont été des manières de saints, et que c'est la guillotine qui a sauvé la France de l'Europe coalisée. Le peuple achèvera de perdre là ce qui lui reste de bon sens instinctif, de patience et de résignation héritées. Ce théâtre sera inévitablement une école d'erreur, un prêche de haine et de révolte. C'était pourtant bien assez des journaux pour démoraliser les humbles et les souffrants!

Eh bien! il faut vous rassurer. Pour moi, l'épreuve est faite. Les mélodrames révolutionnaires ne me font plus peur depuis que j'ai vu *Jacques Bonhomme*. Ils sont condamnés, par les lois mêmes de l'art dramatique et par la bonté irréductible de toute multitude assemblée pour son plaisir, à exprimer autant de bons sentiments qu'ils enseigneront d'erreurs. La foule elle-même, par les exigences de sa naïveté, de sa pitié et de sa générosité naturelle, empêchera le théâtre municipal de lui devenir malfaisant. C'est elle qui, au besoin, interdira aux dramaturges de travestir et de défigurer l'histoire au delà d'une certaine mesure. Et cette mesure, les auteurs dramatiques ne pourront jamais, quoi qu'ils fassent, la dépasser Pourquoi? Parce que les nécessités de l'art s'accordent ici avec les besoins sentimentaux d'un public populaire. Il n'y a pas de drames sans crise, sans partage de sentiments, sans lutte intérieure. Or, rien de cela ne serait possible dans un mélodrame révolutionnaire qui, divisant la France en deux camps, mettrait dans l'un tout le mal, et dans l'autre tout le bien. L'intérêt ne pourrait pas naître un seul instant. Aussi, remarquez-le, l'écrivain démagogue, si pur que soit son fanatisme, ne manquera jamais, soit de prêter quelques vertus aux femmes des ennemis du peuple, soit de glisser un traître parmi ses amis. M. Pyat, lui-même, dans son *Chiffonnier*, a attribué quelque reste de bons sentiments à la fille de son banquier scélérat. C'est à cause de leurs filles que le peuple pardonnera aux aristocrates, et c'est aussi à cause de leur noblesse et de leur élégance même, car le peuple est enfant. Mais (pour laisser de côté ce dernier point), dès qu'il y a une belle et bonne créature dans le camp des oppresseurs, dès qu'il y a un traître ou un méchant dans le camp des opprimés (et l'une au moins de ces deux conditions est toujours nécessaire pour que le drame se noue), la haine sociale cesse d'occuper toute seule l'âme ingénue et violente de la foule, et la justice et la pitié y renaissent. Et, dès lors, quelque inique que soit le parti pris de l'auteur, son drame ne peut plus être entièrement faux ni entièrement malfaisant. Le drame doit imiter la vie, fût-ce de très loin; et l'histoire, c'est la vie du passé. Un drame ne se conçoit pas en dehors de toute justice historique, parce qu'il ne se conçoit pas en dehors de toute vérité humaine... Excusez ce qu'il y a d'optimisme dans ces considérations, et passez-moi ce qu'elles ont d'obscur. C'est la représentation de *Jacques Bonhomme* qui me les a suggérées, et c'est l'exposé de cette pièce qui les éclaircira.

Le drame s'ouvre vers le milieu du quatorzième siècle, pendant la captivité du roi Jean, dans une seigneurie voisine de Paris. Toutes les horreurs du moyen âge sont consciencieusement ramassées dans le premier tableau pour l'édification du peuple. C'est un lépreux qu'on enferme; ce sont des paysans qu'on rançonne, qu'on mène à la corvée et qu'on bâtonne pour rien, pour le plaisir. Le sénéchal du baron de Saint-Leu refuse même à Jacques Bonhomme le droit de remplacer un pauvre vieux qui tremble la fièvre. Le reste est à l'avenant. Mais attendez ! voici venir la demoiselle de Saint-Leu. Elle est belle, elle est bonne, et elle est richement habillée. Elle paraît, et, tout de suite, elle conquiert les galeries supérieures. Et je vous jure que son apparition suffit à rendre inoffensives les scènes qui ont précédé. Une bande de francs routiers tente d'enlever la noble demoiselle. Elle est sauvée par les paysans, Jacques Bonhomme en tête, et par son amoureux, le chevalier de Bonneville. Encore un bon aristocrate ! Tout de suite, le public l'adore, et, maintenant, je suis tranquille : quoi qu'il arrive, il y aura toujours dans le drame de M. Maujan assez de justice et de vérité pour que ce drame ne puisse pas faire grand mal à la foule enfantine.

Les horreurs recommencent au second tableau. Mais, auparavant, pour que ces horreurs nous semblent encore plus noires, nous assistons au spectacle des vertus de Jacques Bonhomme. C'est toute une kyrielle de bonnes actions. Il donne de l'argent à un manant dont la femme vient d'accoucher, et son dernier morceau de pain à un vieux mendiant; il protège une vieille femme qui passe pour sorcière et accueille un homme poursuivi par les archers du baron. Tout cela un peu malgré son frère Guillaume, un brave homme aussi, mais de vertu moins évangélique. Là-dessus, les archers arrivent, conduits par le sire de Maurio, un affreux seigneur, ami du comte de Saint-Leu. Maurio fait jeter Guillaume dans la huche au pain, emmène et viole sa femme, brutalise son enfant. La femme, affolée, se jette dans une mare, l'enfant meurt, Guillaume est conduit en prison. Tout cela en cinq minutes. Jacques Bonhomme et les paysans jurent sur le cadavre de Jeanne, comme les Romains de Tite-Live sur le corps de Lucrèce, de se venger de leurs tyrans.

Au troisième acte, nous sommes dans le château du baron de Saint-Leu. Je passe une série de scènes entre un bouffon, un chapelain et un trouvère, où M. Maujan s'est mis en frais de couleur locale, et où l'on dit couramment : « Je fais des chansons moult joliettes » et « l'amour m'enfièvre de rude sorte ». Le baron de Saint-Leu est un vieux seigneur, digne, rigide, à cheval sur ses droits et privilèges, mais très patriote et qui ne se console pas de la défaite de Poitiers. Encore un aristocrate fort estimable en somme (et de trois!). Le public lui fait bon accueil, car il aime assez les hommes tout d'une pièce, les hommes « à poil » et les « nobles vieillards ». Mais vraiment ce sont trop de concessions à la réaction, et je commence à trouver que les seigneurs de M. Maujan ne sont pas assez méchants. Il n'y a que Maurio qui soit complètement selon la formule municipale. Le baron, qui manque ici de clairvoyance, promet sa fille à ce Maurio, malgré la résistance de la noble « damoiselle » qui aime le chevalier de Bonneville. Puis, assisté de son chapelain, un capucin de baromètre, il rend la justice. Il condamne tranquillement à être brûlée vive (que voulez-vous? c'étaient les mœurs du temps) la sorcière Marie Laurent qu'on voit partout dans ce drame et qui n'y sert à rien. Il accorde à Guillaume le combat judiciaire avec Maurio. Mais Guillaume, en sa qualité de vilain, n'aura qu'un bâton, et Maurio sera armé de pied en cap. Sur quoi, le chevalier de Bonneville s'offre comme champion du vilain. Ah! de quel cœur les électeurs de Paris l'ont applaudi, ce brave chevalier!

Mais, pendant l'entracte, Maurio fait tuer Bonneville dans une embuscade; et, naturellement, le « jugement de Dieu » condamne Guillaume. On va le pendre et l'on va brûler Marie Laurent. Mais, au moment de l'exécution, Jacques donne le signal de la révolte. On délivre les prisonniers, on prend le château et... c'est ici que commence le drame. Il ne vous a pas échappé que les trois premiers actes sont une espèce d'exposition, — un peu longue.

Un des chefs de la jacquerie est un certain Gerbert, ce fugitif que Jacques Bonhomme a recueilli chez lui au second tableau. Gerbert est un ancien moine, qui veut tout mettre à feu et à sang, parce qu'on ne l'a pas nommé prieur de son abbaye. Ce défroqué haineux commande le pillage du château. Il rencontre dans une salle le vieux baron et le frappe en l'accablant d'injures. Le vieillard, mourant, se redresse avec majesté : « Vassal, dit-il, j'écoute tes plaintes! » Bravo, le vieux! La foule l'acclame et se soulève toute contre l'abominable Gerbert. C'est qu'il est superbe, ce mot du baron de Saint-Leu. Peut-être bien est-il sublime; qui sait? « Le sublime, comme disait un de mes voisins, ça dépend un peu du nom de l'auteur. »

La demoiselle de Saint-Leu arrive à son tour, affolée. Elle rencontre Jacques et Guillaume Bonhomme... A partir de ce moment-là, voyez-vous, le drame de M. Maujan avait beau être patronné par le Conseil municipal et se dérouler sous ses yeux, il *ne pouvait plus* être qu'un drame modérantiste, un drame girondin. La sympathie du public allait forcément à l'homme qui sauverait la noble demoiselle... J'attends qu'on nous donne, à ce même « Théâtre de

Paris » un drame sous la Terreur, devant les électeurs de MM. Basly et Camélinat. Je défie l'auteur de leur mettre sous les yeux les massacres de septembre ou une séance du tribunal révolutionnaire d'après les documents du temps, sans y rien ajouter bien entendu. Vous verriez comme Fouquier-Tinville et les autres seraient conspués, comme les victimes seraient acclamées, et si le peuple jugerait qu'il y a des crimes nécessaires ! J'attends beaucoup de ce théâtre populaire. Le drame, en « réalisant », même grossièrement, les révolutions ou les jacqueries, en fait inévitablement paraître les excès odieux. Toute pièce sur un sujet de ce genre (à moins qu'on ne nous la donne au moment même d'une révolution) est condamnée à un bon sens relatif et à une certaine modération dans ses conclusions. Ce serait peut-être ôter son venin à l'histoire de la Révolution que de la mettre en mélodrames pour le peuple. Cela contrebalancerait le péril des réunions anarchistes...

Eh ! oui, cette foule pourra fort bien, dans une heure de souffrance plus grande et dans un accès de fièvre, ameutée par quelque Gerbert, faire ceque font les jacques chez le baron de Saint-Leu. Mais, sauf les jours où elle devient furieuse, elle est bonne, patiente, désintéressée, compatissante. Au théâtre surtout, elle n'apporte point de haine. Car sa présence même dans ce lieu de divertissement indique qu'elle a voulu, pour un soir, oublier sa misère et l'injustice de sa destinée. Le peuple ne saurait être méchant dans l'instant même où il s'offre un plaisir d'art, un plaisir de bourgeois ou de noble. Il peut bien alors, si on lui donne un drame révolutionnaire, s'il y retrouve les déclamations et les chimères dont il a coutume de se nourrir, y applaudir avec frénésie; mais cela le soulage et l'apaise, et toute sa rancune et toute sa colère amassées s'en vont dans cet applaudissement. Cela est touchant, quand on y songe. Il y a là des malheureux qui ont tant souffert, qui travaillent si dur, qui sont si pauvrement lotis dans le partage des biens de la terre, que je comprendrais leur révolte, même aveugle et sanglante. Eh bien ! pourvu qu'on leur montre des images de cette révolte, des tableaux grossièrement enluminés de ce règne de la justice, qui jamais n'adviendra, ils sont contents, ils restent tranquilles, ils s'amusent comme des petits enfants. Ces vaines représentations leur suffisent. Et il ne faut peut-être que les bercer avec des contes bleus révolutionnaires, où l'on mettra beaucoup de Berquin et un peu d'Évangile, pour qu'ils oublient de faire des révolutions.

Et voici quelque chose de plus attendrissant encore. Non seulement, au théâtre, le peuple ne se révolte point contre les détenteurs de biens qu'il n'a pas, mais il est enclin, pour peu qu'ils s'y prêtent, à les admirer et à les aimer. On dirait que le peuple, dans les moments où il ne souffre pas trop de sa dure condition, sent confusément son ignorance, sa faiblesse, sa pauvreté intellectuelle, l'étroitesse de son horizon, et combien, tout seul, il ferait peu d'honneur à la pla-

nète Terre, et que ce qui fait la gloire et la beauté de
la vie, l'art, la poésie, la philosophie, la science, ce
qui est la vraie raison d'être de l'humanité, tout cela
s'élabore au-dessus de lui, dans les « classes » qui le
dirigent et jusqu'auxqu'elles il peut d'ailleurs s'élever par ses enfants. Joignez à cela que, la multitude
étant femme, il ne lui déplaît pas, au fond, d'avoir des
maîtres. En somme, le peuple est humble encore plus
naturellement qu'il n'est révolté. Et c'est pourquoi,
toutes les fois qu'on lui présente des rois, des capi-
taines, des dames, des seigneurs qui ont les vertus de
leur rang, et qu'il voit sur les planches l'image d'une
vie supérieure à la sienne, il est charmé et il est ébloui,
il est pris de respect et ne se sent pas d'aise. Le peuple
adore les romans qui se passent « dans le plus grand
monde ». C'est aux bourgeois et aux aristocrates que
plaisent les romans qui se passent dans le peuple et
les peintures naturalistes. Je me souviens d'avoir vu,
l'été dernier, la *Belle Gabrielle*, au théâtre de Belle-
ville; vous ne pouvez vous figurer le succès du roi
Vert-Galant. J'ai vu, sur la même scène, le *Monde où
l'on s'ennuie*. Le public était composé, en grande
partie, de gens fort capables, en temps de révolution,
de coller un otage au mur. Mais là, devant cette image
d'un monde élégant et riche, il restait béat. La distinction d'un pareil spectacle relevait les assistants à
leurs propres yeux. Visiblement ils ne comprenaient
pas toujours (les acteurs non plus, du reste). Mais dès
qu'ils comprenaient un peu, ils s'en savaient si bon

gré qu'ils éclataient en applaudissements. Les pauvres comédiens étaient impayables en « hommes du monde ». La petite préfète récitait son rôle sans savoir ce qu'elle disait et prononçait « Skopenhauer ». Qu'importe? La vieille duchesse, surtout, était sympathique à ces lecteurs du *Cri du Peuple*, et on lui pardonnait même ses épigrammes contre la république en faveur de ses gauloiseries. Le peuple, invité ce soir-là dans un salon académique, cherchait à s'y bien tenir et voulait montrer sa bonne éducation... Ah! peuple ingénu d'où nous sortons et dont nous sommes, honte à qui te méprise et malheur à qui te souffle la haine et l'envie! Car, lorsqu'on te laisse à toi-même, tu es un grand enfant sans fiel, facile à émerveiller, facile à attendrir, prompt au respect et à l'amour. Tu acceptes fort bien de ne jouer qu'un rôle obscur et subordonné dans la grande épopée humaine et de servir à une œuvre inconnue et qui te dépasse, pourvu que ton rude travail t'assure le pain de chaque jour et que tu te sentes un peu aimé de ceux qui sont au-dessus de toi et qui ne vivent que par toi. Et comme il leur serait facile, à ceux-là, de te maintenir dans ta douceur et dans ta résignation, s'ils étaient seulement, pour parler comme l'Évangile, des hommes de bonne volonté!

Vous comprenez maintenant que le public ait voulu, d'accord avec Jacques Bonhomme, sauver Mlle de Saint-Leu. Elle a beau, à ce moment-là, traiter Jacques de manant; cela, c'est l'effet de son éducation. Le bon peuple veut que Jacques la sauve tout de même. Et Jacques la fait passer par un souterrain qui débouche, à une lieue de là, dans une forêt. A peine est-elle sauvée, Gerbert arrive avec ses pillards tout couverts de sang. Il accuse Jacques de trahison. Jacques se laisse faire. « Hélas! dit-il, quand une cause est déshonorée, il ne reste plus qu'à mourir pour elle. » La phrase est quelque peu obscure, et c'est sans doute pour cela qu'elle a paru sublime; mais le sentiment est assez clair.

Au dernier acte, Guillaume Bonhomme, moins clément que Jacques, est allé attendre Mlle de Saint-Leu à la sortie du souterrain. Mais, au moment de frapper, il ne se sent plus « le courage de tuer une femme », et la laisse aller. En revanche, il occit Maurio, qu'il rencontre là; et cela nous soulage. Comme Jacques tout à l'heure, Guillaume est accusé de trahison par Gerbert pour avoir épargné la fille du baron. On improvise un tribunal. Les gueux à qui Jacques a donné jadis son pain et son argent se montrent particulièrement lâches. Ici un mot excellent. Un des juges demande « qu'on disjoigne les causes » et ajoute: « On faisait ainsi au château ». Jacques et Guillaume sont condamnés à mort. Survient Marie Laurent. « Il n'y a ici qu'un traître, s'écrie-t-elle, c'est Gerbert! Il vous a livrés aux gendarmes du roi! » Les gendarmes arrivent et entourent les révoltés. Et le défroqué Gerbert aura son abbaye. — Et c'est ainsi que les révolutions avortent, « perdues par leurs excès ».

« Ça ne fait rien : l'*Idée* triomphera », dit Jacques.

Je regrette que M. Maujan n'ait pas un peu plus développé la dernière partie de son drame, cette éternelle histoire des montagnards et des girondins. Jacques ne se défend pas plus qu'un Christ et personne ne prend son parti : cela n'est guère naturel. Puis, j'aimerais que Gerbert, au lieu d'être un bas coquin, fût un fanatique étroit, à la façon de Robespierre. Il me semble que la lutte de Jacques et de Gerbert serait ainsi plus intéressante et que nous sortirions du vulgaire mélodrame pour entrer peut-être dans le drame historique.

Ai-je dit que, avec tous ses défauts, la pièce de M. Maujan n'est point ennuyeuse?

COCART ET BICOQUET

Renaissance : *Cocart et Bicoquet*, comédie en trois actes, de MM. Hippolyte Raymond et Maxime Boucheron.

27 février 1888.

Ah! si la comédie de MM. Raymond et Boucheron était d'une touche un peu plus légère, si le dialogue y valait les situations, s'il s'y trouvait un peu de la grâce de Meilhac, — quelle jolie chose ce pourrait être! Mais ce que je vous en dis, c'est pour l'acquit de ma conscience, et je ne veux point bouder contre mon plaisir. Tel qu'il est, ce vaudeville est d'une gaieté abondante et franche, et il a, en outre, ce mérite, que ses plus grosses bouffonneries recouvrent un certain fond d'observation facile, et qu'elles ont pour matière un des travers les plus caractéristiques de ce temps.

Bicoquet, fabricant de pâtes alimentaires, débarque à Thibouville, où il a deux choses à faire :

1º Rompre avec Théodora, une piquante brune qu'il a séduite en chemin de fer un mois auparavant. « ...Après le tunnel, raconte-t-il, nous ne pouvions plus nous regarder sans rougir. Alors nous fîmes connaissance... »

2º Épouser Mlle Francine Tamerlan, une héritière dont il a demandé la main par correspondance.

Car, par un hasard fâcheux, sa maîtresse et sa fiancée habitent la même ville.

Bicoquet, plein d'astuce, arrive à l'auberge avec une fausse barbe, un long manteau et une casquette de loutre, et s'y fait inscrire sous le nom de Cocart. Il a donné rendez-vous à Théodora sur la berge de la rivière; la rupture s'opère assez aisément; il en est quitte pour une gifle et quelques égratignures. Même, quand il offre à Théodora de lui rendre ses lettres, elle répond : « Tu peux les garder! » (Il faut vous dire que ces lettres ne sont point signées et que Théodora, prévoyante, les a fait écrire par sa cousine, la femme du passeur Dubonnel.)

Bicoquet rentre donc à l'auberge, soulagé. Il a jeté dans la rivière sa fausse barbe, son manteau et son bonnet de loutre. Mais il n'a pas songé à tout : il a gardé sa canne et sa bague. L'aubergiste, la bonne Mme Tringlot, reconnaît la bague et la canne de Cocart. En même temps Dubonnel repêche la casquette de loutre. Plus de doute : Cocart a été assassiné par Bicoquet.

Bicoquet est arrêté. Il n'aurait, pour se justifier, qu'à montrer les lettres de Théodora. Mais compromettre une femme! « Jamais! s'écrie-t-il; j'aurai toujours le temps! »

Thibouville possède donc un assassin! Toute la petite ville en frémit de curiosité, de peur, d'orgueil et de joie. Bicoquet a été presque respectueusement emprisonné à la mairie. Le greffier l'appelle « monsieur l'assassin » à pleine bouche et, sur ses réclamations, « monsieur l'inculpé », gros comme le bras. Dehors, la population s'ameute : elle veut voir le criminel qui lui fait tant d'honneur. Bicoquet, bon enfant, paraît au balcon : « Mesdames et messieurs, » commence-t-il... On l'acclame. « ...je suis innocent » ! On le hue, car, s'il est innocent, il n'est plus intéressant du tout, il usurpe les honneurs de l'incarcération, des nouvelles criées dans les journaux, de la notoriété, de la gloire.

Mais voici que les dames de l'aristocratie locale viennent lui rendre visite. Elles le trouvent « très bien », tout à fait l'air d'un homme du monde. Le sympathique meurtrier les reçoit avec une distinction parfaite, et même il improvise pour elles une scie de café-concert que l'une des belles visiteuses se fait un plaisir d'accompagner sur le piano :

> Ohé! ohé! Célestin!
> T'es-t-un ange (*bis*);
> Ohé! ohé! Célestin!
> T'es-t-un amour d'assassin!

Puis, c'est la délégation des bourgeoises de la ville. Mme Tringlot, elle-même, en grande toilette, vient apporter à Bicoquet un panier de provisions. Il lui inspirait, une heure auparavant, la plus profonde horreur, et c'est elle qui l'a dénoncé. Mais maintenant que tout le monde parle de lui, maintenant qu'il est célèbre, elle ne voit plus que son auréole; et, comme cette célébrité est un peu son œuvre, Bicoquet ne lui inspire plus qu'une orgueilleuse tendresse... Ici, Bicoquet, qui entre mal dans les sentiments si naturels de Mme Tringlot, se laisse aller à un mouvement de méchante humeur, et, saisissant une des bouteilles que vient de lui apporter l'excellente femme, il fait mine de l'en vouloir frapper : « Ah! monstre! prends plutôt mon honneur, mais laisse-moi la vie!... » gémit-elle d'une voix où se trahit, au fort même de l'épouvante, un invincible et inconscient amour pour un homme si énergique.

Là-dessus le maire, M. Farjassier, crevant d'importance et tout ivre de la grandeur de sa fonction, procède à l'interrogatoire de l'accusé et des témoins. Mme Tringlot affirme que Bicoquet a voulu, tout à l'heure encore, se livrer sur sa personne aux derniers outrages; le passeur Dubonnel affirme qu'il a vu, de sa barque, toute la scène du meurtre, et qu'il a entendu le bruit d'un corps tombant dans l'eau. (Dans le fait c'était le bruit de la gifle de Théodora.) Et tous deux, Mme Tringlot et Dubonnel, croient ce qu'ils disent, car plus ils en diront, et plus leur rôle sera glorieux; et puis, ne faut-il pas que Thibouville ait sa cause célèbre?

Me Jacquin, l'avocat de Bicoquet, vient à la rescousse des témoins, mais par un autre sentiment. Il a subtilement remarqué que le dernier mot d'Avinain : « N'avouez jamais! » est un conseil déplorable et funeste. Car, si vous êtes coupable, vous êtes toujours sûr, en avouant, de sauver votre tête; eussiez-vous commis le plus abominable crime du monde, on vous saura gré de votre aveu, à condition qu'il soit spontané et rapide. Et si vous êtes innocent, mais que les apparences vous condamnent... Eh bien ! c'est encore la même chose. Reste le cas où les preuves accumulées contre vous ne seraient pas de la dernière évidence : vous pourriez alors, par des chicanes mesquines et à force d'embêter les juges, obtenir quinze ou vingt années de centrale au lieu des travaux forcés à perpétuité et de la déportation à Nouméa. Mais justement Nouméa vaut bien mieux : on y jouit d'un ciel pur et d'une flore de *Robinson suisse*, on y devient colon et planteur, on y mange des ignames et des goyaves, et l'on y épouse la femme qu'on aime... Et c'est pourquoi, à chaque dénégation de Bicoquet, M° Jacquin se jette sur lui en criant : « Que faites-vous? Vous vous perdez, malheureux !... Nous avouons, monsieur le président ! nous avouons tout ! »

Cependant Farjassier veut fouiller Bicoquet. Celui-ci passe à M° Jacquin le paquet de lettres de Théodora en lui disant : « Chut ! ce sont des lettres de sa femme ! » (Vous l'aviez deviné, n'est-ce pas? que Théodora n'était autre que Mme Farjassier?) Naturellement M° Jacquin n'a rien de plus pressé que de remettre les lettres au mari, pour voir la tête qu'il fera. Farjassier ouvre le paquet; et M⁰ Jacquin sourit diaboliquement en regardant Farjassier. Mais voilà que Farjassier sourit de la même façon en regardant Dubonnel... (Vous n'avez pas oublié, j'espère, que c'était Mme Dubonnel qui écrivait les lettres de Théodora?)

Et je ne vous ai pas encore parlé de Mlle Francine Tamerlan. Cette jeune personne romanesque ne voulait point entendre parler de Bicoquet et avait donné son cœur au jeune Malgachon à cause de sa physionomie « lumineuse ». Mais, dès qu'elle apprend que Bicoquet a tué un homme, c'est Bicoquet qu'elle aime, c'est Bicoquet qui est lumineux! Elle vient le trouver, elle lui apporte un revolver et une échelle de soie; elle lui déclare sa flamme, et cela en présence de Malgachon lui-même qui, déguisé en récidiviste, a été introduit auprès de Bicoquet pour lui arracher des aveux. Malgachon, furieux, se découvre, et alors...

L'absurdité de son aventure, les émotions, la rage de ne pouvoir prouver son innocence, et en même temps, l'espèce de gloire qui lui est venue soudainement, ont fini par déséquilibrer et affoler le pacifique Bicoquet. Des besoins de violence le travaillent... Et cette belle fille qui le prend obstinément pour un Lara, un Fra Diavolo et un trappeur de l'Arkansas combinés! Cela achève de le griser. On veut qu'il soit un meurtrier? A la bonne heure! Et Bicoquet empoigne Malgachon, et le jette par la fenêtre, —

sous laquelle passe la rivière large et profonde...
« O mon héros! » s'écrie Francine. Le maire, l'avocat, le greffier, le garde champêtre, tout le monde accourt... Bicoquet décharge sur eux les six coups de son revolver — chargé à poudre, — et, dans un nuage de fumée, beau comme Monte-Cristo, pareil aux hommes énergiques et pâles marqués d'un sceau fatal et qui hantent l'imagination des femmes, s'évade par le moyen de l'échelle de soie...

Comment Francine le cache dans le poulailler de Dubonnel; comment Mme Tringlot l'y découvre; comment Dubonnel et Farjassier restent convaincus tous les deux que c'est l'autre qui « l'est »; comment, Francine ayant procuré à Bicoquet, pour une seconde évasion, la casquette et la fausse barbe du premier acte, il apparaît de nouveau à Mme Tringlot sous les espèces de Cocart, ce qui éclaircit et arrange tout... c'est ce que le troisième acte nous expose avec aisance et bonne humeur.

Francine épousera son Hernani, quoiqu'il n'ait chouriné personne.

Malgachon n'est point mort : il savait nager.

Il ne vous a pas échappé, même à travers les insuffisances de mon compte rendu, que ce qui donne quelque saveur à *Cocart et Bicoquet*, c'est la satire bouffonne, effrénée avec bonhomie, de quelques-unes des formes les plus bizarres, les plus sangrenues et les plus développées de nos jours, de l'éternelle vanité humaine : badauderie, snobisme, cabotinage.

Il est certain que les femmes, en général, aiment les assassins ; que, du moins, elles éprouvent à leur endroit une curiosité aiguë d'où la sympathie n'est pas absente. Il n'y faut qu'une condition (et encore !) c'est que l'assassin puisse être soupçonné lui-même d'aimer les femmes, et que son crime soit par quelque côté un « crime d'amour » (dans un sens un peu différent, il est vrai, de celui où l'entend Paul Bourget). Cette badauderie s'explique sans doute par les mêmes raisons que les autres espèces de badauderie ; mais peut-être admet-elle aussi une explication particulière aux femmes. N'y a-t-il point là un cas d'atavisme ? Ne serait-ce point que, chez la bourgeoise d'aujourd'hui, se réveille tout à coup l'âme ténébreuse de la femelle d'il y a dix mille ans, qui, tout en tremblant devant lui, admirait et aimait, pour sa force musculaire, pour sa violence et pour ses meurtres, l'homme des bois, le mâle énergique dont elle était la proie frissonnante ? Car l'anthropopithèque d'à présent, c'est le bon assassin, celui qui vit dans la société contemporaine, comme un chasseur sauvage et subtil dans une vaste forêt. Et des souvenirs de lectures viennent « poétiser » cet obscur instinct de la femme. Par une de ces confusions familières à son âme puérile, elle attribue volontiers à ces survivants de l'âge de la pierre, pour peu qu'ils s'y prêtent, un aspect romantique et byronien. L'homme des bois n'est peut-être qu'un révolté? C'est beau, un homme qui tue!... Cela s'appelle un assassin? Mais cela s'appelle aussi un bandit, un pirate, un corsaire, et Pranzini rime avec Hernani...

C'est pourquoi Francine est amoureuse de Bicoquet. Et si les habitants de Thibouville professent pour lui des sentiments moins éperdus, tout au moins ils veulent le voir, — et cela uniquement pour dire qu'ils l'ont vu, et parce que cela leur confère une supériorité sur ceux qui ne l'ont pas vu et ne le verront point. Il leur semble que par là ils participent en quelque façon à sa gloire. Qui n'a éprouvé cela? Si nous ne pouvons être de grands hommes, de ceux qui sont à part du troupeau et qui occupent la pensée de tout le reste du bétail, nous voulons les approcher, moins par curiosité de les connaître que pour la vanité de dire que nous les connaissons. Nous voulons, ne fût-ce qu'un instant, avoir été présents à la pensée (ou seulement aux yeux) de ceux qui sont présents à la pensée de tous. Nous avons tous connu ce désir inepte. Quel adolescent, principalement dans le monde des lettres, n'a été tourmenté de la passion de voir de près les grands écrivains et les grands artistes, de leur parler, d'exister pour eux une minute? Qui ne s'est fait présenter à Victor Hugo, et ne s'est senti grandir dans sa propre estime pour avoir considéré de près son front génial pareil à une haute muraille? (Il est vrai, comme il l'a dit lui-même, qu'il y a plaisir à regarder un mur derrière lequel on croit qu'il se passe quelque chose.) Qui n'a été fier de voir guillotiner un criminel célèbre ? Aujourd'hui encore, il y des gens qui font haie à la porte de la Comédie-Française pour voir passer Mlle Frémaux ou M. Le Bargy, et qui s'en vont très satisfaits d'eux-mêmes !

Si c'est une telle joie de regarder ceux dont tout le monde connaît le nom, ce doit être un délice infini d'être de ceux qu'on regarde et dont on parle. Cette réflexion m'a toujours empêché de plaindre, autant que je le devrais, les assassins pincés et même les condamnés à mort. Car songez-y, ce que quelques-uns seulement des autres hommes n'obtiennent que par des années de labeur, à force de talent, d'argent ou d'industrie, les assassins le conquièrent du premier coup, — du premier coup de couteau. La grande célébrité, ils l'ont du jour au lendemain. Ils se trouvent subitement plus connus que M. Georges Ohnet ou M. Géraudel. Cela doit être un grand réconfort pour ceux qui sont pris, et, par suite, une consolation anticipée, quelquefois un excitant, pour les autres. En tout cas, cela doit singulièrement affaiblir, chez les âmes bien nées, les effets de la peur du châtiment. Oh ! la gloire des Assises ! la joie d'être, pendant plusieurs jours, le principal objet de l'attention de ses contemporains ! Même à la dernière heure, ce doit être encore une manière de plaisir, — de plaisir mortel, — de sentir, en marchant vers la guillotine, que des milliers et des milliers d'yeux vous regardent. Des législateurs proposent que les exécutions capi-

tales aient lieu à huis clos et comme en cachette.
Sans parler des autres raisons qui combattent ce projet d'une hypocrite ou naïve philanthropie, j'ose dire que le huis clos serait une effroyable aggravation de la peine de mort. Il est vrai que cette aggravation ferait peut-être réfléchir les hommes des bois. Sans la presse, sans la publicité des Assises, sans la publicité du châtiment, la position de condamné à mort ne serait plus tenable.

Le cabotinage! il n'est pas un cabotin de chroniqueur qui, tout dévoré lui-même de l'envie d'être connu et de faire partie du tout-Paris qu'on voit et qu'on nomme, n'ait fait vingt fois cette réflexion profonde que le cabotinage est la plus incurable et la plus envahissante de nos maladies. Il n'est pas de jour où ce mal n'éclate sous des formes qui nous sembleraient étrangement burlesques, si nous n'y étions habitués, le portant nous-mêmes dans nos moelles. L'autre semaine, c'étaient deux comédiennes exquises qui, sur les planches, s'embrassaient à bouche que veux-tu, — pour faire assavoir au public qu'elles s'aimaient tendrement et qu'elles n'étaient point jalouses l'une de l'autre, — comme si cela devait nous intéresser! Mais elles avaient raison, puisque cela nous intéresse en effet, et puisque cette manifestation impertinente de leurs sentiments les plus personnels et les plus intimes a été furieusement acclamée par la foule, cette grande cabotine. J'avoue aussi que cette fricassée inattendue de museaux n'était point désagréable à voir... Ah! que nous sommes malades!

— Mais plutôt, me direz-vous, que vous êtes ingénu dans vos propos! Le cabotinage est de tous les temps. N'est-il point congénital à la race humaine? Nous en mourrons peut-être, mais en attendant nous en vivons. Chose singulière! la vie n'est qu'une immense bataille et l'homme est un loup pour l'homme. Et pourtant nous avons l'invincible besoin d'exister pour les autres... M. Barbey d'Aurevilly nous a expliqué, à propos de Brummel, que la vanité n'allait pas sans quelque bonté. Le cabotinage a souci de l'opinion des autres et en fait cas. C'est une des formes de la sociabilité et de la bienveillance; surtout c'est une des formes de l'amour de la gloire.

— Oui, mais c'en est la forme basse et démocratique. L'amour de la gloire, c'est le désir d'être connu des hommes, seulement pour ce qu'on a fait de beau ou d'utile. Il implique le refus d'être connu pour autre chose, le refus de voler la renommée; il implique l'acceptation de l'obscurité présente et le souhait d'une renommée qui peut n'être que posthume, et dont on ne jouira pas. Ce sont là des sentiments rares et forts. Il y a, dans l'amour de la gloire, une sorte de renoncement et d'ascétisme. Qui donc connaît maintenant une si belle passion? Sully Prudhomme peut-être, cette âme admirable, et deux ou trois autres. Ce qu'il nous faut, à nous, c'est, comme aux comédiens, la renommée immédiate et viagère : quelle et par quels moyens? il n'importe. Nos ancêtres, les écrivains classiques, parlaient de la postérité avec une noble candeur. Qui oserait en parler aujourd'hui?

Vous dites, — et cela est trop évident, — que cette vanité mesquine, avide de satisfactions immédiates et grossières, s'est vue de tous temps? Mais elle s'est étrangement accrue, aggravée et répandue de nos jours, et il ne serait pas très difficile d'en démêler les raisons. On verrait que la suppression des classes sociales en est une. Quand on appartenait à une caste supérieure et reconnue telle, quand on était sûr de valoir par sa naissance et par sa condition, on était moins avide de se créer une autre valeur, une valeur d'opinion, sinon peut-être parmi ses égaux... Puis, tout ce qui a rendu plus rapides et plus générales les communications des hommes entre eux a dû surexciter et multiplier les vanités en leur ouvrant un champ plus vaste. La presse a tué la gloire et l'amour de la gloire et les vertus qui en découlent, en mettant la notoriété à vil prix et en rendant la célébrité facile... On pourrait développer ces indications.

« Ceux qui écrivent contre la vanité, dit à peu près Pascal, ont celle d'avoir bien écrit... et moi qui écris ceci, ai peut-être cette vanité... » C'est pourquoi, ayant écrit sur le cabotinage, je rentre en moi-même, tout tremblant. Oh! cet âcre et lancinant désir d'être connu des autres, et toutes les erreurs, toutes les lâchetés, toutes les misères qu'il entraîne! Que celui qui pourrait étouffer ce désir en lui vivrait heureux!

Mais comment faire?

Ouvrons l'*Imitation* : « Les plus grands saints évitaient autant qu'il leur était possible le commerce des hommes, et préféraient vivre en secret avec Dieu... Nul ne se montre sans péril s'il n'aime à demeurer caché... Nul ne parle avec mesure, s'il ne se tait volontiers... Nul n'est en sûreté dans les premières places s'il n'aime les dernières... Il est louable de sortir rarement, et de n'aimer ni à voir les hommes ni à être vu d'eux... Fermez sur vous votre porte... Vous trouverez dans votre cellule ce que souvent vous perdrez au dehors... » Amen.

Le vaudeville de MM. Raymond et Boucheron est est fort bien joué par MM. Raymon, Moncavrel, Larcher, Bellot, et par Mmes Mathide, Leriche et Rolland. Ne voulant point perdre leur âme, je n'ose les louer plus amplement.

LES
SURPRISES DU DIVORCE

VAUDEVILLE : *Les Surprises du divorce*, comédie en trois actes de MM. Bisson et Mars.

12 mars 1888.

J'avais promis de vous reparler du vaudeville de MM. Bisson et Mars : les *Surprises du divorce*. Mais je m'aperçois que ce n'est plus la peine de vous raconter la pièce (vingt journaux vous en ont exposé le sujet), et que, d'autre part, si je ne vous la raconte pas, je n'ai rien à vous en dire, — sinon qu'elle est claire, bien faite, ingénieusement déduite, d'une gaieté irrésistible, et qu'il faut aller la voir.

Et je suis bien aise, en y songeant, que les circonstances ne m'aient point permis de vous rendre compte, la semaine dernière, de ce divertissant vaudeville. Car je sens que je m'y serais perdu et que j'aurais été très malheureux. A coup sûr, l'analyse la plus consciencieuse et la plus détaillée qui ait été faite des *Surprises du divorce* est celle de M. Francisque Sarcey. Elle remplit à peu près cinq cents lignes, et des lignes beaucoup plus longues que les miennes. Eh bien! malgré cela, elle n'est pas complète et, là où elle essaye de l'être, elle devient singulièrement difficile à suivre et présente un peu de l'austère agrément d'une belle page d'algèbre. Écoutez plutôt :

« .. Mon Dieu! qu'il y a eu encore là de réjouissantes scènes à quiproquos! Champeaux croit (le plus sincèrement du monde) que Mme Bonivard est morte et que son ami Duval est toujours le mari de la jolie Diane Bonivard. Mais il a vu Gabrielle, qu'il a prise pour la sœur de Diane. Il vient donc demander à Duval la main de Gabrielle, c'est-à-dire de sa femme, tandis que Duval l'excite à faire la cour à Diane, dans l'espoir d'en débarrasser son beau-père et lui-même... Champeaux reste persuadé que son ami a la tête un peu ébranlée. Le hasard le met en présence de Gabrielle (la seconde Mme Duval) qui n'a pas encore été mise au courant de la situation et ne sait pas que la nouvelle femme de son père est l'ancienne de son mari. Il entame la conversation avec elle ; il lui demande s'il y a longtemps que Duval est ainsi détraqué... »

Ouf! Évidemment, pour qui a lu le reste de l'exposition, cela est intelligible. Même cela est fort bien expliqué. Que dis-je? Il n'y avait guère d'autre façon de dire ces choses... Mais, tout de même, vous prenez votre tête dans vos mains, et vous vous dites que le compte rendu du vaudeville le plus réjouissant manque étrangement de drôlerie et que, plus il sera détaillé, moins il vous donnera envie de rire. Et vous ne tarderez pas à faire cette réflexion que, pour être complète, l'analyse d'un vaudeville à quiproquos et à surprises devrait être aussi longue que ce vaudeville même. Plus longue peut-être. Oui, l'auteur va plus vite en faisant entrer, parler et agir ses personnages que le critique en expliquant ce qu'ils sont, ce qu'ils viennent faire, pour qui on les prend, etc... Je mets en fait qu'un récit total de l'intrigue des *Dominos roses* ou de *Bébé* dépasserait d'un bon nombre de pages le manuscrit de *Bébé* ou des *Dominos roses*, et avec cela ne ferait pas rire un moment, — oh! non!

Par contre, l'appréciation des *Dominos roses* tiendra fort bien en quinze lignes; et encore, dans ces quinze lignes, il y aura peut-être des longueurs. Car, vous pouvez dire sans doute d'un vaudeville de ce genre qu'il est bien venu; et, si l'on vous demande pourquoi, vous pourrez ajouter que c'est parce qu'il est clair et ingénieusement agencé; mais il y a beaucoup d'autres vaudevilles ingénieux et clairs qui vous ont laissé parfaitement froid; et, si vous en cherchez la raison, et d'où vient que ceux-ci ont fait « ploc » dans une mare d'indifférence, tandis que celui-là a déchaîné la tempête du rire, vous ne trouverez point... J'exagère un peu, mais il y a certainement, dans ces choses, du mystère et de l'inexpliqué.

Et, maintenant, passons à l'autre extrémité, si je puis dire, des productions dramatiques. Prenons, par exemple, la *Bérénice* de Racine. L'action peut être entièrement contée, et sans que rien d'essentiel soit omis, en trente ou quarante lignes. Mais, en revanche, c'est trente ou quarante pages qu'un critique, un moraliste ou un historien pourra écrire sans peine sur les personnages de *Bérénice*, sur leurs caractères et leurs sentiments et sur la forme de l'œuvre.

Qu'est-ce à dire? Rien que de très simple. C'est qu'il y a des pièces où les personnages n'ont pas de vie propre en dehors de la combinaison d'événements où ils se trouvent impliqués, — et d'autres pièces où ils existent par eux-mêmes, et en dehors de l'action à laquelle ils participent. Certes, vous vous en doutiez. Mais, du moins, je viens de vous livrer un moyen empirique de vous en assurer, et, par là, de « hiérarchiser » les genres, si tel est votre goût. Notez que je n'en veux point au vaudeville de M. Bisson de contenir moins de substance et de vérité humaine qu'une tragédie classique et d'être à la fois trop long à raconter et trop court à apprécier. Seulement, cela m'agace un peu de ne pouvoir rien dire d'une pièce, si ce n'est qu'elle m'a fort amusé et qu'elle est apparemment un chef-d'œuvre en son genre.

Hélas! je n'ai pas même le droit, à propos des *Surprises du divorce*, de vous parler du divorce. Car, à le bien prendre, ce n'est point le divorce qui est le vrai sujet du vaudeville de M. Bisson; il n'y est qu'un

moyen dramatique. M. Bisson n'est ni pour ni contre
la loi Naquet. Car, si c'est le divorce qui ramène à
Duval sa belle-mère (devenue celle de son beau-père),
c'est aussi le divorce qui le débarrasse une seconde
fois de la bonne dame. Le fond de la pièce, ce n'est
donc point la défense ou la condamnation du divorce,
c'est la haine des belles-mères, sentiment légitime et
excellent à coup sûr, sentiment français, sentiment
national, mais dont l'expression et les effets comiques,
toujours infaillibles d'ailleurs, manquent peut-être un
peu de nouveauté. Ce n'est pas un reproche, au moins;
je me hâte de le dire. En réalité je suis partagé, au
sujet des *Surprises du divorce*, entre le souvenir reconnaissant du bon rire dont ce vaudeville m'a secoué,
et la crainte confuse d'y avoir pris trop de plaisir et
de paraître ainsi le préférer à ce que je fais profession
d'aimer le plus. Comprenez-vous le ridicule de cette
situation? Voyez-vous ce critique interrompant ses
éclats de rire pour dire à l'auteur : « Oui, Monsieur,
je ris, j'en conviens; mais, ne vous y trompez point,
cela ne veut pas dire que votre excellente farce vaille
la *Petite Marquise*, ni peut-être même *Athalie*. Je suis
aujourd'hui pour la hiérarchie des genres, voilà! Que
ce vous soit une gloire suffisante de me faire craindre
d'avoir trop ri! »

Pour en revenir au divorce, vous vous souvenez
qu'au moment de la loi Naquet on disait : « Assurément, cela va révolutionner le théâtre, et les pièces
sur le divorce vont abonder. » Or, il se trouve qu'elles

n'ont pas abondé du tout. Comptez, s'il vous plaît. Nous avons eu *Divorçons!* de M. Sardou. Nous avons eu la fantaisie de Gyp, *Autour du divorce*, qui n'est pas une pièce, et nous avons eu les *Surprises du divorce*, dont le divorce n'est pas, à proprement parler, le sujet. Et c'est tout. En quatre ans! D'où vient cela?

Hélas! ce n'est que trop aisé à comprendre. Le divorce est, par essence, chose antidramatique, puisqu'il est une solution, puisqu'il apporte un dénouement tout prêt à tout un ordre de luttes intimes et douloureuses, de celles justement dont vit le théâtre. Le mariage indissoluble, à la bonne heure! C'était une matière inépuisable de drame et de comédie. Mais que voulez-vous faire avec le divorce? Chaque progrès de la loi civile est un mauvais tour joué aux dramaturges, car tout ce qui peut rendre moins fréquents les cas de conflit entre l'individu et la société réduit d'autant le fonds où ils puisent. Un auteur dramatique ne tient pas du tout à ce que la raison règne dans les Codes. Il ne lui déplaît pas que les institutions humaines soient absurdes. L'avènement de la république de Salente marquerait la fin de son art. La loi Naquet a porté un rude coup à la scène. Elle rend superflue la moitié du répertoire de Dumas fils. Une loi qui autoriserait la recherche de la paternité compromettrait fort l'autre moitié. Et alors ce théâtre n'aurait plus aucune raison de vivre, — sinon qu'il est immortel.

Oui, le divorce est l'ennemi du drame; cela est si vrai que, depuis que cette issue est ouverte aux époux divisés, plus d'un auteur a continué d'imaginer des complications que la nouvelle législation rendait impossibles. Ils refermaient, pour n'être point dérangés dans leurs habitudes, la porte méchamment ouverte par M. Naquet. De ces drames retardataires, où la loi sur le divorce était considérée comme non avenue, je ne me rappelle en ce moment que *Monsieur de Morat :* mais certainement il y en a eu d'autres.

Cela ne m'étonne point. Tâchez d'imaginer ce que peut donner le divorce : vous verrez comme c'est peu de chose. Il y a d'abord le cas de la petite femme qui déteste son mari avant le divorce, et qui se met à l'adorer après. Cela, c'est *Divorçons !* et c'est aussi *Autour du divorce.* Les variations possibles sur ce thème sont en nombre très limité. — Il y aurait les conséquences comiques du divorce : par exemple, le mariage de votre première femme avec votre second beau-père. Cela, c'est la pièce de M. Bisson. C'est probablement le commencement d'une série, et nous allons voir sortir du divorce des complications de parenté, auprès desquelles le cas d'Œdipe et des antiques Labdacides ne sera qu'un enfantillage. Mais cela ne saurait encore aller très loin, et je crois que MM. Bisson et Mars ont trouvé du premier coup la plus plaisante de ces combinaisons. — Quoi encore ? On peut supposer que des époux divorcés, remariés chacun de son côté, se retrouvent, et soient troublés de la rencontre; que la femme, par amour ou par perversité, veuille reprendre l'homme afin de goûter les joies d'un adultère original... Mais peut-être ce drame a-t-il été fait?... — Ou bien vous vous contenterez de mettre en présence l'une de l'autre la première et la seconde femme d'un divorcé, et de chercher à quels sentiments, à quelles jalousies, à quelles haines, à quelles rivalités cette rencontre pourra donner naissance. Il y a encore ce qu'on appelle « la question des enfants »; la situation de ces malheureux petits entre un père dont la femme n'est pas leur mère, et une mère qui a un autre homme que leur père pour mari, et toutes les conséquences douloureuses et funestes d'une pareille situation. Mais je ne pense pas que vous en tiriez grand'chose. Les enfants sont, au théâtre, des personnages d'un maniement difficile (sans compter que, comme acteurs, ils sont généralement insupportables). Je ne les admets guère que dans le mélodrame, et accablés d'infortunes mélodramatiques : perdus dans la forêt, enlevés à leur mère, mendiant dans la neige ou battus par des saltimbanques méchants... — Cependant, il est une disposition de la loi sur le divorce, qui pourrait suggérer, il me semble, des idées de vaudeville. C'est l'article qui interdit aux divorcés pour adultère d'épouser leur complice. Par exemple, une femme désireuse d'épouser son amant se ferait surprendre par son mari avec un faux amant, — un amant de paille, si j'ose risquer cette figure. Et encore on retomberait assez vite dans les tours connus des agences Tricoche et Cacolet, dans des combinaisons dont on s'était avisé déjà au temps du régime de la séparation de corps. — A la vérité, j'entrevois bien quelques autres conséquences dramatiques de la loi sur le divorce, mais je ne veux pas vous les dire : les dramaturges trouveraient impertinente, à la fin, cette prétention de leur fournir des idées. Ils en ont tant !

Dans tout cela vous avez dû remarquer que le divorce n'est qu'un point de départ, — ou qu'un moyen de compliquer et de rajeunir l'adultère, une arme nouvelle dans l'éternelle lutte de l'homme et de la femme ; enfin, que le divorce ne redevient dramatique qu'en replaçant l'homme et la femme dans certaines conditions ridicules ou douloureuses, analogues à celles qu'ils rencontraient quelquefois dans le mariage indissoluble. En d'autres termes, le divorce, comme autrefois le mariage, n'est matière de drame ou de comédie que dans les moments où ses effets sont justement contraires à ceux que la loi en avait attendus. Bref, le divorce n'a d'intérêt à la scène que s'il se trouve aller contre son but, s'il lie et complique au lieu de dénouer. Et il n'en pouvait être autrement.

Il n'est donc pas surprenant que le théâtre qui, avant la loi Naquet, semblait réclamer le divorce, ait paru le condamner depuis. Nos auteurs ont été, en cela, parfaitement logiques, ou plutôt n'ont fait qu'obéir à une nécessité de leur art. La vérité, c'est qu'ils n'ont point changé. Ils pouvaient bien, autrefois, s'élever contre l'indissolubilité du mariage comme philosophes ou moralistes, mais non point comme écrivains de théâtre, puisque cette indissolubilité rendait seule possibles leurs meilleures inventions. Aujourd'hui, ce leur est donc une façon de se venger du divorce que de nous montrer le danger ou l'absurdité de quelques-unes de ses suites. Bien mieux, si par hasard le divorce se trouvait être un sujet plus fécond que je n'ai cru, peut-être bien qu'on verrait les écrivains de théâtre, un fois habitués au nouvel ordre de choses, réclamer le mariage indissoluble avec la même mauvaise foi qu'ils réclamaient le divorce au temps jadis. Plus simplement, ils chercheront dans le divorce, sans tant philosopher, les cas exceptionnels et difficiles, comme ils faisaient auparavant dans le mariage.

Car, comme leur art ne vit que de ce qui nous divise et nous fait souffrir, ils sont forcément ennemis, ainsi que je le disais, de tout ce qui, dans la loi, peut avoir pour effet de prévenir ou d'atténuer les difficultés de la vie domestique ou sociale. Heureusement pour eux, toute loi humaine devient inique et absurde dans un cas donné. Rassurez-vous donc. Le théâtre n'est pas en péril pour une loi de plus, même bonne. Et l'on ne sera jamais bien sûr que la loi Naquet soit une de celles-là.

PANTOMIME[1]

CERCLE FUNAMBULESQUE : *Colombine pardonnée*, pantomime en un acte, de MM. Paul Margueritte et Fernand Beissier, musique de Paul Vidal. — L'*Amour de l'Art*, pantomime en un acte et deux tableaux, de M. Raoul de Najac, musique de M. André Martinet.

28 mai 1888.

Aucune nouveauté cette semaine. Je vous parlerai donc de la représentation d'ouverture du Cercle funambulesque, dont je n'ai pu dire qu'un mot lundi dernier.

Ah! que je voudrais être Pierrot-critique ! — Mais vous l'êtes, me direz-vous méchamment. — Je m'explique. Que ne puis-je vous rendre compte uniquement par des gestes, des attitudes et des jeux de physionomie, de la pantomime de M. Paul Margueritte et de celle de M. Raoul de Najac ! Et que ne puis-je mimer silencieusement ce feuilleton au lieu de l'écrire ! Comme cela serait moins long, plus direct, plus clair ! et comme cela simplifierait ma besogne ! Les yeux fixes, les traits tendus, traversé parfois d'un frisson, et pourtant une flamme de plaisir dans les yeux, je

1. Cf. *Impressions de Théâtre*, 1re et 2e séries.

donnerais tous les signes de cette « douce terreur »
et de cette « pitié charmante » dont parle Boileau.
Puis je frapperais mes deux mains l'une contre l'autre
pendant quelques secondes ; puis, haussant mes sourcils, je hocherais la tête lentement quatre ou cinq
fois de suite ; enfin, j'avancerais les lèvres en les
arrondissant, j'en rapprocherais les doigts allongés
de ma main droite, et j'y ferais claquer un baiser
rapide. Et vous comprendriez tout de suite que
Colombine pardonnée m'a beaucoup plu, et qu'elle
m'inspire beaucoup d'admiration. Ensuite, je me
recueillerais, je fermerais les yeux à demi, j'appuierais ma main contre ma tempe, je resterais quelque
temps immobile ; et vous en concluriez immédiatement
que je réfléchis, que mon propre plaisir m'étonne et
m'embarrasse, que je voudrais me le définir à moi-
même, que je me pose, au sujet de *Colombine pardonnée*, des questions profondes et confuses, et que je ne
les résous pas. — De même, pour vous dire ce que je
pense de l'œuvre de M. de Najac, tour à tour je sourirais finement (du moins je tâcherais), et je rirais
d'un large rire muet. Après quoi, j'exécuterais la
même mimique que ci-dessus : applaudissements,
hochements du menton, baiser, puis méditation, —
mais moins prolongée... Hélas ! vous seriez capables
de trouver ce compte rendu insuffisant, et ma destinée
est telle que je suis obligé de vous expliquer par la
parole écrite des drames exquis où nul ne dit mot et
qui démontrent justement l'inutilité de la parole.

Je dois vous dire que la pantomime est, pour moi, chose presque nouvelle. Je l'aimais d'avance, sur la foi de M. de Banville. Mais vous savez que cet art délicieux n'était plus pratiqué chez nous depuis une trentaine d'années. Je ne puis donc vous dire exactement dans quelle mesure M. Paul Margueritte est un inventeur, ni ce qu'il a ajouté à l'art de Debureau et de Paul Legrand. Il me semble pourtant, sauf erreur, que c'est lui qui, le premier, a fait Pierrot tragique et névropathe, et tout pareil aux héros sensuels et détraqués des romans de la jeune école. — Ainsi, la pantomime, si elle ressuscitait pour de bon, pourrait suivre les progrès ou, si vous le préférez, les transformations de la littérature, et en résumer, sous une forme ramassée et souverainement expressive, les nouveautés essentielles.

Vous n'avez pas oublié *Pierrot assassin de sa femme*. Voici maintenant *Colombine pardonnée*. Je vais vous conter la chose en deux mots; car, comment voulez-vous que je vous décrive l'un après l'autre, et dans le détail de leurs nuances successives, les gestes et les attitudes du faible Pierrot et de la perverse Colombine? — Pierrot, voilà déjà longtemps, a chassé sa femme qu'il a surprise au bras d'un amant. Depuis, il la regrette. Il rêve des heures devant son portrait; il tire d'un coffret ce qui lui reste d'elle : des gants, un bouquet, un ruban, un petit soulier ; et il baise furieusement ces reliques où son odeur est demeurée. Un soir d'hiver, elle revient au logis, implorant son pardon... De sa cape couverte de neige, elle sort toute rose, toute mignonne et froufrouteuse. Elle a d'adorables mines de contrition... Elle va jusqu'à se jeter aux pieds de Pierrot, jusqu'à meurtrir contre le plancher ses genoux étroits et délicats, en tordant de désespoir ses bras ronds et nus et ses mains à fossettes... Pierrot la repousse avec de grands gestes. Puis, comme la coquine est en fort jolie toilette, il désigne du doigt sa jupe soyeuse, son frais corsage exactement plaqué, ses bijoux et tous ses atours ; et ce geste veut dire : « Avec quoi avez-vous payé tout cela, madame? » Colombine ne lui répond qu'en l'enveloppant de la caresse de ses prières, de ses agenouillements et de ses sourires navrés; enfin elle se met à danser autour de lui, la tête renversée, la bouche provocante, sûre désormais de sa victoire. Pierrot cède : elle l'a lu dans ses yeux. Et alors elle se retourne et elle nous sourit, à nous, d'un air de confidence, et c'est le sourire le plus féminin, le plus scélérat, le plus méprisant pour l'homme, — un sourire à faire trembler. Pierrot, qui n'a pas vu ce sourire-là, pardonne; et il est plus amoureux que jamais, ou du moins il l'est avec un plus furieux appétit, — comme quand on a pardonné. Et Colombine, alors, marche vers le lit et tire les rideaux sur elle... Pierrot, resté seul, rentre en lui-même et songe... Son visage exprime une angoisse et une épouvante croissantes... Tout à coup il saisit un couteau, se rue dans l'alcôve...

Au bout d'un moment, il reparaît : son couteau est rouge. Pierrot est sauvé.

Sauvé comme Pierre Clémenceau. Car c'est tout à fait la même histoire. Pierrot tue Colombine comme Clémenceau tue Iza, et précisément pour les mêmes raisons et après la même lutte intérieure. Et *Colombine pardonnée*, c'est aussi *Sapho*, *Cruelle Énigme*, *Manette Salomon*, sans compter une bonne centaine de romans parus dans ces dernières années. C'est encore, si vous voulez, la *Colère de Samson;* c'est l'histoire d'Alceste et de Célimène, c'est celle d'Ulysse et de Circé, c'est celle d'Adam et d'Ève avec un autre dénouement. Tous les drames qui, depuis les temps les plus reculés, nous mettent sous les yeux la lutte éternelle « entre la bonté d'homme et la ruse de femme », comme dit Alfred de Vigny, la « possession », l'ensorcellement charnel de l'amant par la maîtresse, et les sentiments qui s'ensuivent chez les deux inséparables adversaires, liés ensemble comme ces prisonniers que les anciens enchaînaient par couples..., la pantomime de M. Margueritte les évoquait à mes yeux, comme si elle eût vraiment contenu toute la substance de ces œuvres écrites. J'enrichissais, non seulement du souvenir de mes impressions personnelles, mais encore de trente siècles de littérature et d'expérience humaine, le sens de chacun des gestes du naïf amant enfariné et de la rose et méchante adorée. Et je ne dirai point (le paradoxe serait trop aisé et insipide) que Pierrot a sur

Samson ou sur Pierre Clémenceau la supériorité du silence. Mais il n'en est pas moins vrai qu'un des plus graves inconvénients du théâtre écrit ou parlé disparaît dans la pantomime. Il n'est pas de drame où l'on ne puisse contester çà et là la vraisemblance des sentiments. Pourquoi? Tout simplement parce qu'ils sont exprimés dans le plus analytique et le plus rigoureux des langages, celui des mots, et que nous avons prise sur une forme si arrêtée. Mais quand c'est le geste seul qui exprime les sentiments, nous pouvons les concevoir à notre guise; et ainsi la psychologie d'une pantomime est toujours vraisemblable, puisque c'est nous-mêmes qui la créons à mesure. Bref, la pantomime est, de tous les genres dramatiques, celui auquel le spectateur collabore le plus. C'est peut-être pour cela que je suis tenté de trouver toutes les pantomimes excellentes.

Mais voici ce qui m'a le plus étonné. M. Paul Margueritte emploie le Pierrot traditionnel, le Pierrot enfariné et de blanc vêtu, large pantalon, large et longue blouse aux boutons énormes, manches flottantes, longues et larges. Or, l'aspect de ce personnage est évidemment comique, et, jusqu'ici, en effet, Pierrot avait toujours fait rire. Même quand on le concevait gentil, gracieux, rêveur et tendre, comme M. de Banville en a eu souvent la fantaisie, on souriait néanmoins de sa bonne tête ronde qui semble taillée dans de la craie, de l'ampleur amusante de ses habits neigeux et de ses manches encombrantes comme des ailes d'albatros. Or, le Pierrot de *Colombine pardonnée* ne fait ni rire ni sourire un instant. Cela tient peut-être à ce que l'auteur, qui joue lui-même le rôle, n'a pas la face joviale, il s'en faut. Mais enfin cette blême figure pourrait paraître burlesque tout en restant triste à porter le diable en terre. Eh bien! non : cette tête simplifiée, artificielle, sans cheveux, sans modelé, cette lune oblongue où l'on ne voit sur la blancheur plate du fond que les trous des yeux et des narines et la ligne des sourcils et de la bouche, cette tête est très réellement tragique... Au fait, elle l'est précisément de la même façon que ces autres têtes artificielles, ces masques dont se couvraient les acteurs pour jouer les drames d'Eschyle et de Sophocle et qui, à coup sûr, ne donnaient nulle envie de rire aux Grecs ingénieux. De même l'ampleur démesurée de tout le costume de Pierrot ne fait-elle pas songer aux artifices dont les tragédiens d'Athènes usaient pour se grandir, aux rallonges qu'ils se mettaient aux bras, aux cothurnes dont ils haussaient leur taille et que dissimulaient leurs robes traînantes? Poussez cette idée, et vous ne trouverez plus Pierrot grotesque, mais vous verrez plutôt en lui, comme chez les interprètes de la tragédie grecque, une sorte d'effigie théâtrale d'une humanité généralisée.

C'est ainsi qu'il m'est apparu l'autre soir. La netteté avec laquelle ses sourcils, ses yeux et ses lèvres se découpaient dans la farine ne servait plus qu'à rendre plus clairs et plus saisissants les jeux divers de sa physionomie; sa bouche, quand il en rabattait les coins, ressemblait à l'embouchure de cuivre du masque d'Oreste ou d'Agamemnon; et les grands plis de sa blouse et de ses manches donnaient à ses gestes une dignité, une emphase, une puissance d'expression extraordinaire... Tant, que je me suis enfin demandé s'il ne serait pas possible de réduire en pantomimes certaines tragédies antiques, et de faire jouer l'*Orestie* par des Pierrots dont on modifierait un peu le costume. Et pourquoi non? L'action est fort unie, comme il convient à un drame sans paroles; les sentiments sont de ceux qui peuvent être entièrement traduits par des gestes, car ils sont très simples et très violents, et les personnages n'en éprouvent jamais qu'un à la fois. Je suis persuadé qu'une pantomime de ce genre secouerait les spectateurs de bonne volonté d'un frisson d'immense horreur et qu'elle ne différerait pas beaucoup, extérieurement, d'une représentation du théâtre d'Iacchos au temps de Périclès...

J'ai laissé entendre ce que je pensais du jeu de M. Paul Margueritte. Il est large et puissant. Je le voudrais un peu plus souple, plus varié, plus rapide; mais peut-être alors perdrait-il quelque chose de sa clarté. Mlle P. Invernizzi, de l'Opéra, jouait le rôle de Colombine. L'humilité hypocrite des premiers instants, le repentir sournois et lascif qui déjà caresse et s'apprête à séduire et qui peu à peu se change en coquetterie enragée et triomphante, elle a rendu tout cela avec une grâce purement diabolique.

Pour nous reposer et nous détendre, on nous a
donné ensuite une pantomime de M. Raoul de Najac,
très spirituelle et très gaie, et conforme, celle-là, à la
tradition du genre.

Voici. Le doux Arlequin aime la fille du commissaire, la piquante Colombine; mais Arlequin est
pauvre, Arlequin n'a que sa jeunesse et son esprit, et
le commissaire trouve cette dot insuffisante... Là-dessus, un facteur paraît; il remet à Arlequin une lettre
chargée. C'est un héritage. « Ah! du moment que
vous êtes riche, ma fille est à vous », dit le commissaire d'un geste plein de noblesse. Mais, pour son
malheur, Arlequin rencontre Pierrot. L'homme subtil
et blanc lui propose une partie de dés. Les dés, naturellement, sont pipés; Arlequin ne gagne pas un coup
et s'en étonne, tandis que Pierrot empoche les mises
avec un mouvement régulier, dont la répétition
devient fort plaisante, et d'un air de béatitude enfantine qui montre bien que Pierrot est voleur comme il
est blanc, — de naissance, — et qu'il vole pour le
plaisir beaucoup plus que pour le gain. Vous me direz
que le gain aussi est un plaisir. Oui, mais Pierrot en
connaît un plus noble, celui de se sentir plus malin
que le commun des hommes et celui de narguer la
maréchaussée et les institutions de son pays. Il est
voleur enfin, comme beaucoup de jolis animaux,
comme le chat, la pie ou la bergeronnette, par un
instinct naturel qui le pousse à ramener vers sa gracieuse personne le plus possible des biens de la terre,

et parce que rien ne lui paraît plus légitime... Bref, c'est pour des raisons tout à fait élégantes que Pierrot est un grec et un escroc. Pierrot est charmant. Il représente les vices des hommes avec un air d'inconscience et d'innocence qui les rend extrêmement aimables. Pierrot est en dehors de la loi, et par suite en dehors du péché. Il nous fait rêver d'une vie purement sensuelle et affranchie du joug de la conscience morale : ce qui est peut-être la définition même de la parfaite félicité. Pierrot, c'est le fils de Lilith, l'Adam ingénu qui n'a pas mangé la pomme, et qui continue à promener, parmi nos sociétés compliquées, l'âme ignorante d'un habitant du Paradis terrestre...

Or, Arlequin n'ayant plus le sou et Pierrot se trouvant riche, le commissaire, qui est un homme sérieux, met Arlequin à la porte et donne sa fille à Pierrot... Mais Pierrot gâte son affaire parce qu'il est poète et qu'il se laisse aller à commettre un tas de vols inutiles, des vols d'artiste. D'où le titre de la pièce : l'*Amour de l'art*. Il reprend à l'hôtelier Mezzetin l'argent de son terme qu'il vient de lui payer. Il dérobe le mouchoir de son futur beau-père. Il soustrait sa tabatière à Monsieur Polichinelle. Enfin, et cela touche au sublime, il enlève le collier de perles et le médaillon de sa fiancée Colombine, — et tout cela avec des mines de chat voluptueux et une expression d'allégresse qui va croissant de larcin en larcin... C'est du délire, c'est du vertige. Il finit par se faire pincer. Un bon gendarme l'appréhende à la collerette.

On le fouille; et, tandis qu'on extrait de ses poches de quoi garnir un bazar, Pierrot, ironique et serein, par un mouvement profondément artistique et désintéressé, vole le sabre du bon gendarme.

Elle est fort amusante, cette pantomime; elle est rapide et parfaitement claire; et j'en ai joui moins laborieusement que de la fantaisie tragique de M. Paul Margueritte. Au moins les personnages étaient de vieilles connaissances; et il y avait, dans le plaisir qu'ils me donnaient, plus de sécurité : je confesse ici la timidité de mon esprit. M. Saint-Germain jouait Pierrot. Il n'avait pas grand'chose à changer à son jeu pour être parfait dans ce rôle. Il lui suffisait d'être un peu plus aphone que d'habitude. Vous ne sauriez imaginer un masque plus souple, plus malléable : les moindres mouvements de l'âme enfantine et malicieuse de Pierrot y transparaissaient avec une précision et une netteté merveilleuses. Et le geste de l'excellent artiste, si sobre et si sûr, venait achever la traduction. Il faut louer, après lui, Mlle Theven, une Colombine toute mignonne, toute gamine, dont le profil et l'allure m'ont rappelé les petites femmes de Chéret et de Willette.

Maintenant, que faut-il attendre de cette résurrection d'un genre oublié? Avouons tout de suite que ce genre est, par la force des choses, condamné à une certaine monotonie. Au fond, il n'y a qu'un sujet de pantomime tragique. Hier, Pierrot faisait mourir

Colombine en lui chatouillant la plante des pieds; aujourd'hui, il la frappe d'un coup de couteau. Ce sera donc toujours Pierrot tuant Colombine ou son amant Arquelin, — à moins que ce ne soit Pierrot tué par Arlequin ou par Colombine... Et il n'y a aussi qu'un sujet de pantomime comique : Arlequin épousant Colombine malgré le commissaire et malgré Pierrot ou Polichinelle... Je sais bien que c'est assez; que cette tragédie et que cette comédie d'amour, c'est toute l'histoire des hommes; que, d'ailleurs, les personnages traditionnels de la pantomime suffisent à représenter les vices et les travers les plus généraux de l'humanité et même les principales conditions sociales. Je sais aussi que toutes les pièces ou tragédies écrites peuvent elles-mêmes se ramener à un assez petit nombre d'actions typiques; que ces actions peuvent être réduites, à leur tour, en pantomimes toutes pures, — et qu'ainsi les jeux muets de Pierrot et de Colombine résument véritablement tout l'art dramatique. Mais si c'est un plaisir, à certains moments, de reconnaître, dans ces spectacles sommaires, ce qu'il y a d'immuable et d'essentiel dans les sentiments humains et dans l'éternelle aventure de l'amour, il faut avouer que les formes infiniment variées que ces sentiments affectent dans la réalité et les complications qui viennent diversifier cette aventure ne sont pas non plus sans intérêt. S'il est légitime de dire, en assistant aux exploits ou aux malheurs de Pierrot ou d'Arlequin : « Tout Eschyle, tout Shakespeare, tout Molière est là-dedans », il est également permis de se raviser et de faire cette remarque : « Tout de même, je crois qu'il y a quelque chose de plus dans Molière, dans Shakespeare et dans Eschyle. ». — Et ainsi, il faut aimer la pantomime, mais seulement comme un intermède philosophique qui nous délasse des genres plus savants et plus discursifs et qui, après que nous avons songé : « Comme c'est compliqué, l'âme humaine ! » nous suggère cette réflexion tout aussi juste : « Mon Dieu ! comme c'est simple ! »

AU CONSERVATOIRE[1]

Le concours de tragédie et de comédie.

30 juillet 1888.

Je commence par quelques observations générales sur le concours du Conservatoire. Très calme, ce concours. On n'y a tué presque personne. Beaucoup moins de crimes, de parricides, d'empoisonnements, d'incestes et de suicides que l'an dernier. Je veux dire que la tragédie y a été discrètement représentée : sept morceaux seulement; et, encore, quatre appartiennent au drame, non à la tragédie proprement dite. Par contre, vingt-deux numéros de comédie, qui se décomposent ainsi : six morceaux de Molière; un de Corneille; un de Racine; un de Regnard; un de Victor Hugo; un de Banville; un de Mme de Girardin; un de Mürger; deux de Dumas fils; un de Sandeau; deux de Sardou; un de Scribe; un de Pailleron; un de Ponsard et un de Félicien Mallefille. Je ne conclus rien du tout de cette statistique. J'y regrette seulement l'absence de Marivaux, de Beaumarchais, d'Émile Augier, de Meilhac et d'Halévy. — Et nous

1. Cf. *Impressions de théâtre*, 1re et 2e séries.

avons revu la scène de l'Intimé, la scène du docteur Pancrace, et, pour comble d'horreur, la scène de *Valérie*, qui est, comme vous savez, la page la mieux « écrite » de celui que les siècles continueront, pour son châtiment, à appeler Monsieur Scribe. Nous avons revu pareillement ces deux vieilles connaissances : Mlle Forgue et M. Damoye. Hélas! nous ne les verrons plus, si ce n'est peut-être à l'Odéon : mais ce ne sera pas la même chose. Autre remarque : les jeunes concurrentes étaient presque toutes très jolies, et il y avait beaucoup moins de nez crochus que l'an dernier. Ce n'est pas pour une autre raison que les membres du jury, dont quelques-uns sont peut-être des hommes, ont prodigué les récompenses à ces petites : un premier prix, un second prix, trois premiers accessits, deux seconds accessits... Des folies, enfin! — Dernière remarque préliminaire : en dépit des cris, des hurlements, et même des sifflets qui ont, selon l'usage, accueilli certaines nominations, le doux M. Ambroise Thomas n'a pas fait de discours, et cela nous a manqué.

En revanche, nous avons vu trois phénomènes : un du genre satanique; un autre du genre charentonnesque; le troisième... (« Ah! le troisième! » comme il est dit dans la *Belle Hélène!*)... du genre féminin, tout simplement.

Le premier, c'est M. Damoye. Nous le connaissions déjà par d'innombrables concours; et, du reste, on ne peut mettre les pieds dans un théâtre sans voir errer par les couloirs sa tête fatale et comme écrabouillée par la foudre. Mais jamais il n'avait été si beau! J'ai dit, l'année dernière, que cet homme verdâtre n'était pas un homme, mais la statue vivante du mélodrame. C'est de plus en plus vrai. Il avait joué Glocester, il avait joué Louis XI; mais c'étaient encore là, pour M. Damoye, des âmes trop fraîches, trop douces et trop pures; et il n'avait pu y donner la mesure de sa puissance d'expression dans le sombre, dans le frénétique, dans l'infernal. Il lui fallait Marat. Il me paraît évident que Marat a été mis au monde uniquement pour que M. Damoye pût avoir le prix de tragédie en l'an de crime 1888.

M. Damoye a les traits d'un monsieur qui serait coupable de tous les assassinats, de toutes les captations de testaments, de tous les enlèvements de jeunes filles, de tous les viols, de toutes les trahisons, de toutes les scélératesses qui ont été commises au théâtre depuis la Restauration jusqu'à nos jours. Il semble ne pouvoir faire un geste qui n'exprime un sentiment atroce ou le désespoir d'un damné. Avec cela, hors des planches, l'air et les yeux d'un brave garçon. — Pour parler sérieusement, il a été remarquable dans le rôle de l'Ami du peuple; il l'a rendu avec intelligence, vérité, énergie. Il fera un excellent acteur de mélodrame. Seulement, dans les pièces où il jouera, il faudra ajouter des crimes.

Le second phénomène, c'est M. Mondos (des environs de Dijon, sans doute). Je ne sais pas comment il a joué le rôle du docteur Pancrace. Je crois même qu'il ne l'a pas joué du tout, mais qu'il l'a grimacé, grogné, mugi et vagi. Pour ma part, je n'en ai pas entendu un traître mot. Mais ce qui est sûr, c'est que nous nous tordions. M. Mondos est un petit homme de dix-huit ans, je pense; et il a le nez d'Hyacinthe, — déjà! un de ces nez prédestinés, pétris par Dieu pour l'ébattement des hommes. Dieu a mis, en outre, dans le gosier de M. Mondos, la pratique de Polichinelle, et lui a donné un visage si élastique qu'il s'allonge ou s'élargit à volonté, qu'on dirait qu'il se passe un tas de choses dans le caoutchouc de ses bajoues et que les mots, avant de lui sortir par la bouche, semblent s'y entasser et y bruire... M. Mondos est un pitre éminent. Il l'est sans effort. De grâce, qu'il n'apprenne rien, pas même à articuler!

Le troisième phénomène, et le plus aimable à voir, c'est Mlle Bertiny. Quinze ans et demi; tout enrubannée de rose, d'un rose qui donnait à son teint une finesse pâle de porcelaine; l'air à la fois naïf, doux et futé. Dans la scène du *Médecin malgré lui*, où elle jouait le rôle muet de Lucinde, quand elle répondait aux questions de Sganarelle : « Han, hi, han, hon », nous entendions : « Papa, maman », et nous aurions bien voulu presser la mécanique. Mais, où elle ne ressemblait plus du tout à une poupée, c'est dans le joli rôle de Geneviève, de *Nos Bons Villageois*. Là, le bébé aux yeux d'émail est devenu une fillette très vivante, très alerte, très gaie, d'une ingénuité très fine et d'un naturel parfait. Je ne sais ce que fera au théâtre cette enfant si bien douée. Mais, quoi qu'il arrive, nous l'aurons vue à son moment le plus exquis. Ç'a été un charme pour nous de la respirer en bouton. Le jury a eu l'esprit de donner à cette petite fleur un premier prix de comédie, qui est aussi un prix de jeunesse et de gentillesse.

Tous les autres, surtout en ce moment, après trois grands jours écoulés, me semblent tous pareils entre eux et quasi indiscernables. Cependant, nous mettrons encore à part, si vous le voulez, Mlle Lucy Marty, une piquante brunette qui a joué finement et gaiement une scène de Regnard, et à qui l'on a donné un second prix de comédie; M. Cocheris, qui a obtenu le premier prix, joli garçon et qui dit juste; M. Cabel, un grand diable déhanché, genre Laugier ou Leloir, qui a joué avec assez d'ampleur la scène des *Burgraves* où le vieux Job se donne tant de mal pour se faire occire par son petit-fils Otbert; M. Tarride, qui a montré du naturel, — un naturel de théâtre, — dans le rôle du vieux Noël de la *Joie fait peur;* enfin Mlle Avocat, toute jeune, l'air d'une gamine, et à qui ses professeurs ont eu l'idée originale de faire jouer les rôles de la bonne Mme Leverdet dans l'*Ami des femmes*, et de la Frosine de Molière. Or Mme Leverdet a quarante ans, Frosine n'a plus d'âge du tout; et elles sont, l'une et l'autre, femmes de profonde expérience. Vous jugez de l'effet. Mlle Avocat avait l'air d'une mioche qui récite admirablement, et avec des intonations de grande personne, une fable très difficile et de moralité hardie. C'était amusant à force d'être absurde.

Si maintenant vous êtes curieux de connaître ceux et celles que je n'ai pas encore nommés, le plus simple est que je vous livre mes notes, en les abrégeant, surtout en les adoucissant çà et là pour ne faire de peine à personne.

Tragédie :

M. Maury (Xipharès). Maigrichon et blond. Crie trop. Oublie que Xipharès est, en somme, un garçon très doux.

M. Deval (Hamlet). Ressemble au général Boulanger. Mais il a écouté, lui, le conseil de la grosse Demay :

> Ne parle pas, Ernest, je t'en supplie ;

car on ne l'entend pas, surtout quand il crie. Violent sans nuances, avec des changements de ton trop brusques et trop faciles. (Deuxième accessit.)

Mlle Forgue (Ériphile). Contrefaçon inutile de Mme Weber. Est évidemment de celles qui n'ont pas de chance. Cela se sent. Laissons-la jouir au moins de son second prix.

M. Ossart (Ruy Blas). Voix superbe. Je n'ai, du reste, rien entendu.

Mlle Bailly (Marie Stuart). Blonde, beaucoup de cheveux. Un peu de bouillie dans la bouche. Voix agréable, quand elle ne crie pas.

Comédie :

Mlle Guernier (Nérine, dans les *Fourberies de Nérine*). Recommandée par Réjane. Gentille, bouche généreuse. (Premier accessit.)

Mlle Tasny (Dorine, dans *Tartuffe*). Brune, gentille (pardon des répétitions). Mais quelle idée de jouer les soubrettes avec ce nez de jeune première !

M. Maury (don Salluste). Déjà vu. Petit homme genre Leitner. Vibrations de mirliton dans la voix. Meilleur ici que dans la tragédie. (Premier accessit.)

M. Kraus (Dorante dans le *Menteur*). Rose, blond, poupard, l'air d'un gosse. Un peu la voix d'Amaury.

M. Darras (Sganarelle, dans le *Médecin malgré lui*). Ne m'inspire aucune réflexion.

Mlle Duhamel, le Petit-Poucet d'il y a trois ans (Blanche, dans la *Joie fait peur*). Gentille (je vous dis qu'elles le sont toutes !) Genre touchant. (Deuxième accessit.)

Mlle Duluc (Mimi, dans la *Vie de bohème*). Extrêmement jolie. Je n'ai pas entendu un mot de ce qu'elle nous racontait. Au fond la scène ressemble à la *Fin de Lucie Pellegrin*. Ce n'est pas la même poétique, voilà tout.

Mlle Dalbret (Élisa, dans la *Question d'argent*). Grande. Tête genre Malvau. Passable. (Deuxième prix.)

M. Burguet (de Ryons, dans l'*Ami des femmes*). Bien jeune pour ce rôle. Très passable du reste. (Deuxième prix.)

M. Hirsch (l'Intimé). Insupportable. J'ajoute que je n'en présage rien contre son avenir. (Deuxième accessit.)

M. Mallarmé (des Tournelles, dans *Mlle de La Seiglière*). Du naturel, je crois. Mais je ne sais plus, je ne distingue plus. Voilà quatre ou cinq heures que j'écoute. Il me semble que c'est toujours le même bon jeune homme et la même blondine ou la même brunette que j'entends. Il fait chaud. Je suis très préoccupé de mon col de chemise qui se décourage et qui menace de faire des plis parce que je me tiens mal. Puis la moleskine de mon fauteuil commence à coller étrangement, je le sens, et je n'ai pas de quoi étendre mes jambes. Je vois Vitu qui dort. Il est bien heureux! (Deuxième accessit.)

Mlle Marthe Bertrand (Antoinette, dans les *Vieux Garçons*). C'est la troisième des petites Bertrand. J'espère qu'il y en a encore d'autres. Mais pourquoi celle-là ne ressemble-t-elle pas aux deux aînées? Cela me gêne.

Mlle de Méric (Esther, dans les *Faux Ménages*). Tête genre Dufresne. Quelque énergie. Mais je ne saisis plus un mot. (Premier accessit.)

Mlle de Fehl (Valérie). Brune, grande bouche. Tête genre Silviac.

Mlle Marcell (la marquise de Maupas, dans le *Lion amoureux*). Jolie, grassouillette. J'entends de moins en moins.

Mlle Lamart (Caroline, dans les *Deux Veuves*). Très jolie, avec la voix de Jean Hiroux.

M. Numa (Scapin). C'est le dernier. Je n'ai plus d'opinion. Je suis mort.

Quand je reprends mes sens, il me vient des idées de réformes... Que prouvent ces morceaux longuement préparés, et dont chaque intonation a été serinée par le professeur? Rien, sinon la souplesse et la docilité des jeunes élèves. Or, ce sont sans doute des qualités précieuses chez un comédien; mais je voudrais que ce concours pût m'en révéler d'autres. Puis les morceaux qu'on nous récite présentent des difficultés par trop inégales. Rien n'est plus aisé que de débiter honnêtement le récit de Valérie ou de Mimi; rien ne l'est moins que de bien dire une tirade de Don Juan ou de Dorante. Je rêve autre chose, un système d'examen se rapprochant un peu de ce qui se pratique à la Sorbonne pour la « leçon » d'agrégation. Je suppose qu'il y ait vingt candidats. Le jury choisirait, dans le théâtre classique et dans celui des plus qualifiés de nos contemporains, vingt morceaux offrant des difficultés d'interprétation à peu près équivalentes. Les candidats les tireraient au sort, de quart d'heure en quart d'heure. Chaque candidat aurait cinq ou six heures pour apprendre et pour étudier son morceau. Un de ses camarades, pris parmi ceux qui ne concourent pas, lui donnerait la réplique sur la scène, le livre en main. (Vous voyez que je songe à tout!) De cette façon, on verrait si ces jeunes gens *comprennent*, et de quoi ils sont capables par eux-mêmes.

On me dira : — Vous vous trompez... Ce système permettrait d'apprécier l'intelligence des candidats; mais l'intelligence est à peine nécessaire aux comédiens. Du moins, elle n'est pas pour eux le don le plus essentiel. Ils n'ont pas absolument besoin de comprendre. Le plus grand comédien est celui qui a la plus grande puissance et la plus grande justesse d'expression; peu importe que ce qu'il exprime ait été deviné par lui ou lui ait été indiqué par un autre. La plupart du temps, les comédiens ne jouent pas : on joue d'eux. Je ne prétends pas que les plus intelligents soient les plus mauvais; mais il est encore moins vrai qu'ils soient toujours les meilleurs...

Je réponds : — Monsieur, vous allez trop loin et vous insultez les comédiens! Au reste, on pourrait fort bien maintenir l'ancien concours à côté de celui que je propose. Ces deux épreuves se compléteraient merveilleusement l'une par l'autre. Je sais bien que l'examen durerait alors deux jours. Mais, comme je ne suis pas du jury, cela m'est égal.

D'ailleurs, je vous dis tout cela parce que je le crois juste, et non point pour qu'on le fasse.

A L'ALCAZAR D'ÉTÉ[1]

6 août 1888.

Si, rompant avec mes plus chères habitudes, je ne vous ai parlé, cette année, ni de la foire de Neuilly, ni des cafés-concerts des Champs-Elysées, c'est que nous n'avons pas encore eu d'été. Et, selon toute apparence, nous n'en aurons pas. Voilà deux mois que nous pouvons chanter tous les jours, avec accompagnement d'averse sur les vitres, la chanson de Verlaine :

> Il pleure dans mon cœur
> Comme il pleut sur la ville.
> Quelle est cette langueur
> Qui pénètre mon cœur ?

Non pas langueur, à vrai dire, mais plutôt colère, rage, indignation, besoin de protester, de nous révolter contre quelque chose ou contre quelqu'un. Cette pluie bête et cruelle, aux impitoyables retours quotidiens, nous la subissons : nous ne l'acceptons pas. Oui, mais voilà : à qui s'en prendre ? Quand nous aurons dit :

---

1. Cf. *Impressions de Théâtre*, 2ᵉ série.

— La nature devient décidément hostile et mauvaise. Elle nous jette ses torrents d'eau sur la tête, comme un jardinier stupide qui, sans intérêt, pour le plaisir, viderait des arrosoirs sur une fourmilière. Elle a empêché les trois quarts de nos raisins de fleurir et ne laissera pas mûrir le peu qui reste. Elle a fait pourrir nos avoines ; elle a roulé dans la boue la moitié de nos blés et de nos seigles, et elle va les faire germer sur pied, si cela continue. Comme si ce n'était pas assez de l'horrible guerre que nous a déclarée l'insecte, de cette lèpre des infiniment petits qui commence à ronger la terre ! Et cette conduite de la nature est d'autant plus inexcusable que, depuis des siècles, par la bouche de nos poètes, nous l'avons proclamée bonne, indulgente, maternelle. Nous avons écrit à sa gloire des vers aussi nombreux que ses brins d'herbe ; et nous nous pressions contre son vaste sein avec des mouvements tendres de nourrissons confiants. Nous nous trompions. Vigny seul avait raison.

> On la croit une mère; elle n'est qu'une tombe.

Mais c'est fini : nous lui retirerons notre amour et nous ne réciterons plus ses litanies. Car elle nous a trop mouillés !

Quand nous aurons dit cela, nous n'en serons pas plus avancés. Les savants nous expliquent que ce sont des courants d'air froid qui se sont déplacés (et voilà pourquoi votre fille est muette), ou que c'est le

Gulf-Stream qui a changé de route. Que faire contre le Gulf-Stream ? Cela nous soulagerait de le traiter de grand lâche, s'il pouvait nous entendre. Mais la nature est insensible à nos haines comme à nos adorations, et c'est cela qui est enrageant ! Les bons panthéistes ne peuvent réclamer contre Pan, car Pan n'a pas d'oreilles. Les bons spiritualistes ne sont pas moins empêchés : ils ne sauraient, sans crime et sans sottise, protester contre un Dieu qui est bon et intelligent par définition. Alors quoi ? Il n'y a que les bons nègres qui soient ici un peu à leur aise. Si nous avions des manitous, au moins nous pourrions les casser, et cela nous ferait du bien. Hélas! plus on a une conception élevée de l'univers, plus on se condamne par là même à la résignation. Songez-y : « depuis qu'il y a des hommes, et qui pensent », l'effort unique de la philosophie a été d'excuser la nature d'être mauvaise. L'animal humain est admirable de patience et de douceur... Mais tout de même il y a des jours où on est las de souffrir et de « se taire sans murmurer ». Je cherche aujourd'hui quelque chose à insulter, je ne vous le cache pas.

... Eh bien! j'ai trouvé, et c'est à un poète que je dois cette découverte. Vous vous rappelez peut-être ces vers des *Poèmes barbares*, ce magnifique et sombre tableau des antiques migrations des hommes vers les régions du brouillard et de l'hiver :

Vieillards, bardes, guerriers, enfants, femmes en larmes,
L'innombrable tribu partit, ceignant ses flancs,
Avec tentes et chars et les troupeaux beuglants;
Au passage entaillant le granit de ses armes,
Rougissant les déserts de mille pieds sanglants.
. . . .
Une mer apparut, aux hurlements sauvages...
. . . .
Et cette mer semblait là gardienne des mondes
Défendus aux vivants, d'où nul n'est revenu;
Mais, l'âme par delà l'horizon morne et nu,
De mille et mille troncs couvrant les noires ondes,
La foule des Kimris vogua vers l'inconnu.

Et qu'est-ce qu'ils avaient donc, ces enragés ? Pourquoi étaient-ils partis ? Ils ne pouvaient donc pas rester dans ce beau pays, berceau des Aryas, où il y avait un si bon soleil ? Vraiment, la sotte humanité a bien mal entendu ses intérêts. Le problème du bonheur (et il n'y en a pas d'autres, vous le savez bien) était si facile à résoudre à l'origine ! Etant donnée la planète Terre, il était évidemment possible que deux cents ou trois cents millions d'hommes y vécussent très agréablement des fruits du sol sans jamais souffrir de la faim ni du froid, ni peut-être même de la maladie. Il n'y avait, pour cela, qu'à rester dans les zones tièdes et clémentes de l'ancien continent. La civilisation eût été purement pastorale et agricole. Un régime patriarcal eût maintenu la paix et assuré la distribution équitable et abondante des produits du travail commun. Oh ! il y aurait eu tout de même un art et une poésie : mais pas de politique, pas de presse, pas de prolétariat, pas de question sociale. Presque pas d'industrie non plus ; point de chemin de fer, de télégraphe ni de téléphone. Ce sont choses dont on n'a nul besoin quand on ne les connaît pas ; et je sens que les moyens antiques de locomotion et de communication avec mes semblables me suffiraient si bien ! — Mais, au lieu de cette humanité idyllique et chérie du soleil, voyez ce que nous avons. La dureté des climats a développé chez les hommes l'égoïsme, l'instinct de combativité, et en même temps l'inquiétude et la tristesse, et nos pauvres civilisations occidentales, si tourmentées et que travaillent tant de souffrances publiques ou secrètes, sont sorties de là. Je vous le disais bien que les Aryas migrateurs étaient de grands coupables.

N'alléguez pas qu'ils étaient bien obligés d'émigrer, étant trop nombreux pour demeurer tous dans leur paradis terrestre. — L'humanité primitive n'avait qu'à limiter sa propre reproduction, comme il paraît qu'on fait aujourd'hui dans notre cher pays... Et ne dites pas non plus que ce qui les poussait en avant, c'était un généreux désir de l'inconnu; que cette inquiétude fait leur gloire, que, sans elle, il n'y aurait pas eu de « progrès ». Qu'est-ce que le progrès, je vous prie ? C'est apparemment la marche vers un état de société où il y aurait le moins de souffrance possible. Mais cet état, l'humanité pouvait y atteindre dès le commencement, à très peu de frais, rien qu'en se tenant tranquille. Les plus exquis moments de bien-être que j'aie goûtés dans ma vie, c'est en Afrique, devant la tente, au soleil couchant, quand j'ai pu me croire revenu pour une heure à la vie des pasteurs nomades, ou en France, aux champs, assis à quelque table paysanne quand j'ai eu l'illusion de n'être plus qu'un rustique. Alors?... Il est inouï que l'espèce humaine n'ait pas su tirer un meilleur parti, pour son bonheur, de la planète sur laquelle un beau jour elle est éclose. Elle a absolument manqué son affaire, je ne le lui envoie pas dire. C'est à croire qu'elle n'a jamais su ce qu'elle faisait, que quelqu'un, qui ne se nomme pas, exploite son effort, sa manie de mouvement, et travaille par elle à une œuvre dont elle ne se doute point. J'aimerais à finir sur cette réflexion pieuse et sur des paroles de pardon. Mais, j'ai beau faire, j'en veux à ces ancêtres imprudents dont la folie ambulatoire m'a condamné à la pluie et m'a volé le soleil, auquel j'avais droit.

(J'écrivais ces choses jeudi soir, par une pluie battante. Elles ne sont plus vraies, puisque le soleil est revenu. Mais peut-être redeviendront-elles vraies dans quelques jours. Presque toutes les vérités sont intermittentes.)

J'ai pu aller enfin à l'Alcazar d'Été; c'est toujours la même chose, et cela m'amuse toujours. Vous y verrez, cette année, une fort belle blonde, Mlle Anna Thibaut; c'est elle qui représente en ce moment « la distinction » dans ce lieu de délices. Elle chantonne, sans bouger, d'une voix très douce et comme endormie, des choses qu'il n'est nullement nécessaire d'entendre ou de comprendre, et elle a de très agréables fossettes. — M. Maurel, très comique par sa placidité dans l'abrutissement, vous dira la chanson des billets de cinq cents francs. Le refrain vous permettra de la reconstituer sans peine :

> J' tire aussitôt mon port'-monnaie ;
> J' présent' mon billet d' cinq cents francs,
> Mais la dam' dit : J'ai pas d' monnaie ;
> Monsieur, vous m' payerez en rev'nant.

Ou bien suivant les cas :

> Tu peux l'encadrer, Ferdinand !

Puis, c'est elle. Elle ! entendez Mme Demay, avec sa voix mordante et gaie, sa diction si nette, l'ampleur de son jeu et de toute sa personne et cette bonne tête si joyeuse et si ronde, si ronde qu'on aurait envie (je vous confesse ici mes désirs les plus secrets) de promener sa main dessus et de s'en emplir la paume, comme d'une boule d'escalier.

Elle chante en ce moment deux chansons sur le brav' général, qui ne sont pas sans mérite. L'une est intitulée : *Le voir et mourir!* Une bourgeoise de Pithiviers vient à Paris pour *le* voir. Elle le cherche à l'hôtel du Louvre, au café Riche, à l'Eldorado sans pouvoir le rencontrer. Car, comme lui explique un garçon :

> La réclam' le rend malade,
> Il ne se montrera pas.

Elle voudrait du moins avoir son portrait et s'adresse pour cela à un passant :

> C'est pas possibl', qu'il me crie,
> Car il n'a jamais voulu
> Fair' fair' sa photographie
> Afin d' rester inconnu.

L'autre chanson, plus plaisante encore, et plus fine, a pour refrain :

> Ne parle pas, Ernest, je t'en supplie.
> Car les programm's ça caus' de l'embarras.
> Laiss' la *Cocard'* nous raconter ta vie ;
> Ne parle pas, Ernest, ne parle pas !

Je me demandais, l'an dernier, qui donc écrivait ces choses et je disais que cette poésie de café-concert était, en somme, tout ce qui nous restait, de poésie spontanée et anonyme. J'allais jusqu'à y voir quelque chose d'analogue (en dépit de la différence des temps) à la poésie des aèdes et des trouvères : car ces chansons de Paris, il semble que personne ne les ait faites, et qu'elles soient sorties toutes seules des pavés, tant elles traduisent naturellement la grivoiserie et l'irrévérence et, d'autres fois, la sensiblerie du peuple et de la petite bourgeoisie de la bonne ville ! Eh bien ! je me suis informé. Il y a des gens qui rédigent ces morceaux lyriques d'un caractère si hautement impersonnel. Les principaux greffiers de la foule, les fournisseurs les plus abondants des cafés-concerts, c'est M. Delormel (connu d'ailleurs au théâtre), et M. Léon Garnier, artiste de l'Alcazar d'Été. Et, parmi leurs innombrables chansons, il en est de mauvaises, de médiocres et de bonnes (ils les écrivent, du reste, sans prétention et au petit bonheur), mais les deux que je viens de citer m'ont paru excellentes.

L'Alcazar donne aussi une revue. C'est bien simple, et l'auteur ne semble pas s'être décarcassé. La Tour Eiffel convie les nations à l'Exposition universelle. Il y a un couplet spécial pour l'Espagne. Surtout, il y en a un pour la Russie. On a fortement applaudi. Cette sympathie de badauds anti-cléricaux et révolutionnaires pour la Russie monarchique et mystique; cette tendresse de nos boutiquiers, de nos commis et même de nos faubouriens pour le tzar et pour les moujicks, ces déclarations d'amour au peuple dont nous différons le plus par les institutions, les mœurs, les croyances et l'esprit, tout cela est assez amusant à voir. Ou plutôt, n'est-ce pas touchant, cette coquetterie naïve, — et si mal informée, — d'un pauvre peuple que tous ses voisins détestent et qui, dans sa détresse morale, se met à aimer, même sans les connaître, ceux qui, du moins, ne le haïssent pas? Moi, si j'étais le tzar, j'en serais tout attendri. Et puis, qui sait s'il y a un tel abîme, après tout, entre l'âme russe et l'âme française? Pourquoi leur littérature nous a-t-elle remués à ce point? Ce qu'il y a d'évangélique dans la Révolution et de révolutionnaire dans le tolstoïsme ne suppose-t-il pas un lien secret et profond entre leur âme et la nôtre ? Réjouissons-nous donc de voir l'Alcazar d'Été préparer l'alliance franco-russe.

Mais le brave général paraît. Puisqu'il y a une « Revue », c'est lui qui prétend la passer. Ensuite, il est question de M. Coquelin, des cercles de femmes, de la revision de la magistrature par les récidivistes, de l'agrandissement de la gare Saint-Lazare, de l'emploi des chiens dans l'armée, de l'inauguration de l'hôtel des postes, des interviews par téléphone, des billets de cinq cents francs, — et enfin de l'Armée du Salut. Cela n'est peut-être pas très actuel ; mais nous avons la joie de voir la grosse Demay, costumée en miss Booth, raccrocher les passants pour leur distribuer le journal *En avant* (vous pressentez les plaisanteries), et de l'entendre entonner avec componction le vieux et vénérable cantique de pénitence :

> Hélas !
> Quelle douleur
> Remplit mon cœur,
> Fait couler mes larmes !

AU CIRQUE D'ÉTÉ[1]

10 septembre 1888.

On est très bien, en ce moment, au Cirque d'Été. On n'y est pas pressé ; on n'y a pas trop chaud, et il y a, à cause des vacances, beaucoup de bonnes figures sur les gradins, où sonnent des rires d'enfants...

Il faut aimer ces spectacles. Outre qu'ils sont fort amusants pour les yeux, je trouve qu'ils donnent une plus fière opinion de la puissance de l'homme que les opéras, les opérettes ou les mélodrames. Car les exercices du Cirque consistent essentiellement à contrarier les lois de la nature ou tout au moins ses habitudes. Rien ne se fait là comme dans la vie ordinaire. Il y règne un merveilleux de conte bleu, un merveilleux d'Île des Plaisirs ou de Voyage de Gulliver revu à l'usage de l'enfance.

Ainsi (pour ne prendre que la plus classique de ces fantaisies et la plus vénérable par son antiquité), il est évident que les chevaux ne sont pas faits pour

1. Cf. *Impressions de théâtre*, 1re et 2e séries.

qu'on danse dessus, ni pour danser eux-mêmes, ni pour faire, avec leurs pattes de devant, des gestes arrondis de jolies femmes. — Or, au Cirque, un cheval paraît être, essentiellement et par destination naturelle, un animal qui valse, et sur qui l'on valse, et que de toutes petites femmes en jupes courtes prennent comme tremplin pour crever des cerceaux en papier.

De même, le serpent ne semble pas, à première vue, une pièce indispensable de l'habillement féminin. Toutes les fois que, étendu sous un arbre, à la campagne, il m'est arrivé de voir, à quelques pas de moi, le plus inoffensif des orvets glisser entre les herbes, je n'ai pu me défendre d'un petit frisson. La malédiction prononcée au premier livre de la *Genèse* contre le souple tentateur de la femme continue à peser sur lui... Or, si vous allez au Cirque d'Été, vous comprendrez que le serpent est le plus doux et le plus affectueux des compagnons, et qu'il n'est rien de meilleur à se mettre autour du cou pendant les chaleurs. On apporte un rocher de carton, orné de plantes en papier et percé de trous çà et là. Une jeune femme s'en approche, nommée Djijelli, et pareille à une jolie Indienne de chromolithographie; elle sifflote, renverse la tête en arrière, « fait des guirlandes » avec ses bras; et, par tous les trous du rocher, apparaissent les têtes plates des reptiles. Elle les empoigne, tire dessus comme sur des cordages, les sort peu à peu tout entiers, s'en passe un au cou, enroule l'autre à sa ceinture et fait un nœud pour que ça tienne, et, de ses bras levés, elle promène le troisième, un boa somptueux et pesant, tout autour de l'arène... et elle sourit, du sourire vague et mystique de Salammbô s'amusant sur sa terrasse, sous les rayons de Tanit, c'est-à-dire au clair de la lune, avec son python familier.

Pareillement, le cochon, selon toute apparence, n'a pas été créé pour caracoler sur une piste et y faire d'élégants « changements de pieds », ni pour jouer à saute-mouton avec l'homme... C'est pourtant ce que fait, de la meilleure grâce du monde, le cochon noir de ce clown génial qui s'appelle Billy Hayden. — Les personnes qui jouent du piano ont coutume de s'asseoir devant cet instrument, la face tournée vers le clavier. L'éminent « excentric » Visconti, dédaigneux des besognes faciles, tourne le dos au piano, et c'est dans cette position qu'il joue, je ne sais comment, *En r'venant de la revue* et quelques autres airs nationaux (et je dois avouer que, ainsi compris, l'instrument honni par l'auteur de *Sigurd* devient vraiment très supportable). — Le même dédain de la routine et du banal train-train des choses inspire Mlle Arkas Djelma, jeune « virtuose hongroise », lorsque, pouvant jouer à son gré de la harpe ou de l'ophicléide, elle préfère, armée d'un marteau, tirer des sons d'un clavier de morceaux de bois, ou d'un clavier de grosses bouteilles suspendues à deux traverses et remplies de liquides colorés... Et je songeais que la patience et l'imagination des hommes n'ont point dit leur dernier mot, que cet art de faire de la musique avec les objets les moins propres à cet usage est sans doute encore dans l'enfance, et qu'on finira par jouer « Rachel, quand du Seigneur » en tapant sur des abat-jour, sur des boîtes d'allumettes ou sur des chapeaux à haute forme. Ce jour-là, des Esseintes se réjouira dans son tombeau.

Enfin, le génie des hommes avait su jusqu'ici imposer à presque toutes les bêtes de la création des travaux étrangers à leurs goûts ; il avait su dompter ou instruire les chevaux, les ânes, les pigeons, les serpents, les ours, les cochons, les phoques, les lions, les éléphants et les puces. Seul, le plus gracieux et le plus fier des animaux, — j'ai nommé le chat, — avait repoussé les bienfaits de cette sorte d' « enseignement supérieur » des bêtes. Vous savez quelle considération d'illustres écrivains ont eue pour les chats ; que l'amour et le respect superstitieux de ces « tigres de poche » est un des lieux communs de la poésie contemporaine ; que M. Taine a consacré aux chats une série de douze sonnets très bien rimés et extrêmement philosophiques ; qu'un peintre excellent, M. Lambert, leur a voué toute son existence et l'effort entier de son art, et que le dernier de nos cénacles littéraires s'est placé sous l'invocation du félin rêveur, adoré des sages Égyptiens. Enfin, vous vous rappelez ce que disait Baudelaire des chats « puissants et doux » :

L'Érèbe les eût pris pour ses coursiers funèbres,
S'ils pouvaient au servage incliner leur fierté.

Or, voici que les chats eux-mêmes ont trouvé leur maître. M. le professeur Bonnety nous présente des chats savants ! A vrai dire, l'événement date de l'hiver dernier, mais je n'avais pu les voir alors ; et je suis bien fâché de venir témoigner si tard à ces aimables animaux ma fraternelle sympathie.

Car ils sont tout simplement délicieux. Très « savants » d'abord. Ils savent marcher sur les goulots d'une rangée de bouteilles, sur les dos d'une longue ligne de chaises — passer entre les barreaux, en sautant, — ou d'un siège sur l'autre en contournant les montants. (Je ne sais si je me fais comprendre : c'est très difficile à expliquer, ces choses-là.) Ils savent grimper à un mât jusque dans les frises et, là, marcher sur un câble tendu à quinze mètres de hauteur — sans filet ! — puis redescendre par le mât comme de petits hommes. Ils sont très braves : ils sautent dans des cercles enflammés ; ils sont très doux : sur la corde où ils se promènent on place des rats, de jolis rats : ils n'y touchent point. On leur pose même un rat sur le cou : ils le portent tranquillement. Et je n'ai pas besoin de dire la grâce accomplie de leur démarche, l'absence de tout effort visible, l'économie parfaite des mouvements, dont aucun n'est inutile et qui sont tous exactement appropriés à la fin poursuivie. On sent que l'on assiste à d'impeccables applications des lois de la mécanique, et si aisées ! Cela repose des sueurs, du halètement, des veines gonflées, des faces rouges et de ce qu'il y a toujours de gaspillage de force dans la gymnastique humaine...

Puis, ces chats sont très dignes. Il n'y a rien de servile dans leur obéissance. On sent qu'ils se sont gardé le droit de se reprendre. Ils se reposent de temps en temps, quand cela leur plaît. On avait disposé, à des intervalles de deux ou trois mètres, des espèces de petites plate-formes rondes, larges comme des assiettes. Les chats devaient sauter de l'une sur l'autre. L'un d'eux, n'étant pas en humeur d'aller plus loin, s'est arrêté à l'une des étapes, s'est assis paisiblement sur son derrière et s'est mis à faire sa toilette. C'est là l'honneur de ces moelleux acrobates : au milieu du travail commandé, ils se permettent d'avoir des distractions et de reprendre leur rêve interrompu. Ils n'ont point l'attention continue et terrifiée des autres animaux sous l'œil et sous le fouet du maître, — ni le zèle stupide de « bon élève » qu'étalent les chiens savants, ni le tremblement pitoyable des pauvres chevaux à qui l'on cingle les jarrets pour les contraindre à s'agenouiller (ce qui m'exaspère chaque fois, car cette posture est, chez eux, absolument inélégante et ridicule).

Les chats, enfin, dans ces exhibitions, restent nonchalants et dédaigneux. Remarquez que les autres bêtes éduquées sont très capables de cabotinage. Un cheval attelé n'est pas insensible à la beauté de son harnais et de sa voiture. Un cheval de cirque est visiblement flatté par le bruit des applaudissements. Le cheval « pose » souvent, ou du moins il en a l'air. Le paon et le dindon sont connus pour leur fatuité. L'oie est pleine de suffisance. Le chien « fait le beau » (l'expression est fort juste). Le chat, jamais. Le chat n'a pas besoin de notre estime ni de notre admiration. Il était évident, l'autre soir, que les chats de M. le professeur Bonnety se souciaient de notre opinion comme d'une guigne. Ils n'avaient pas même l'air de savoir que nous les regardions ; et, quand nos applaudissements leur rappelaient notre présence, ils se disaient à coup sûr que les hommes sont bien ridicules de s'assembler ainsi tout exprès pour voir des chats se promener sur des chaises ; et, se tournant un peu vers nous, ils laissaient voir dans leurs prunelles, d'ordinaire inexpressives comme des joyaux, un rien d'étonnement et d'indulgent mépris.

Et j'admirais franchement l'homme supérieur qui, en dépit de leur indolence, de leur indifférence, de leur caprice toujours fuyant, de leur nihilisme, a pu décider ces philosophes à exécuter ces séries de mouvements réguliers. Quelle patience il a fallu à M. le professeur Bonnety ! Quelle invincible persévérance ! Quels recommencements sans fin ! Quelle possession de soi pour ne jamais laisser échapper le moindre signe de colère ou de dépit (car, alors tout eût été perdu) ! Surtout, quelle inaltérable douceur et quelle persuadante tendresse !

Il faut le voir, quand ils oublient d'obéir, les avertir d'une caresse, les prendre, les baiser... On sent que c'est seulement à force d'amour — et d'égards — qu'il a pu faire quelque chose de ces doux réfractaires. Au reste, la tête même de M. Bonnety et l'air de son visage révèlent une silencieuse et surhumaine obstination de fakir ou de yogui. Que dis-je ? Avec ses yeux pâles, sa moustache, sa tête maigre et ronde et qui n'a point de menton, il ressemble lui-même à un chat. Du moins c'est ainsi qu'il m'a plu de le voir.

FIN

TABLE DES MATIÈRES

                                        Pages.

SOPHOCLE.

COMÉDIE-FRANÇAISE : *Œdipe roi*, traduction de Jules Lacroix 1

VILLON

THÉATRE-MONTPARNASSE : François Villon; soirée donnée par l'Association générale des étudiants de Paris ... 15

THÉATRE JAPONAIS

ODÉON : *La Marchande de sourires*, drame japonais en cinq actes et deux parties, en prose, de Mme Judith Gautier, précédé d'un prologue en vers, de M. Armand Silvestre. 31

SHAKESPEARE

ODÉON : *Beaucoup de bruit pour rien*, comédie en cinq actes et huit tableaux, en vers, de M. Louis Legendre, d'après Shakespeare; musique de M. Benjamin Godard. 45

SCARRON

Scarron et le genre burlesque, par Paul Morillot...... 59

CORNEILLE

ODÉON : Conférence de M. Francisque Sarcey sur *Polyeucte*. 73

TABLE DES MATIÈRES.

Pages.

MOLIÈRE

Comédie-Française : *Les Fâcheux*.................. 83
— *Le Misanthrope*. — Une lettre de M. Alexandre Dumas...................., 93

FAVART

La Comédie en France au dix-huitième siècle, par M. C. Lenient, professeur à la Faculté des lettres de Paris. — *Les Trois Sultanes*, de Favart.............. 105

POINSINET ET PATRAT

Comédie-Française : *Le Cercle ou la Soirée à la mode*, comédie en un acte, par Poinsinet ; — *l'Anglais ou le Fou raisonnable*, comédie en un acte, par Patrat...... 117

BEAUMARCHAIS

Odéon : Conférence de M. Gustave Larroumet sur *le Mariage de Figaro*............................ 127

CASIMIR DELAVIGNE

Comédie-Française : *Une Famille au temps de Luther*... 143

ERNEST LEGOUVÉ

Comédie-Française : Reprise d'*Adrienne Lecouvreur*.... 155

AUBANEL

Théatre-Libre : *Le Pain du Péché*, drame provençal de Théodore Aubanel, mis en vers français par Paul Arène................................... 165

CAMILLE DOUCET

Comédie-Française : *Le Fruit défendu*, reprise......... 177

ALEXANDRE DUMAS PÈRE

Odéon : *Charles VII chez ses grands vassaux*.......... 185

ALEXANDRE DUMAS FILS

Comédie-Française : Reprise de la *Princesse Georges*.... 197

MEILHAC ET HALÉVY

Palais-Royal : Reprise du *Réveillon*................ 211

HENRY BECQUE

Une représentation de *la Parisienne*................ 219

ÉDOUARD PAILLERON

Comédie-Française : *La Souris*.................... 231

LUDOVIC HALÉVY

Gymnase : *L'Abbé Constantin*..................... 245

JEAN RICHEPIN

Comédie-Française : *Monsieur Scapin*.............. 253
— *Le Flibustier*................... 263

DIVERS

Verconsin : *La Sortie de Saint-Cyr* 275
Georges Ohnet : *La Grande Marnière*............. 283
Cohen et Albin Valabrègue : *Doit et Avoir*......... 291
Erckmann-Chatrian : *La Guerre* 299
Maujan : *Jacques Bonhomme*..................... 307
Hippolyte Raymond et Maxime Boucheron : *Coquart et Bicoquet*.. 321
Bisson et Mars : *Les Surprises du divorce*.......... 335
Pantomime : *Colombine pardonnée*, pantomime de MM. Paul Margueritte et Fernand Beissier. — *L'Amour de l'art*, pantomime en un acte et deux tableaux, de M. Raoul de Najac 345

TABLE DES MATIÈRES.

	Pages.
Au Conservatoire : Le concours de tragédie et de comédie.	359
A l'Alcazar d'été	369
Au Cirque d'été	379

FIN DE LA TABLE

Poitiers. — Société Française d'Imprimerie et de Librairie.

www.ingramcontent.com/pod-product-compliance
Lightning Source LLC
Chambersburg PA
CBHW052236220526
45471CB00001B/74